insel taschenbuch 1317
Südtirol

W0065175

Südtirol

Ein literarisches Landschaftsbild
Herausgegeben von Dominik Jost
Mit zahlreichen Abbildungen
Insel Verlag

insel taschenbuch 1317
Erste Auflage 1991
Originalausgabe
© Insel Verlag Frankfurt am Main und Leipzig 1991
Alle Rechte vorbehalten
Text- und Bildquellennachweise am Schluß des Bandes
Vertrieb durch den Suhrkamp Taschenbuch Verlag
Umschlag nach Entwürfen von Willy Fleckhaus
Satz: Fotosatz Otto Gutfreund, Darmstadt
Druck: Nomos Verlagsgesellschaft, Baden-Baden

1 2 3 4 5 6 – 96 95 94 93 92 91

Südtirol

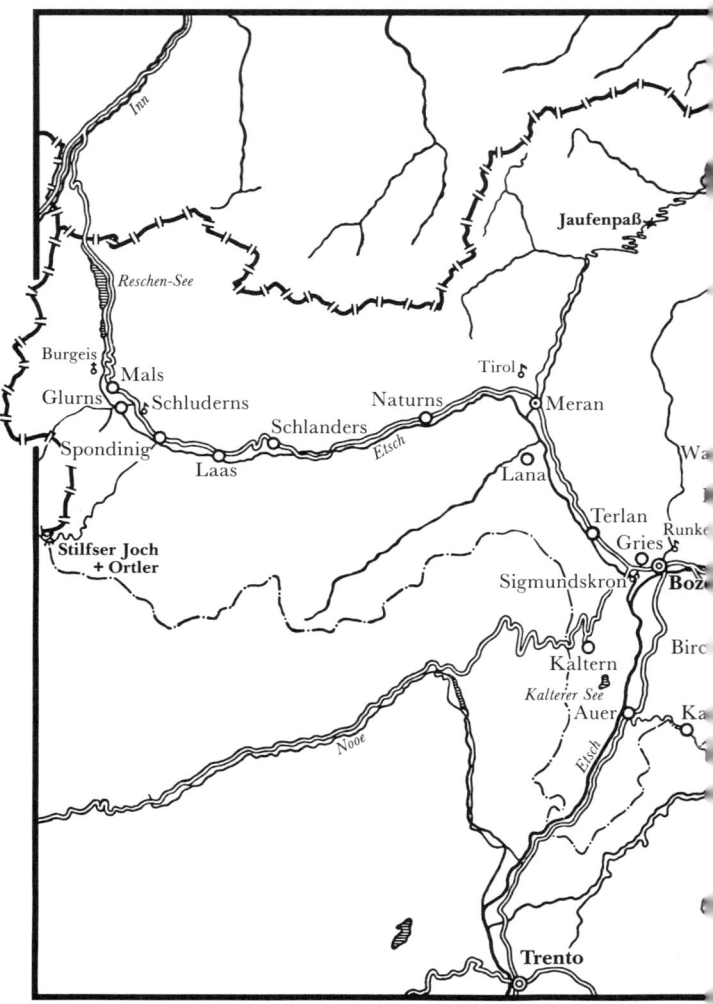

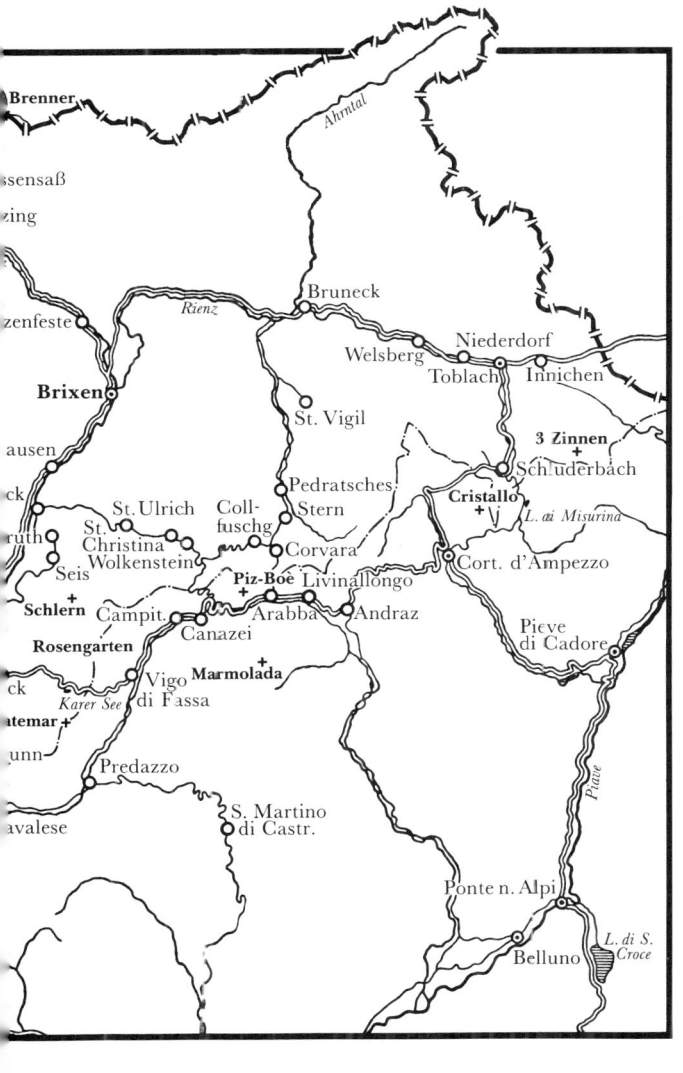

gen solch pausbäckiger Lustigkeit verzichten, entsagt also Produkten wie »Goldener Wein von Meran« oder »Schloß Runkelstein, dein perlender Wein«. Auch der andere Topos des 19. Jahrhunderts, das biedere Heroenvolk Andreas Hofers von 1809, findet sein Gegenstück im europäischen Schweizbild der Zeit, eben noch genährt von Nachrichten über die Hinmetzelung der getreuen Schweizergarde im Paris von 1792 bei der Verteidigung des Königs in den Tuilerien. Als die zwei Topoi Arkadien und Heldenland ausgestanden waren, konnte Südtirol wieder das Thema wahrer Sprache werden. Man sollte auch nicht vergessen, daß Einheimische wie Besucher bis 1919 hier noch in Österreich, nicht schon in Italien waren, und zwar nicht einmal ganz im Süden Österreichs.

Der Gast findet immer wieder Anlaß, bei Betrachtung mancher Zeichen über die früher offenbar tiefe, reich entwickelte Religiosität dieses Landes nachzudenken. Doch scheinen sich die Wegkreuze und Bildstöcke und Bräuche des Kirchenjahrs heute zunehmend als Schalen und Hülsen zu erweisen, aus denen sich das Leben mählich zurückzieht oder schon zurückgezogen hat. Die Südtiroler sind »moderne Menschen«, mit den positiven wie den negativen Qualitäten, die der Ausdruck nun einmal umschließt: Sie sind weder weltoffener noch provinzieller als andere auch, man ist nicht großzügiger oder kleinlicher als irgendwo sonst, die Leute sind so geruhsam und erwerbssüchtig, wie man das heute überall sieht. Man ist dort ganz normal. Auch Südtirols moderne Literatur zeigt das im Kontrast zum früheren »Heimatschrifttum«. Die Zeit, da bei einem Todesfall in einem Bergbauernhof Knecht oder Magd herumzog mit der Nachricht und auch noch in den Stall hinein den Kühen zurief »Der Bauer ist tot« und den Bienen im Stock und dem Getreide im Schaff – diese Zeit ist seit einem halben Jahrhundert vorüber. Säkularisierung und Entmythologisierung sind auch hier in vollem Gang.

Dennoch ist der archaische Untergrund nicht gänzlich zugeschüttet seit der Epoche der in Plars gefundenen prähistorischen Menhire aus der Bronzezeit, die nun im Städtischen Museum von Meran den Betrachter rätselhaft anschweigen. Diesen archaischen Schichten ist Hans Fink in seinem Werk »Verzaubertes Land. Volkskult und Ahnenbrauch in Südtirol« auf der Spur gewesen; Hans Finks Sonde in den tiefen Brunnen der Vergangenheit findet ihre Parallelen in »Goldener Ring über Uri« (für den Schweizer Kanton Uri) von Eduard Renner und in »Die verzauberten Täler« von Christian Caminada (für den Schweizer Kanton Graubünden): Magie und Mythos des nördlichen und südlichen Alpenmassivs. Südtirols eindrückliches Sagengut liegt in zahlreichen Sammlungen (vor allem von Ignaz Vinzenz Zingerle und Johann Adolf Heyl sowie von Karl Felix Wolff) sorgfältig gesichtet und für die Zukunft gesichert vor. Aus historischer Zeit wäre noch von der Römerstraße durch den Vinschgau (nach des Augustus Stiefsohn Nero Claudius Drusus die Via Claudia Augusta genannt) manches zu erzählen sowie vom Jakobspilgerweg und der alten Kaiserstraße in der Eisackschlucht im Mittelalter.

Das Obst-, Wein-, Kur- und Ferienland Südtirol ist dazu eine Landschaft mit literarischer Kultur. Wenn auch die früher oft behauptete Südtiroler Herkunft von Walther von der Vogelweide heute nur noch selten aufrechterhalten wird und der literarische Glanz erst mit Oswald von Wolkenstein anhebt, führt der Katalog bemerkenswerter Namen von Dichtern und Schriftstellern doch bis in die Gegenwart hinein, als deren bester Kenner Alfred Gruber ausgewiesen ist. Allerdings trennt (wie schon angedeutet) ein Graben die Heimatschriftsteller vor zwei Generationen und die Autoren der Moderne. Im konzentrierten Insel-Reiselexikon »Literarischer Führer durch Italien« (1988) nimmt Südtirol immerhin zehn Seiten ein. Wie das damals biedermeierliche Meran von der Mitte des 19. Jahrhunderts an (als der Ort zur Kurstadt erklärt wurde, ja zum Luftkurort aufstieg) bis zur Gegenwart von Autoren deutscher Sprache gesehen wurde, darüber gibt die Dokumentation »Meran im Blickfeld deutscher Literatur« von Ferruccio Delle Cave und Bertrand Huber (1989) ausführliche Kunde.

In mancher allgemein bekannten Lebensgeschichte stellen Südtirol, Bozen und Meran eine unübersehbare, mehr oder weniger lange während Folie dar. Daß gerade die Kurstadt an der Passer eine anregende Kulturstadt war und ist, vermag jeder Aufenthalt von einiger Dauer sichtbar zu machen. Südtirol ist zwar ein zunehmend gesuchter Ort von Menschen auf Durchreise, doch auch eine Stätte für manches abseitig stolze Leben von Abstracti a rebus gerendis, die vom Tätigsein zum Sein gefunden haben, jenseits des Wellengekräusels, das kommt und geht und nichts bedeutet.

Die kulturellen Mittelpunkte Südtirols sind Bozen und Meran; sie sind der Fokus des Sterns, der vierstrahlig ausgreift in den Vinschgau zum Reschenpaß hinauf, durch das Etschtal nach Salurn, über das Eisacktal auf die Brennerhöhe, schließlich von Brixen ostwärts abzweigend in das Pustertal hinein bis zum Toblacher Feld. Auch eher abgelegene Außenposten zeigen Flaggen auf der Landkarte des kulturellen Erbes: so etwa Burgeis im westlichsten Vinschgau, woher prueder Hainrich von Purgews stammen soll (der im 14. Jahrhundert in »Der sele rat« einen heute kulturgeschichtlich aufschlußreichen Beichtspiegel mit den Sünden aus dem damaligen täglichen Leben zusammenstellte), oder in der Aufklärung der helle Journalist und satirische

Marling

Bänkelsänger Michel Hermann Ambros, und am anderen Ende im Pustertal Welsberg, wo sich um 1910 Arthur Schnitzler und Hugo von Hofmannsthal aufhielten, und ganz im Osten die Gemeinde Toblach, die ihren langjährigen Gast Gustav Mahler mit Einstudierungen seiner Werke und mit Vorträgen über ihn bis heute zu ehren pflegt.

Die Dichte der literarischen Überlieferung auch in begrenzter Landschaft erfährt der Gast Südtirols von einem Aussichtspunkt aus, der auch sonst ein unvergeßliches Belvedere wäre: die Höhe von Marling.

Wo heute die Verzweigung der Autobahn Meran-Süd die Etsch überbrückt, am rechten Ufer bei der Marlingerbrücke jenseits des Bahnhofs Untermais, da beginnt der etwas steile Kirchweg, der auf die Höhe von Marling hinaufführt: an Gärten und Blumenkästen vorbei, die zu jeder sonnigen Jahreszeit vor allem durch Geranien (»Brennende Lieb«) in

Lebensfreude leuchten, vorbei an Fremdenheimen zur Kirche auf dem Plateau hinauf und zum Dorf, das sich fünfzig Meter über der Talsohle ausdehnt.

Die alte Kirche war schon um die Jahrhundertwende durch den heutigen, breit hingelagerten neugotischen Bau ersetzt, der das Dorf nun von weitem anzeigt. Seit sich ein vertieftes Verständnis für den seelischen wie geistigen Gehalt der Ideen von Viollet-le-Duc, von Antonio Gaudi, der Neugotik überhaupt durchzusetzen begann, darf auch diese eindrückliche Kirche mit ihrem mächtigen Turm wachsende Anerkennung erfahren. Der damalige Dorfpfarrer bettelte an der Marlingerbrücke an der Etsch einen beträchtlichen Teil der Kosten zusammen. Als Franz Liszt 1874 dem Geläute der Glocken lauschte (so will es die Überlieferung) und das Gedicht »Ihr Glocken von Marling« von Emil Kuh vertonte, stand noch das frühere Gotteshaus. In seinem Turm soll einst eine gewaltige, von Hexen, ja selbst vom Teufel gefürchtete Wetterglocke gehangen haben, »die Marlingerin« geheißen. Auf ihr soll gegossen gestanden haben:

> Anna Maria hoass i,
> Alle Wetter verstoass i,
> Alle Wetter vertreib i,
> In Marling, do bleib i.

Nachdem die Glocke gesprungen war, mußte sie umgegossen werden; der nachlässige Glockengießer habe aber den alten Wetterspruch vergessen, und mit ihm sei auch die Zauberkraft ihres machtvoll die Unwetter verjagenden Schalls dahin gewesen. (Alpenburg, p. 257.)

Um Kirche und Turm ist der schönste aller schönen Dorffriedhöfe weit und breit angelegt, ein Totengarten des Lebens. Die Verstorbenen sind weiter da im Gedenken der

Eingang zum Friedhof Marling

Angehörigen und der Dorfgemeinschaft Marling, das sich in Ritualen des Erinnerns wie der liebevollen Pflege der Gräber offenbart. Eine Frau, zahnlos geworden und etwas füllig, schlurft in Filzlatschen herum, vor einem halben Jahrhundert eine Dorfschöne, nun eine Metapher der Vergänglichkeit: Erinnerung an Ronsards Hélène (»Ronsard me celebroit du temps que j'estois belle«), an Rodins einstige Wohlgestalten im Verfall. Die Geschlechterfolgen, die hier ruhen, rufen Fremde durch das Gittertor herein zum Friedhofsmäuerchen mit der weithin schweifenden Aussicht über den steilen Hang hinweg.

Weithin schweifende Aussicht: Der Gast an der Kirchhofbrüstung ahnt drunten im Labyrinth von Meran das Hotel Emma und die Ottoburg in Untermais, wo Kafka um Atem keuchte, einen Blutsturz befürchtete, vegetarisch lebte und bewegende Briefe an Milena, an die Schwester Ottla schrieb. Gegenüber am Osthang lagert auf halber Höhe das

Schloß Rametz aus der Renaissance, dessen skurrilster Bewohner die »bezaubernde Lage mit hundert Kilometer Panorama« zu preisen verstand; auf dem Meraner evangelischen Friedhof liegt nun der k. u. k. Surrealist Herzmanovsky-Orlando bestattet. Man sieht das Villenviertel Obermais mit dem Condominium Morgenstern, wo früher die Pension Kirchlechner stand, wo Morgenstern 1914 gestorben ist. Man sieht Untermais mit dem Haus Helioburg, heute Hapimag, wo sich Morgenstern zeitweilig eingemietet hatte. In der Pension Westend an der Passerpromenade wohnte Gottfried Benn. Am Nordhang erblickt man etwas unterhalb von Schloß Tirol die neugotische Brunnenburg, wo Ezra Pound nach der Ausreise aus den USA lange Zeit in der Familie seines Schwiegersohnes Boris de Rachewiltz, des Besitzers, lebte; man vermutet auch die Klinik Martinsbrunn, wo er sich damals mehrmals für längere Zeit pflegen lassen mußte. Begraben wurde Pound auf San Michele, der Toteninsel Venedigs, unweit von Strawinsky, von Diaghilew, und nicht in Stonehenge, wie er im Canto XCI/613 gefordert hatte:

> Legt mich zu Aurelie, gen Sonnenaufgang zu Stonehenge
> dort ruhn die Meinen.

Steigt man dann das Dorf hinauf zum Waalweg (dem längsten Waalweg Südtirols, 13 Kilometer, das Schloß Forst mit der Fahlburg in Prissian verbindend, also zwei Verliese Oswalds von Wolkenstein) und wandert man über die Mitterterzerstraße oder über den Waalweg zum Schloß Lebenberg (Löwenberg), so nähert man sich dem Lebensraum des originellen Schriftstellers und Malers Joseph Friedrich Lentner (1814-1852), des Verfassers der komischen »Chronica das ist die wahrhaftig und ausführlich Geschicht und beschreibung von dem geschlosse und der vesten ze Lebenberg ob Marling im Etschland ze Tyrol« (die anhebt, als die Arche Noah an der Schloßhalde strandete), sowie seines Freundes Ernst von Lasaulx (1805-1861), der, Jacob Burckhardt und Oswald Spengler beeinflussend, die Theorie der Abfolge von Kulturblüte und Kulturverfall entwickelte. Rilke hat vor der Jahrhundertwende Schloß Lebenberg besucht und des Besuchs in einem Gedicht im Stil der Frühzeit (»Rilke vor Rilke«) gedacht. Etwas unterhalb, im alten Schloß der Grafen Brandis, kompilierte im 17. Jahrhundert Franz Adam Graf von Brandis seine »zusammengezogene Erzählung jener schriftwürdigsten Geschichten, so sich in zehn nacheinander gefolgten Herrschungen der fürstlichen Grafschaft Tirol von Noe an bis auf jetzige Zeit zugetragen«, mit dem echt barocken Titel »Des tirolischen Adlers immergrünendes Ehrenkränzel« (in Bozen 1678 gedruckt).

Hans Fink
Der Steinkult
1973

Um das Jahr 1850 haben Wissenschaftler zum ersten Male auch Steindenkmäler als Zeugen der vorgeschichtlichen Forschung anerkannt. Langsam ergaben sich die Feststellungen und Beweise vorgeschichtlicher Siedlungs-, Flucht-, Kult- und Befestigungsanlagen. Diese wissenschaftlichen Forschungen haben ihren Höhepunkt bis in die Gegenwart nicht überschritten. [...]

Keine Forschung steht mit ihrer Arbeit allein da, auch nicht die Volkskunde. In vielen Fällen geht sie unbemerkt in die Ethnologie über, manchmal kreuzt sie sich mit Sprachwissenschaft und Mundartforschung, ja häufig verwickelt sie sich mit der Vorgeschichte oder der Archäologie.

Anton Dörrer bemerkt in seinem Großwerk »Tiroler Fasnacht« richtig: »Je weiter wir in das Trientinische und an die Südränder der Alpen vordringen, desto ärger scheinen die Kulturschichten ineinander verschoben zu sein . . .«

Archäologie und moderne Geschichtsforschung müssen zusammengehen. Oft aber stoßen wir auf jene »stummen Steine«, die an vielen Orten unseres Landes die »tote Sprache« der Urzeit reden. Solche Steine starren uns von sonnenüberfluteten Höhen an, sie ragen aus düsterem Buschwerk und treten selbst auf Berghöhen zutage, die über den Wäldern ragen. Oft treiben Teufel, Hexen und Riesen in ihrer Nähe ein gespenstisches Dasein, nicht selten hören wir von Seligen, Heiligen oder legendären Wesen, die auf Felsen und Graten ihre »heiligen« Tritte hinterließen, immer aber starren uns diese Spuren mit kalten Augen an, die ihr Geheimnis nicht gelüftet haben wollen.

Volkskundliches beginnt erst dort, wo die Überlieferung Geheimnisvolles um diese Urzeitzeugen berichtet. In den meisten Fällen aber wurde die ursprüngliche Tradition schon längst abgebrochen; oft ist es fraglich, ob das Erzählte auch echt und nicht erst durch Veröffentlichungen ins Volk geraten ist.

Menhire, Stelen und Dolmen

In den Zahlen der Wallburgstatistiken mitinbegriffen sind die in Südtirol aufgefundenen Urzeitdenkmäler. Die Wissenschaft unterteilt Megalithe in Menhire, d. h. lange, mit keinerlei Eingravierungen versehene Steine, in Menhirstatuen, das sind Steinblöcke mit eingeritzten Zeichen, in Stelen (Grabsäulen) und in Dolmen, worunter Steintische zu verstehen sind. Den ersten solcher Funde tat man unter leider nicht überlieferten Umständen in Rungg, Gemeinde Tramin, wahrscheinlich im Jahre 1881. Weit interessanter ist die Geschichte um die Algunder Menhire, wo im Jahre 1932 bei Grabarbeiten durch Zufall zwei dieser urzeitlichen Steindenkmäler zutage traten. Durch die Funde animiert, begann der Meraner Volkskundler Matthias Ladurner-Parthanes im Jahre 1942 die Gegend neuerdings zu untersuchen, wobei er zwei weitere Menhire ausfindig machte. Die Wissenschaft bezeichnet drei der Algunder Steindenkmäler als »männlich«, das vierte hingegen wegen seiner deutlichen Brustansätze als »weiblich«.

Wieder vergingen zehn Jahre, da stieß Karl Schadelbauer aus Innsbruck im Sommer 1952 durch Zufall am Penzlhof unweit St. Verena am Ritten auf den nunmehr sechsten Figurenstein, der sich mit seinen eingravierten Dolchen, Äxten und dem sogenannten »Gürtel« ebenfalls als »männlich« herausstellte. Der große Gutshof liegt an der bereits

Weibliche Menhirstatue

seit Urzeiten benützten Altstraße über dem Eisacktaler Mittelgebirge, und es steht fest, daß der Fundstein (1,5 m hoch) an Ort und Stelle geformt worden war. Dies geht aus dem Herstellungsmaterial eindeutig hervor.

In derselben Höhe, ungefähr vier Gehstunden nordwärts, ragt hoch über Klausen ein äußerst merkwürdiges Steingebilde aus dem Waldreich, dem Georg Innerebner aus Bozen den Namen »Menhir von Villanders« gab. Er ist unbeschriftet, ohne ein Ritzbild, schaut aber derart auffallend in die Landschaft, daß man ihn als wahrscheinlichen Ortungs- oder Zeitmesser bezeichnen kann. Jedenfalls reiht er sich

Menhirstatue

würdig in die Reihe ähnlicher Steinkolosse ein, unter denen vor allem der Stein von Völlan und jene beiden neben der Kirche von Percha an der alten Pustertaler Straße zwischen Windschnur und der Alten Goste Erwähnung verdienen. Leider sind die letzten drei Steine der Bautätigkeit zum Opfer gefallen, das Volk jedoch erinnert sich noch gut an die seltsamen Giganten, die man immer etwas ängstlich umkreiste. Im Winter 1955 konnte der Verfasser beim Stillenhof in Tötschling auf den Höhen zwischen Brixen und Klausen einen siebenten Menhir auffinden, den Experten in die Kategorie der Stelen einreihen. Seit dem Auftreten dieses Urzeitkünders, der ebenfalls am alten Eisacktaler Höhenweg alle Zeiten und Stürme übertauchte, spricht man nunmehr von einer »Menhirstraße«, in der der Tötschlinger Zeichenstein den nordöstlichsten seiner Artgenossen in Südtirol bildet.

Sagenhaftes um Menhire

Im Schutthügel des Töllgrabens bei Meran wurden vier Menhire als Denkmäler einer wohl vier Jahrtausende zurückliegenden Kultur gefunden. Vermutlich war es eine ungeheure Überschwemmungskatastrophe, die solche Zeugen der Urzeit verschüttet hatte.

Unser Volksmund weiß von einem solchen Seeausbruch, der aus dem »Ginggl« in der Zieltalalpe erfolgte, und datiert das Unheil mit dem Partschinser Kirchtag des Jahres 1328. Man sei sich dabei in wüsten Ausschweifungen ergangen; Bauern seien geschunden und Mädchen entehrt worden; ja ein Ritter habe sogar vor der Ermordung seiner eigenen Eltern nicht zurückgeschreckt. Eine ausführliche und grausige Mär rankt sich um die Zerstörung der untergegangenen »Heidenstadt«, und es heißt da weiter, daß die kurzen Mi-

Zeichen- und Schalenstein

nuten während des Aveläutens der geeignete Zeitpunkt
seien, um den großen Schatz zu heben und die büßenden
Ritterseelen zu erlösen, die in Flammen gehüllt und von
Spießen durchbohrt noch heute durch den »Waalweg« gehen und zu Tal klagen. Zwei Bauern gruben einst nach dem
Hort und fanden ihn. Doch als sie über ihr Glück zu jubeln
begannen, kamen zwei Hexen und stürzten den Reichtum in
die Tiefe, wo ihn nun Erde und ein großer Stein bedecken.

Zwar lassen sich weder Ritterschloß und Heidenstadt
noch eine Wasserkatastrophe am Kirchtag des Jahres 1328
urkundlich nachweisen, wohl aber zeugt die Beschaffenheit
der Landschaft von mehrfachen Überschwemmungen.
Über den Menhir von Villanders gibt es kaum eine Tradition, höchstens die Sage von einem Heidenfriedhof und
einem vergrabenen Goldschatz; über die Fundstelle des
Tötschlinger Steindenkmals berichtet die Überlieferung von
einem »ältesten Gericht der weiten Umgebung«.

Die Schalensteine stellen noch immer ein ungelöstes Rätsel der Vorgeschichtsforschung dar. Vielen Bergwanderern sind diese Schalensteine da oder dort schon längst aufgefallen. Es finden sich Schalensteine von der Größe eines Mantelknopfes bis zur Größe einer Milchschale. Nur selten sind es einzelne Grübchen in Steinen oder Felsplatten; oft sind bis zu dreißig Vertiefungen, manchmal auch in Kreuzform, eingehauen. Manche schauerliche Geschichte hat sich im Volk über solche Schalensteine erhalten.

Aus ganz Europa wurde das Vorkommen von Schalensteinen gemeldet, doch wurde die Frage trotz verschiedener Deutungsversuche noch nie befriedigend gelöst. Sicher scheint, daß die Schalensteine nicht einheitlichen Zwecken dienten; wir wissen, daß sie in Skandinavien, im klassischen Land der Schalensteine, vielfach noch heute Gegenstand abergläubischer Zeremonien sind. Dafür spricht nicht zuletzt der dort gebräuchliche Name Elfen- oder Baldursteine. Der in diesen Nordländern verankerte Glaube, daß aus diesen Grübchen die Kinder kämen, läßt sich auch in Südtirol allenthalben nachweisen.

Konrad Rabensteiner
Menhir in Villanders
1976

Hier umwirbt Eichengebüsch
das Schweigen.
Nur Krähen ziehen vorbei,
wenn die Gezeiten
der Landschaft Nebel bringen.

Durchs dunkle Geäder
rast noch lebendig
die Zeit der Kämpfe bei Vollmond
bis an die Schwellen zum Licht
und hört auf,
bevor noch ein Schrei
Atem holen kann.

Und das blicklose Haupt
neigt sich verschlossen
beim Anflug der Eulen.

Die Tage gehen vorbei
und werfen die Stunden
ins süchtige Moos.

Linus Brunner
Die Sprache der Räter ist semitisch
1987

Wo Räter innerhalb der beiden römischen Provinzen Raetien siedelten, können wir nur aus Inschriften und allenfalls aus rätischen Namen erschließen. Offenbar waren die Provinzen nicht rein rätisch. Man könnte versucht sein, mit dem Vergleich von Blutgruppen die Abstammung zu bestimmen. In dieser Beziehung ist immerhin auffällig, daß nach brieflicher Mitteilung von Dr. Edgar Moroder im Grödental die o-Gruppe bis 60 % beträgt, was sonst nur in Asien vorkommt. In Europa überwiegt die Blutgruppe A über o, im Orient o über A. In der Gegend von Chur ist die Blutgruppe o stärker vertreten als in der übrigen Schweiz, im Engadin aber überwiegt die Gruppe A.

Die Sprache der Räter ist semitisch, und zwar am nächsten dem Akkadischen verwandt. Die Votivinschriften auf Hirschhorn tragen keine Namen der Spender, ebensowenig die einzige Grabinschrift. Die Geräteinschriften auf Bronze dagegen weisen sowohl den Namen des Herstellers wie des Besitzers und seiner Herkunft auf. Diese Namen verraten, daß die Bevölkerung gemischt war. Handel und Sicherheit in der Römerzeit werden zur Vermischung beigetragen haben.

Die rätischen Stämme sind nicht alle mit Sicherheit zu lokalisieren. Rätisch dürften, aus dem Namen zu schließen, die Suanetes, die Calucones, die Vennonetes (Vennontes), die Venostes, Arusnates, Anauni, Ausuciates am Comersee (von arabisch wasq, Plural wusūq Lastkahn) gewesen sein, nicht aber die Bewohner der Val Camonica.

Wo Patnale existieren, muß eine rätische Bevölkerung angenommen werden, aber auch die auf Sicherheit hinweisenden Namen dürften rätisch gewesen sein. Sie sind meistens hoch gelegen. Auf Heiligtümer weisen u. a. die Estunamen hin. Außer Estu wurden Ritu und Kastor (und Pollux) von den Rätern verehrt, Kastor als Heilgott.

Die meisten Funde mit rätischen Inschriften stammen aus dem Südtirol und der Provinz Vicenza. Vermutlich birgt der Boden in andern rätischen Gebieten noch viele rätische Relikte.

Sichere Hinweise auf eine rätische Vergangenheit sind die Übersetzungsnamen. Auch im rätoromanischen Wortschatz ist manches rätische Wort hinterlassen. Diese Wörter waren aber der romanischen Lautentwicklung unterworfen, die von Tal zu Tal verschieden war. Das gleiche gilt für die Eigennamen. In heute deutschsprachigen Gegenden kam zusätzlich noch die deutsche Lauteinwirkung hinzu.

Quintus Horatius Flaccus
Der rätische Krieg
nach 15 v. Chr.

Wie den Adler, den Träger des Blitzes,
dem Jupiter, der König der Götter, die Herrschaft über
                die beschwingten
Vögel verlieh, weil er ihn beim Raub des blonden
Ganymedes treu befunden hatte,

zuerst seine Jugend und die angestammte Kraft
aus dem Horst treiben, während er von Mühen
                noch nichts weiß,
und dann die Frühlingswinde nach dem Aufhören
der Winterstürme den zaghaften Neuling ungewohnten

Aufflug lehren, später sein stürmischer
Drang zum Stoß auf Lämmerhürden treibt,
schließlich die Gier nach Fraß und Kampf gegen
streitbare Schlangenbrut fortreißt,

oder wie das Reh, das auf üppiger Trift
weidet, den des Euters der falben
Mutter bereits entwöhnten Löwen
gewahrt, um dem jungen Zahn zum Opfer zu fallen,

so sahen die Vindeliker den Drusus am Fuß
der rätischen Alpen Krieg führen. Woher
diesem Volk der durch alle Jahrhunderte fortgepflanzte
Brauch stammt, den Arm mit amazonischer

Streitaxt zu bewehren, habe ich jetzt nicht
                                        erforschen mögen;
auch ist es dem Menschen versagt, alles zu wissen.
[…]

Armon Planta
Die Via Claudia Augusta
Burgeis-St. Valentin
1982

Die alte Reichsstraße führte ab Burgeis dem Westufer der
Etsch entlang bis vor den Haidsee vor St. Valentin. Bemer-
kenswert sind kurz nach dem Dorfausgang die genau gefüg-
ten Zyklopenmauern beidseits des Weges. Sie brauchen
nicht römisch zu sein, schön sind sie auf jeden Fall. Dieser
Weg dient noch heute der Land- und Forstwirtschaft.

  Kurz vor dem aufgegebenen Elektrizitätswerk quert das

Sträßchen eine hervorstehende Felsnase, die nachträglich weggesprengt wurde. Talseits sind dort Radrinnen im Fels sichtbar. Wir legten sie zur Untersuchung noch besser frei und sie zeigen, daß man früher ganz außen um den Felsen fuhr.

Da an dieser Stelle die mittelalterlichen vierrädrigen Wagen mit 100 cm mittlerem Radabstand die Radrinnen der zweirädrigen römischen Karren (mit 107 cm mittlerem Radabstand) benutzen mußten, erweiterte sich natürlich diese Radspur, und das in Richtung derjenigen Seite, nach der der Wagen beim Fahren seitwärts gedrängt wurde, d. h. in diesem Falle bergseits nach innen.

Lion Feuchtwanger
Mein gutes Kind! Wie gescheit sie ist!
1923

Das Kind Margarete wuchs heran auf den Schlössern Zenoberg, Gries, Tirol. Lernte gern und viel. Fragte den klugen, redseligen, betulichen Abt Johannes von Viktring bei allem, was sie sah und hörte, warum, wieso. Trieb mit den Äbtissinnen der Klöster Stams und Sonnenberg Theologie. Der Prunk, die feierliche Ordnung der Liturgie zwang ihr Bewunderung ab. Sie sprach und schrieb fließend Latein und Welsch. Interessierte sich brennend für politische und nationalökonomische Dinge. Hörte aufmerksam den historischen Vorträgen des gelehrten Abtes zu, und während die anderen seine begrifflichen politischen Theorien gelangweilt belächelten, konnte sie nicht genug davon kriegen. Gründlich unterrichtete sie sich bei den vielen fremden Gästen ihres Vaters über die Verhältnisse der andern Höfe und Länder. Verächtlich schnupperte sie, als sie hörte, Ludwig von Wit-

Portal der Zenoburg

telsbach, der Bayer, erwählter Römischer Kaiser, der Vierte seines Namens, spreche nicht Latein.

Sie streifte durch das Land. Zu Wagen, in der Pferdesänfte. Die Passer hinauf, hinab, durch die Rebenterrassen, Obstgärten. Ging mit wachen, klugen Augen durch die farbigen Städte Meran, Bozen. Beschaute die Bürger, ihre steinernen Häuser, Rathaus, Markt, Mauern, Pranger, Stock, Herbergen, Badehäuser, die Leichen der Gerichteten vor den Toren. Hielt rasche, herrische Einkehr in den Höfen der Bauern, den Wachhütten der Winzer.

Der gutmütige König Heinrich kümmerte sich wenig um sie. Er ließ sie treiben, was sie wollte. Erkundigte sich zuweilen zärtlich, ob sie denn mit ihren Kleidern ausreiche, ob sie nicht mehr Schmuck, Pferde, Dienerschaft brauche. Fragte allenfalls, was sie von dem neuen flandrischen Koch halte, oder wie der genuesische Mantel stehe, den er sich eben habe machen lassen. Er ging ganz auf in Kleidersorgen, Stiftungen für Klöster, Festlichkeiten, Gastereien, Turnieren, Frauen. Wenn sie sich mit seinem klugen Sekretär unterhielt, dem Abt von Viktring, dann schaute er wohl gerührt auf sie, sagte zu Beatrix, seiner Frau, zu seinen Gästen: »Mein gutes Kind! Wie gescheit sie ist!«

Von den Klosterfrauen lernte sie singen. Es war erstaunlich, wenn unter der platten, breiten Nase aus dem äffisch sich vorwulstenden Mund die Stimme herausdrang, schön, warm, erfüllt. Während sie sonst mit ihren Kenntnissen nicht zurückhielt und ohne Scheu redete, sang sie fast nie vor Fremden. Des Abends, unter Obstbäumen, allein, sang sie ihre Lieder, kunstvolle aus Italien, aus der Provence oder auch einfache deutsche, wie sie sie rings vom Volk hörte. Manchmal, selbst wenn sie allein war, brach sie mitteninne ab. Die Zwerge konnten sie hören. Die Zwerge wohnten in allen Berghöhlen. Sie aßen und tranken, spielten und tanzten mit den Menschen. Aber unsichtbar. Nur der regierende Fürst kann sie sehen, der zu Recht das Land beherrscht, in dem sie gerade verweilen. Ihr Vater hat die Zwerge gesehen, auch der Bischof von Brixen, in dessen Gebiet sie zuweilen kamen. Jakob von Schenna hat ihr Genaues von den Zwergen erzählt. Sie schrieben Briefe, bildeten unter sich einen Staat, hatten Gesetze und einen Fürsten, bekannten den katholischen Glauben, kamen heimlich in die Wohnungen der Menschen, waren ihnen hold. Sie führten Edelsteine mit sich, mit denen sie sich unsichtbar machen konnten. Sie fragte Herrn von Schenna, warum sie sich unsichtbar machten. Herr von Schenna wich aus. Durch Zufall, von einer Magd, erfuhr sie den Grund. Weil sie sich

35

ihrer Häßlichkeit schämten. Sie ward noch fahler als sonst. Schluckte.

Mit peinlichster Sorge pflegte sie ihren Körper. Sie nahm täglich ein Dampfbad, wusch sich mit Kleienwasser, französischer Seife. Sie wickelte das Zahnpulver in frisch geschorene Wolle, ehe sie ihre großen, schräg vorstehenden Zähne reinigte. Sie pflegte ihre Haut mit Weinsteinöl, gebrauchte rote Schminke aus Brasilholz, weiße aus gepulverten Zyklamenknollen. Des Nachts legte sie eine Wachsmaske auf, ihren unreinen Teint zu bessern. Sorglich, mit Opfern, gehorchte sie jeder neuen Modevorschrift.

Mußte sie dann sehen, wie gleichwohl jeder drallen, ungewaschenen Bäuerin mehr wohlgefällige Männerblicke folgten als ihr, dann wandte sie mit einem Ruck ihre Gedanken von diesen Dingen, stürzte sich mit hitziger Energie in Studium und Politik. Wog zum hundertstenmal Macht, Möglichkeiten, Einflußkreise der Habsburger, Wittelsbacher, Luxemburger gegeneinander ab. Habsburg, Luxemburg, Wittelsbach, das waren keine kahlen, politischen Begriffe für sie. Die Menschen, die diese Namen trugen, ihre Farben, ihre Länder, die Tiere ihrer Wappen, ihre Berge, Flüsse, Kirchen mischten sich ihr zu geheimnisvollen Einheiten. Albrecht von Habsburg etwa war verteufelt klug, energisch, bitter, aber er lahmte. Mit ihm lahmten seine Länder, die Donau, die Stadt Wien, die Pranke seines Wappenlöwen. König Johann, der Luxemburger, das war nicht nur ein weltläufiger, galanter Herr. Seine Füße waren Toskana und Lombardei, Rhein und Elbe seine Adern, das helle Luxemburg sein Herz. Und Bayern konnte sie sich nicht vorstellen ohne die lange, bedächtige Nase Kaiser Ludwigs und ohne seine riesigen, sonderbar toten blauen Augen. Wenn die drei Fürsten sich belauerten, sich umschlichen, sich vertrugen, sich bekriegten, bekriegte und verhöhnte sich die Welt in

Schloß Tirol

ihnen, und in den Wolken führten die Tiere ihrer Banner
einen mystisch gewaltigen Kampf.

Ihren Gemahl, den Prinzen Johann, sah sie nicht sehr oft.
Trotz seiner Länge und Aufgeschossenheit wirkte er hinter
seinen Jahren zurückgeblieben. Sein mageres Gesicht, an
sich nicht unschön, schien immer roher, stumpfer und,
durch die kleinen, versteckten Augen, bösartiger. Er haßte
die Bücher, lernte nur notdürftig schreiben. Gern trieb er
körperliche Übungen. Schlug sich mit den Jungen herum,
mit denen der Bedienten lieber als mit seinen adligen Kameraden, jagte, ritt. Betätigte sich als Vogelsteller, trieb, nicht
ohne Geschick, Falkenbeize, fing Wild in Schlingen. Quälte
Tiere. Spielte den Bauern üble Streiche. Ein Bauernbursch,

der ihn nicht kannte, verprügelte ihn. Wurde gefangen, in den Stock gesetzt, gepeitscht. Der Prinz schaute gierig zu, hetzte die Büttel.

Margarete lachte er aus wegen ihrer blöden, pfäffischen Gelehrsamkeit, riß ihr gelegentlich ihre Schriften weg, zerraufte ihre Frisur. Sie trug es. Es war notwendig, daß ihr Mann ein Luxemburger war. Seine Roheit mußte hingenommen werden. Aber schweigend stapelte sie Wut und Verachtung.

Helmut Reinalter
Die neufränkischen Volksempörer und die Langmut der Fürsten
1982

Auch in Meran agierten 1794 Anhänger des Jakobinismus und der Französischen Revolution im Sinne »demokratischer Grundsätze« und verteidigten die Ereignisse in Frankreich nach 1791. Kreishauptmann Roschmann schloß am 15. Juli 1794 – wie er in einem Schreiben an Landesgouverneur Waidmannsdorf mitteilte – seine Relation über die in Meran durchgeführte Jakobineruntersuchung ab, derzufolge schon im Jahre 1794 die Polizei auf jakobinische Bewegungen in Meran aufmerksam gemacht worden sei. 1795 wurden an der Tür des Meraner Schießstandes und am in der Nähe liegenden Ultner Tor rote Freiheitsmützen mit einem daraufgenähten weißen Zettel, auf dem die Worte »Freiheit und Gleichheit« standen, aufgefunden. Der Landrichter zu Meran erhielt von oberster Stelle den Auftrag, den Täter ausfindig zu machen und dem Kreishauptmann bekanntzugeben.

Am 7. August 1796 kam es schließlich in Meran zu einem

Volksauflauf, der von Anhängern der Französischen Revolution ins Rollen gebracht wurde. Pater Philipp, ein Prediger, soll angeblich in seinen Kanzelreden das Bauernvolk gegen die »Vornehmen«, »Reichen« und »Gebildeten« aufgebracht haben. Landrichter Johann Wieser informierte darüber das k. k. oberösterreichische Appellatorium und schilderte kurz die Gründe und den Ablauf der Ereignisse:

»Den 7. d. M. ereignete sich allda zu Meran, als von den Polizeydienern 2 Bauern wegen eines entstandenen blutigen Raufhandels ganz ohne Wissen der Obrigkeit im Arrest geführt wurden, ein kleiner Auflauf der Bauern aus den Gerichten Passeyr, und Schenna, wozu sich auch noch andere schlugen. Die Thür des Gerichtshauses wurde mittels herbeygetragener Tremel, Stangen und Steine mit Gewalt aufgesprengt, die Thüre der nächstgelegen Kerker wurden aufzubrechen versucht, einige auch wirklich aufgebrochen, die Gefangenen herausgerufen und andere derley Excesse begangen, wodurch ein nicht geringer Schaden verursacht wurde.« Ein Interventionsversuch des Landrichters scheiterte an den überhitzten Gemütern. Landesgouverneur Waidmannsdorf machte deshalb beim Fürstbischof von Chur eine Anzeige gegen Pater Philipp, die daraufhin erfolgte Untersuchung blieb jedoch ohne Konsequenzen, da dem Prediger nichts Belastendes nachgewiesen werden konnte. Es wurden lediglich die Ordinariate von Brixen, Trient und Chur angewiesen, künftig die Geistlichkeit in Schranken zu halten und ihr strikt zu untersagen, über Freimaurerei und Jakobinismus zu sprechen.

Jakobinisch eingestellte Geistliche blieben jedoch in Tirol und Welschtirol, wie zum Beispiel der Stadtpfarrer von Innsbruck und der Pfarrer von Auer, Ausnahmeerscheinungen und fanden in der Bevölkerung nicht die erhoffte Wirkung. Dafür haben wir Kenntnis von mehreren Geistlichen, die sich mit Appellen und Ermunterungsreden von der Kanzel aus an das gläubige Volk wandten, da der Krieg gegen Frankreich auch als »Religionskrieg« empfunden wurde und die »Jakobinerfurcht« nach Auffassung des Klerus in manchen Bevölkerungskreisen verbreitet war. So sandte zum Beispiel im Jahre 1794 der Fürstbischof von Brixen, Franz Karl von Lodron, ein Umlaufschreiben an seine Dekane mit dem Auftrag, ihn über die Stimmung im Volk zu informieren. Aus den Antworten ging u. a. hervor, daß lediglich einzelne Boten, die öfters in Städte kamen, dort revolutionsfreundliche Grundsätze auffingen und dann auf dem Lande weitererzählten. Der Pfarrer von Telfs beantwortete die Frage, ob das Volk leicht zu verführen sei, mit der Einschränkung, nur wenn »Noth durch eine Empörung Loos zu werden versprochen würde. Darzu derfte am gefährlichsten werden, wenn heimliche Emissarii die Bedeutende unterstützten oder gar zu Gewaltthätigkeit anführten«. Der Kaplan von Ochsengarten, einer abgelegenen Berggemeinde im Oberinntal, bemerkte in seinem Schreiben an den Fürstbischof: »Besondere Abreden von französischen Grundsätzen dörften hiesigem Volke mehr schädlich als nützlich seyn, weil selbes von französischen Angelegenheiten wenig oder fast nichts wissen oder hören will«, und

Jakobinermütze aus Meran

ähnlich argumentierte auch der Kaplan von Haben: »Was das Predigen wider die französischen Grundsätze betrifft, habe ich schon in diesem Jahr 3mal eine Rede gehalten und halte es in einer kleinen Gemeinde, die noch uralt christ-katholisch ist, für unnöthig, ja sogar für gefährlich, zu oft (davon) Meldung zu thun, damit man nicht dem Bauers-mann, der ohnehin zum grübeln geneigt ist, zu viel Stoff gebe, dieser Freyheitslust nachzudenken.«

Einige Geistliche hielten mehrmals Reden gegen die Ideen der Französischen Revolution und ermunterten die im Kampf gegen Frankreich stehenden österreichischen Sol-daten, Heimat und Glaube vor den Franzosen zu schützen und zu verteidigen. So rief zum Beispiel schon 1792 ein alter österreichischer Feldkaplan den Soldaten zu: »Zu lange schon nekte der Franzose mit Lügen und Schmähungen an Deutschlands wakern Fürsten, daß jedes deutschen Patrio-ten Wange für Unwillen glühte, und er ungeduldig harrte, ob nicht die Langmuth der Fürsten endlich ermüden, und ihren Kriegsschaaren erlauben würde, den Hohn des Vater-lands, an den Verläumdern jenseits des Rheins, mit deut-scher Kraft zu rügen. Und seht! die Züchtigung, welche die Nachsicht unsrer guten Fürsten verzögerte, die bereitete sich der Franzmann selbst. Uebermüthig brach er den Frie-den, und bot Deutschland den Krieg. Jauchzt, Kameraden, daß er das that! Erneuert mit ihm die alte Bekanntschaft im Schlachtgemenge! Zeigt ihm, daß der Deutsche stets der alte ist, und daß das Schwerd der Söhne, wie einst das Schwerd der Väter, schwer des Feindes Naken trift, des Feindes, der unser Vaterland durch die Tapferkeit seiner Heere nie, sondern stets durch das schleichende Gift seiner Sitten, bekriegte, und auch jetzt bemüht ist, im Einverständnisse mit Verräthern und Schwindelköpfen, uns mit seinem Frei-heitsfieber, und seiner Revolutionspest zu vergiften, damit wir uns durch Meuterei, und Elend, vor Welt und Nachwelt so brandmarken mögten, wie er sich gebrandmarkt hat.« Der ideologische Appell schloß mit den Worten: »Auf! Kameraden, jeder greife froh zum Gewehr, und jeder Reuter, schwinge sich froh auf sein treues Roß. Es ist der alte Feind eures Vaterlandes, es ist der Krieg der Gerechtigkeit!«

In einem Sendschreiben an den »seelsorgtragenden ehrwürdigen Klerus« polemisierte der Fürstbischof von Trient, Peter Vigil, gegen die revolutionären Ideen aus Frankreich und forderte die Geistlichkeit Tirols auf, das Volk vor diesen gefährlichen Gedanken zu warnen. Zwei »flammende Reden« hielt im selben Jahr Pater Albert Komployer in der Kollegiatstifts- und Pfarrkirche zu Bozen gegen die Revolution in Frankreich und die »neufränkischen Volksempörer«. In zwei Kanzelreden munterte weiters ein Geistlicher des Zisterzienser-Stifts Stams die Bevölkerung Tirols auf, seinen Religions- und Bürgerpflichten bei den derzeit bedenklichen Kriegsumständen nachzukommen, und ein Franziskaner aus dem Unterinntal hielt 1794 eine Dank- und Bittrede, in der der Wunsch geäußert wurde, daß die Waffen des Kaisers auch im Feldzug 1794 erfolgreich bleiben und die »heillosen Feinde des Staates und der Religion gedemüthiget werden«.

Elise von der Recke
So wunderbar durchkreuzen sich in verfinsterten Köpfen die Vorstellungsarten
1804

Wie sich hier deutsche und italienische Sitten vermischen, so gehn auch Bigotterie und Freigeisterei, Verehrung und Vernachlässigung des geistlichen Standes nebeneinander. Zur letzteren gaben zwei Kapuziner die auffallendste Veranlassung. Sie hatten sich von den Franzosen dazu gebrauchen lassen, das Volk im Gebirge dem französischen Systeme zuzuwenden. Die patriotischen Bauern ergriffen die Verräter, führten sie in das österreichische Lager und bestanden darauf, daß die Strafe des Stranges an ihnen vollzogen werden sollte. Der Feldmarschall Laudon mußte sein ganzes Ansehn geltend machen, um nur die entrüsteten Bauern abzuhalten, daß sie nicht selbst auf der Stelle die verräterischen Mönche hinrichteten. Diese Geschichte hat freilich den Einfluß der Geistlichkeit hier und da beschränkt, mehr aber noch die Achtung für diesen Stand vermindert. Dessenungeachtet verfehlten die Predigten der Geistlichen gegen die Errichtung eines Theaters in Bozen ihren Zweck so wenig, daß das Gouvernement sich genötigt sah, den drohenden Stürmen des Pöbels die strengsten Maßregeln entgegenzustellen. So wunderbar durchkreuzen sich in verfinsterten Köpfen die Vorstellungsarten. [...]

Durch solche rasche unvorbereitete Veränderungen wird die wahre Religiosität im Volke ebenso sehr vermindert als durch das unmoralische Betragen und den Stumpfsinn der Geistlichkeit, die das Volk bloß durch kirchliche Zeremonien und Heiligenlegenden zu unterhalten sucht, ohne es über seine Pflichten zu belehren. Wir trafen auf unserer Reise durch Tirol mehrere Postmeister an, die sich über die

Geistlichen und über das Gaukelspiel (wie sie es nannten) mit Heiligenbildern sehr unschonend vernehmen ließen; doch meinten sie in ihrer rohen Sprache, das Volk müsse einmal gegängelt und durch Aberglauben, Betrug und Schreckbilder geleitet, das ist: regiert werden. Diese Herren selbst gehörten zu dem Volke, welches sie zur Täuschung verdammten; auch ermangeln solche Leute nicht, so weit ihr Beruf reicht, ihre schiefen Ansichten mit prahlerischem Dünkel zu verbreiten. Wohin wird es führen, wenn Ansichten dieser Art gemeiner werden und das Volk endlich glaubt, dahinter gekommen zu sein, daß es von seinen Priestern betrogen werde?

Julius Mosen
Andreas Hofer
1836

Zu Mantua in Banden
Der treue Hofer war,
In Mantua zum Tode
Führt ihn der Feinde Schar;
Es blutete der Brüder Herz,
Ganz Deutschland, ach, in Schmach
        und Schmerz!
Mit ihm das Land Tirol!

Die Hände auf dem Rücken
Andreas Hofer ging
Mit ruhig festen Schritten,
Ihm schien der Tod gering;
Der Tod, den er so manchesmal
Vom Iselberg geschickt ins Tal
Im heilgen Land Tirol!

Doch als aus Kerkergittern
Im festen Mantua
Die treuen Waffenbrüder
Die Händ' er strecken sah,
Da rief er laut: Gott sei mit euch,
Mit dem verratnen deutschen Reich
Und mit dem Land Tirol!

Dem Tambour will der Wirbel
Nicht unterm Schlägel vor,
Als nun Andreas Hofer
Schritt durch das finstre Tor.
Andreas noch in Banden frei,
Dort stand er fest auf der Bastei,
Der Mann vom Land Tirol.

Dort soll er niederknien;
Er sprach: Das tu' ich nit!
Will sterben, wie ich stehe,
Will sterben, wie ich stritt,
So wie ich steh' auf dieser Schanz;
Es leb' mein guter Kaiser Franz,
Mit ihm sein Land Tirol!

Und von der Hand die Binde
Nimmt ihm der Korporal,
Andreas Hofer betet
Allhier zum letztenmal;
Dann ruft er: Nun, so trefft mich recht!
Gebt Feuer! Ach, wie schießt ihr schlecht!
Ade, mein Land Tirol!

Karl Guntram
Sandwirt Hofer
1867

Hier in Bozen nun war's, wo er Abschied nahm
            von den Seinen,
Die man gefangen mit ihm und nachgeführt, doch in Bozen
Freigegeben zuletzt. Sie hingen an seinem Halse
Weinend und schluchzend.
            »Ihr frei! Gott sei es gedankt! Was weint ihr?
Habt keine Sorge um mich! Man wird mir so viel nicht
            zuleid tun,
Was ich getan seit der Amnestie, das konnt' ich
            nicht hindern,
Konnt' es nicht. Sie wissen's. Und ziehen mich wohl
            nur herum so.«

Und so brachte man ihn nach Mantua, wo man
            ein Kriegsrecht
Niedergesetzt. Den Vorsitz führte General Bisson.
Lange schwankte hin und zurück das Zünglein der Waage.
Ehrt doch der Krieger gern auch Mut und Treue
            am Feinde.
Jeder auch wußte den Mann als mild und menschlich;
            er hatte
Viel noch des Schlimmern verhütet; er war den Gefangenen
            immer
Schützer gewesen und Freund; und manchen rührte
            sein Schicksal.
Und der Mehrheit Spruch ging nicht auf Tod.
            Doch aus Mailand
Signalisierte man: Tod! in telegraphischen Zeichen,
Tod in zweimal zwölf Stunden! Man hatte Eile. –

Andreas Hofers Geburtshaus

Der Sandwirt
Hatte andres gehofft. Doch hört' er ruhig sein Urteil,
Ruhig in vollster Ergebung.

Und in der Zelle des Kerkers
Saßen der Sandwirt nun und der würdige Probst Manifesti,
Der auf des Sandwirts Wunsch nach geistlichem Beistand
gekommen,
Ihn zu trösten.

Da saßen sie nun im Gespräche zusammen,
Und es vertraute dem Freund die geringen Wünsche
des Herzens,
Auftrag auch und letzte Grüße der ehrliche Sandwirt,
Und erzählt' ihm vom Krieg und vom lieben Tirol,
und er hoffe,
Sagt' er mit Zuversicht, ja ihm verkünd' es die innre
Stimme, wie auf die Nacht der Tag und dem Winter
der Lenz folgt,

Werde auch wieder Tirol heimkehren zu Öst'reich.

Sein Antlitz
Glänzte dabei, wie oft ein eigener Schimmer die Landschaft
Gerne im ersten Dämmer umhaucht, wenn die Sonne
hinabging.

Also verstrich die Nacht und es graute der Morgen.

Der Sandwirt
Beichtete und empfing den Leib des Herren in Andacht.
Dann nach letzter Verfügung mit kleinen Gaben der Liebe
Setzt' er sich ruhig hin und schrieb noch wenige Zeilen:
»Und so lebt wohl auf der Welt, bis wir im Himmel
uns sehen.
Freunde, denkt mein im Gebet. Du aber banne
den Kummer,
Wirtin, mein treues Weib. Ich bitte bei Gott für euch alle.
Schnöde Welt! Nun ade! Es kommt so leicht mir zu sterben,
Daß sich die Augen nicht netzen.«

Um eilf Uhr kam die Eskorte.
Als er zum letzten Gang die Kasematten vorbeischritt,
Wo die Tiroler waren, da beteten diese und weinten,
Weinten und schluchzten laut, an die eisernen Gitter
sich klammernd;
Andre, die frei in den Höfen herum, die drängten heran sich,
Warfen sich nieder vor ihm und baten ihn, sie zu segnen.
Und er segnete sie, und sie sollten ihm alle vergeben,
Sollten getrost sein und fest vertrauen, sie kämen noch alle
Unter den Kaiser Franz; dann bracht' er mit lauter Stimme
Ihm noch aus voller Brust ein Vivat! eh' er hinwegschritt.

Endlich sind sie am Ziel. Und halt! ertönt es. Der Tambour
Reicht' ihm ein weißes Tuch, die Augen sich zu verbinden,
Und ermahnt' ihn, sich niederzuknien. Aber der Sandwirt

Das Andreas Hofer-Denkmal in Meran

Lehnte das Tuch von sich und weigerte sich zu knien,
Blickte zum Himmel noch einmal empor, dann fest
                               und gerade
Auf die drohenden Läufe und kommandierte: »Gebt Feuer!«

Aber, ach, sie schossen schlecht, und den tapfern Soldaten
Zitterte diesmal die Hand. Du aber, ehrlicher Sandwirt,
Nein! Du zittertest nicht; du fielst, in die Knie geknickt erst,
Stürztest zu Boden darauf, doch klaglos, und gabst die treue
Redliche Seele zurück, ein Mann und Held, deinem
                                     Schöpfer.

Viktor Theiss
Erzherzog Johann und Anna Plochl
auf Schloß Schenna
1950

An einem Augustmorgen des Jahres 1819 wurden Prinz Johann und seine Freunde, die auf einer Gebirgswanderung das malerische Ausseer Land besuchten, als sie am Westufer des von dunklen Wäldern umrahmten Toplitzsees das Schiff verließen, von Ausseer Bürgermädchen festlich empfangen. Unter diesen Mädchen, die in steirische Volkstracht gekleidet waren, befand sich auch die 19jährige Tochter Anna des Ausseer Bürgers und Postmeisters Jakob Plochl. Anna erregte die Aufmerksamkeit des Erzherzogs, und bei einem Ausfluge zum Schwarzensee im Sölktale, an dem sie mit ihren Freundinnen teilnahm, lernte Johann das Mädchen näher kennen und lieben. Aber erst zwei Jahre später trafen sich die beiden, die einander nicht vergessen hatten, wieder, und zwar als Hochzeitsgäste des mit dem Erzherzog befreundeten Pflegers von Gstatt, Karl Schweighofer. Anna hatte inzwischen, nach dem frühen Tode ihrer Mutter, als älteste Tochter die Sorge für den väterlichen Haushalt und für ihre unmündigen Geschwister übernehmen müssen. Nur bei gelegentlichen Besuchen Johanns im Ausseer Land war den beiden ein kurzes Beisammensein vergönnt. In Johanns Herzen reifte aber immer mehr der Entschluß, Anna trotz aller Hindernisse, die sich diesem Plane entgegenstellten, als Ehefrau heimzuführen. Ein durch Zahlbruckner vermittelter Briefwechsel der beiden Liebesleute trug dazu bei, das geistige Band, das sie bereits umschloß, noch enger zu knüpfen. Eine Aussprache, die zwischen ihnen am 9. August 1822 auf der Ennsbrücke bei Irdning stattfand, beseitigte die letzten Zweifel, und mit Johanns Worten »Nanni, ich lasse

nicht von Ihnen!« war das Verlöbnis geschlossen, das dann
allerdings seine Feuerprobe erst in der Folgezeit bestehen
mußte. Treue Liebe und fester Wille überwanden aber alle
Schwierigkeiten, die Konvention und Standesrücksichten
einer ehelichen Verbindung entgegensetzten. Schon im Februar des Jahres 1823 erlangte Johann von seinem kaiserlichen Bruder, dem Familienoberhaupte, die mündliche und
am 4. April die schriftliche Einwilligung zu einer morganati-
schen Verehelichung mit der Ausseer Postmeisterstochter.
Der Kaiser stellte allerdings die Bedingung, daß der Vollzug
der Trauung geheimgehalten werden müsse. Als er jedoch,
wohl durch Familienmitglieder dazu veranlaßt, bald darauf
diese Hochzeitserlaubnis wieder rückgängig machte, wurde
Prinz Johann durch dieses Vorgehen seines Bruders auf das
schwerste verletzt. In der schönen, in späteren Lebensjah-
ren vom Erzherzog selbst unter dem Titel »Der Brandhofer
und seine Hausfrau« niedergeschriebenen Darstellung seiner Liebesgeschichte wird eine Trauung nicht erwähnt,
auch in den Tagebüchern des Erzherzogs aus jener Zeit
findet sich keine direkt darauf bezügliche Notiz. Um so
verbreiteter aber war in der Volksüberlieferung der Glaube,
daß am 3. September 1823, dem ursprünglich für die Trauung festgesetzten Tage, im Beisein von zwei Zeugen am
Brandhofe die Trauung oder vielleicht auch nur ein feierli-
ches Eheversprechen stattgefunden habe. Einige Tage später zog Anna, von ihrem Vater begleitet, als Leiterin des
erzherzoglichen Haushaltes ins Vordernberger Radmeister-
haus ein. Der ausführliche Briefwechsel, den die beiden
Brautleute während der häufigen Abwesenheit Johanns in
den nächsten Jahren mit großem Eifer führten, ist zum Teil
noch erhalten. Er gewährt uns einen tiefen Einblick in das
Innenleben dieser wertvollen Menschen. Besonders bewun-
dernswert ist auch hier das pädagogische Geschick, mit dem

Erzherzog Johann

es Erzherzog Johann verstanden hat, das jugendliche Na-
turkind, das er sich als Braut erwählt hatte, langsam in seine
Gedankenwelt einzuführen und so zur treuen Gefährtin und
verständnisvollen Mitarbeiterin an seinem Lebenswerk zu
erziehen. Die folgenden Jahre brachten für das Paar noch
manche harte Prüfung. Erst am 6. Februar 1829 gestattete
der Kaiser, nach einer persönlichen Aussprache der beiden
Brüder, durch Johanns Treue und Gehorsam gerührt, eine
rechtswirksame Vermählung, die jedoch zunächst nicht öf-
fentlich bekanntgegeben wurde. Am 18. Februar dieses Jahres fand dann um Mitternacht in der Kapelle des Brand-
hofes im Beisein zweier vertrauter Freunde als Trauzeugen
die kirchliche Trauung des Paares durch den Dechant
von St. Lorenzen im Mürztale statt, der sie dann auch in

Anna Plochl

sein Matrike_buch eintrug. Anna Plochl wurde im Jahre
1834 von Kaiser Franz zur Freifrau von Brandhofen und am
26. März 1850 von Kaiser Franz Joseph zur Gräfin von
Meran erhoben. Ihr im Jahre 1839 geborener Sohn war von
Kaiser Ferdinand bereits im Jahre 1845 als Graf von Meran
in den erblichen Grafenstand erhoben worden.

Durch seine Ehe wurde dem Erzherzog nicht nur das
Glück einer treuen, liebevollen Gattin zuteil, sie hat auch
sehr dazu beigetragen, die Beliebtheit und Volkstümlichkeit
des steirischen Prinzen und seiner bürgerlichen Frau nicht
nur in der grünen Mark, sondern auch weit darüber hinaus
im ganzen Reiche bei allen Schichten der Bevölkerung zu
vermehren. Wurde doch dieses an und für sich romantische
und ungewöhnliche Ereignis durch die immer rege Phanta-

Schloß Schenna

sie des Volkes noch mit den verschiedensten erdichteten
Einzelheiten ausgeschmückt. Die glückliche und vorbildli-
che Ehe der beiden, deren Abglanz sich in ihrem jetzt leider
größtenteils vernichteten Briefwechsel und auf vielen, vielen
Seiten der Tagebücher Johanns widerspiegelte, bewies, wie
richtig die Wahl war, die der Erzherzog getroffen. [...]

In den Sommermonaten besuchte der Erzherzog nun wie-
der häufig sein geliebtes Tirolerland. Um seinem Sohn, dem
Grafen von Meran, hier auch einen würdigen Besitz zu
sichern, erwarb er im Jahre 1845 das alte, in der Nähe von
Meran am Eingange in das Passeiertal gelegene Schloß
Schenna, das er nun auch alljährlich besuchte und in dessen
Grabkapelle er seine letzte Ruhestätte finden sollte. [...]

Nach feierlicher Aufbahrung in seinem Stadtpalais trug
man den Erzherzog unter allgemeiner Beteiligung aller
Kreise der Bevölkerung aus Stadt und Land in Graz zu
Grabe und setzte ihn vorübergehend im Mausoleum Kaiser

Ferdinands II. feierlich bei. Nach Errichtung einer eigenen Grabkapelle bei seinem Schlosse Schenna in Südtirol wurde das, was sterblich an ihm war, seinem letzten Wunsche entsprechend im Jahre 1869 dorthin überführt.

Friedrich Wasmann
Der freie Bauer duldet weder Unfug noch freches Eindringen
1865

Der freie Bauer von Tirol, der noch nicht von der Macht des Kapitals niedergedrückt ist, sieht in edlem Selbstgefühl nicht nur den Hof und die Erdscholle, worauf er lebt und die er im Schweiß seines Angesichtes bebaut, sondern den ganzen Umkreis seines Ortes als das von seinen Vätern ererbte Teil an und duldet in dem, was die ihm teure Religion und gute Sitte angeht, weder Unfug noch freches Eindringen. Er wartet seine Zeit ab und macht dann ohne viel Redens ein Ende. Das haben die Bayern erfahren, als die zermalmende Wucht eines in seinen heiligsten Empfindungen gekränkten Volkes sie traf. Davon zeugt auch ein Ereignis der jüngsten Jahre, an sich unbedeutend und lächerlich wegen des Gegenstandes der Volksjustiz, aber interessant in seinem Hergang und seinen Folgen.

Man hatte am Strande der Passer, dicht an dem alten steinernen Römersteg auf einem neu angelegten Spaziergange, den zu betreten tagsüber niemandem verwehrt werden kann, im Jahre 1865 zwei lebensgroße Figuren von weißgelbem Ton aus einer Wiener Fabrik zum Zierat aufgerichtet, die Fruchtkörbe tragende Mädchen oder, wenn man lieber will, Fruchtgöttinnen vorstellten. Ich will den Leser mit einer Beschreibung derselben verschonen, indem das wahrhaft gebildete Auge sie keines Blickes gewürdigt hätte, und nur der modernen Ästhetik zulieb einige Worte sagen: die der Hülle entkleidete körperliche Schönheit der Antike, weil sie in dem heidnischen Begriff einer nicht durch die Sünde getrübten gottähnlichen Menschheit wurzelt, hat etwas Unschuldiges und Edles; selbst eine in Betrachtung ihrer Reize versunkene Venus Kallipygos schaut so naiv drein, als könnte es nicht anders sein und wäre alles in der besten Ordnung. Ein anderer Geist ist aber der des Neu-Heidentums in seiner spielenden, süßlichen Nachäffung der Antike. Derart waren auch obgenannte Figuren. Affektierte Lüsternheit in jedem Gliede, halb gedrehter Leib, verschobenes Gewand, Modelle ordinärer Wiener Dirnen. Wenn die Jugend der großen Städte gegen solche Dinge sich abstumpft, so ist das kein Glück, aber eine Notwendigkeit, um unverdorben zu bleiben; oder wenn im südlichen Italien das gemeine Volk halb nackt erscheint, so ist das kein Grund, den Anblick solcher Zustände mit Gewalt einer deutschen Landbevölkerung aufzudrängen, die das nicht gewohnt ist und mit deren Sittlichkeitsbegriffen es in schreiendem Widerspruche steht. Kurz, die vorübergehenden Landleute nahmen Anstoß daran und hielten die Aufstellung solcher Figuren einfach für eine Entweihung ihres christlichen Bodens, ohne sich um die mythologische Bedeutung derselben zu kümmern. Kinder machten unziemliche Späße. Es fing an zu gären, zumal da einer der hauptsächlich beteiligten Herren selber ein Bauernbursche war, was die Erbitterung noch vermehrte. Besonders die Landmädchen waren empört und sahen es als eine öffentliche Beschimpfung und Verhöhnung des Schamgefühls an: »Wenns uns des sitzen laßt, Bueben«, hieß es unter ihnen, »so sehn wir enk nimmer an.« Man warnte die Kurkommission von verschiedenen Seiten, die Figuren aufzurichten. Umsonst! dem Lande zum

Trotz mußte es geschehen. An einem schönen Frühlingstag um die Mittagszeit, es war Freitag, fand es also statt. Ich befand mich mit meinem kleinen Knaben auf der Bastei und sah von oben herab, wie die Dinger, scharf von der Sonne schattiert, sich, an Seilen gehoben, langsam auf den Postamenten aufrichteten, und dachte in meinem Sinn, ohne die mindeste Ahnung der Zukunft zu haben, was werden wohl die Bauern dazu sagen? Wie ich später hörte, ging ein Spruch unter ihnen: »Bevor einer hingerichtet wird, stellt man ihn drei Tage an den Pranger.« Richtig! Gerade nach Verlauf dreier Tage, zur selben Stunde, an einem Sonntag und dem Fest Mariä Verkündigung, erschien ein Trupp Landleute. Es waren ihrer acht, und zwar Bauernknechte. Einer von ihnen war aus Furcht wieder zurückgetreten und deshalb von der Jugend des Dorfes so verachtet, daß er an einem andern Orte Dienst suchen mußte. Sie schlossen, ohne ein Wort zu reden, einen Kreis um die eine der Figuren. Ein riesiger Bauernknecht, namens A. Ganthaler, schwang einen Steinhammer, schlug sie in Stücke und warf die Trümmer in die Passer. Das gleiche geschah mit der zweiten Figur, worauf sie sich entfernten. Wie eine Schar Tauben, unter die ein Schuß fällt, war die Kurgesellschaft auseinander gestoben. Der Täter stellte sich selber dem Gericht, und weil er ein Mensch von dem tadellosesten Lebenswandel, für gewöhnlich sanft und freundlich wie ein Kind war und die edle Intention, die dieser gewalttätigen Beschädigung fremden Eigentums zugrunde lag, offen bekannte, nämlich um ein öffentliches Ärgernis zu heben, das sich auf andere Weise nicht beseitigen ließ, so ging es ins Lächerliche, wie seine Gegner, schäumend vor Wut und in der Angst, die ganze Kultur möchte an einem schönen Morgen zu Brocken gehen, sich abmühten, die Tat als ein dem Menschenmord ähnliches Verbrechen zu schildern und demgemäß wenigstens eine Strafe von fünf Jahren Zuchthaus verlangten. Er und die Mitschuldigen kamen durch die Gnade des Kaisers mit einer verkürzten, schweren Kerkerstrafe davon. Sie standen in der Folge beim Volke in hohem Ansehen, besonders der Haupttäter, welchem manche Auszeichnung zuteil ward. Als z. B. im Jahre 1867 der rühmlich bekannte geniale Bildhauer Professor Stolz von Innsbruck auf seiner Reise nach Rom einige Tage in Meran verweilte und in einer fröhlichen Abendgesellschaft die Namen etlicher ausgezeichneter Kunstkollegen dieser Stadt ehrend erwähnte, brachte er zuletzt noch einen Toast auf den besten Bildhauer dieser Gegend, Andreas Ganthaler, aus, was im ersten Augenblicke Staunen, sodann aber endlosen Jubel und Gelächter im Saale hervorrief. Und im Jahre 1868 befand er sich unter den Meraner Pilgern, die nach Rom gingen, um Pius IX. den Peterspfennig zu bringen. Man stellte ihn dem Heiligen Vater vor, der sich den Vorfall erzählen ließ und sagte: »ha fatto bene« (er hat wohlgetan).

Egon Cäsar Conte Corti
Elisabeths gewaltige Gebirgsmärsche
1934

Da Franz Joseph sieht, wie es um seine Frau steht, unterstützt er diesmal ihre Reisegedanken, weil er hofft, daß Madonna di Campiglio und Hochgebirgspartien, sowie Aufenthalt auf der Mendel und in Meran seiner Frau guttun werden. Die Eisenbahn wird kaum berührt. Es wird geritten und gegangen. Der Leibarzt Widerhofer ist zur Beruhigung des Kaisers mit von der Partie. Er aber kann nicht so marschieren wie Elisabeth und reitet auf einem Maultier auf einem schmalen Fußweg hinter der Kaiserin. Elisabeth, die bei großen Märschen ihren Rock bis zum Knie aufschürzt und oft mitten am Wege hinter ein Gebüsch tritt und den Unterrock auszieht, sieht ihn nicht, glaubt dies ungestört tun zu können und bleibt dazu stehen. Widerhofer erkennt die Situation und will auf dem schmalen Weg umkehren. Das Maultier rutscht, hält sich aber im letzten Moment mit großer Geschicklichkeit. Der Arzt jedoch ist kein großer Reitersmann, stürzt wie ein Sack herab, bricht sich das Schlüsselbein und zieht sich eine böse Rippenverletzung zu. Grund genug, daß Elisabeth wieder sagt: »Es liegt ein Unstern über allem, was ich tue, und wer nur immer um mich ist, der muß auch darunter leiden.«

Dann geht es über die Mendel nach Meran ins Schloß Trauttmansdorff. Die Füße der Kaiserin sind jetzt so gut, daß sie wieder, zumeist mit einem ganz ausgezeichneten Bergführer namens Buchensteiner, riesige Märsche auf die herrlichen Berge der Umgebung unternimmt. Sie ist unermüdlich, schöne Ausblicke aufzusuchen. Buchensteiner findet, es sei ein unglaublicher Unterschied, wie sie und andere Leute schöne Punkte betrachten. Sie ist immer traurig und gedrückt. Aber wenn sie so an einem herrlichen Morgen auf einem hohen Berge über das weite Land, Fluß und Tal, Fels und Gestein hinwegsieht, da leuchten ihre Augen beim Anblick von Gottes wundervollen Bergen. Oft sieht man Elisabeth auf ihren Wanderungen lange vor den Marterln mit ihren ungelenken bildlichen Darstellungen stehen.

Eines Tages kommt sie nach St. Katharina in der Scharte, einem kleinen Orte mit lieblichem Kirchlein, 1 245 Meter über dem Meere. Unerkannt gelangt Elisabeth mit Buchensteiner zum Bauernhof Sulfner, zunächst diesem Kirchlein.

»Grüß Gott«, sagt Elisabeth. »Könnte ich eine Milch bekommen?«

»Ja freilich«, erwidert ein stämmiges Dirndel.

»Aber ganz frisch muß sie sein.«

Da geht das Mädchen lachend in den Stall und melkt vor den Augen der Kaiserin. Dann gibt sie die Schale voll schäumender Milch Elisabeth, die ihr einen Gulden in die Hand drückt.

»Wer ist denn nacha dös?« fragt das Mädel den etwas zurückgebliebenen Buchensteiner. »Dö muaß ja grad gnua Geld ham! Für a Maulvoll Milch so a Geld.«

»Dös ist die Kaiserin«, flüstert ihr der Führer zu.

»Jessas Maria, und i hab 's Geld gnumma!«

Inzwischen war Valeries Vertraute Mère Mayer vom Wiener Sacré-Cœur gestorben und in einem diesem Institut gehörenden Besitz mit Klostergarten und Friedhof in Meran beigesetzt worden. Elisabeth geht mit ihrer Tochter zu diesem Grab und legt Blumen an das weiße Marmorkreuz. Valerie benützt die Gelegenheit, um ihr von dieser edlen Frau zu sprechen, und gesteht, daß sie oft mit ihr auch über sie vertraulich geredet habe.

Von Franz Joseph erhält Elisabeth indes fortwährend liebevolle Briefe, die sie über jedes kleinste Detail seines Lebens, insbesondere aber auch über alles, was Frau Schratt betrifft, unterrichten. »So trüb meine Stimmung am Morgen des 4. Oktober (Namenstag Franz Josephs) war, so erhellte sie sich doch etwas, als Eure Briefe und einer der Freundin nebst einem Topfe mit vierblättrigem Glücksklee kamen und als ein selten herrlicher, sonniger Tag die Wälder und die schneebedeckten Berge in den prachtvollsten und verschiedenartigsten Farben erglänzen ließ. Du hast recht, die Natur ist doch der beste Trost.«

Gegen Ende Oktober kommt Franz Joseph Elisabeth in Meran besuchen. Er findet die Stimmung seiner Frau noch nicht gebessert. Sie zieht sich nach wie vor von allen Men-

Kaiserin Elisabeth-Denkmal, Meran

schen zurück. Bei den Mahlzeiten zu erscheinen, hat sie sich
fast gänzlich abgewöhnt. Auch Franz Joseph ist gedrückt.
Nicht nur wegen des furchtbaren Ereignisses mit Rudolf,
sondern auch wegen der innerpolitischen Lage, die besonders in Ungarn, wo sich zuweilen Demonstrationen für den
immer noch verbannten Kossuth ereignen, wieder dornen-
voll ist. Es zeigt sich nun, daß Kaiser und Kaiserin im
Augenblick nur mehr der gemeinsame Schmerz verbindet,
und die Erkenntnis dessen macht sie noch trostloser.

»Ich könnte verrückt werden«, sagt Elisabeth, »wenn ich
vorausdenke und noch jahrelang das Leben vor mir sehe!«

In solcher Stimmung nimmt die Kaiserin Abschied von
den Ihren und fährt nach Miramar. Dort wartet unter Kom-

mando des Grafen Cassini die Jacht »Miramar«, um die Majestät nach Korfu zu bringen, wo sie wegen des geplanten Baues nach dem Rechten sehen will.

Joseph Georg Oberkofler
Die Glocken
1964

Die Kirchenglocken waren beschlagnahmt worden. Sie gehörten der Gemeinde, der Kirche und dem Herrgott. Man hat nicht darnach gefragt. Der Ritter Sankt Georg, der auf dem Mantel der großen Ersten mit heller Lanze glänzte, sollte eingeschmolzen werden, und der Gottestaufer Johannes auf der Zweiten, um dessen und des Herrn Jesu Füße die Fluten des Jordans ihre Wellen schlugen – auch der? Ja, und alle heiligen Nothelfer und Patrone, die die kleineren Glocken trugen, auch, alle, alle. Das himmlische Volk des Turmes wurde ausgewiesen. So verflucht war die Zeit geworden.

So lange die Glocken noch im Turme hingen – die kurze Zeit, die ihnen blieb – läuteten wir sie mit traurigem Herzen in der Frühe zum Morgengebet, während der Messe zur Wandlung, um zwölf Uhr zu Mittag und am Abend zur Feierstunde. Wir läuteten sie länger als sonst; ihre Stimmen sollten in die Seelen der Leute dringen, daß sie dort unvergessen weitertönten.

Wir Buben stiegen immer wieder in den Turm. Noch einmal griffen wir mit heißen Händen nach dem kalten Erz, schwangen ein wenig die Klöppel, ohne sie anschlagen zu lassen, und noch einmal trommelten wir mit den Fäusten an die Mäntel, um sie summen zu hören. Wir kletterten durch das Glockengestühl wie verirrte Vögel. Bald wird es niemals mehr eine Rast unter den erzenen Dachgewölben geben, bald wird uns keine Schwinge mehr schaukeln und kein Stundenschlag uns zu Tode erschrecken. Jetzt schon schienen uns der Glockenstuhl leer, die Glocken auf uns herabzufallen und die Klöppel uns mit tückischem Ausschlage zu treffen. Alles dünkte uns fremd und kalt, denn die Glocken gehörten nicht mehr uns, sie waren ihrem heiligen Dienste entzogen, und sie werden ihrer Herrlichkeit im Brande des Krieges beraubt werden. Schwermütig stiegen wir durch das Gestühl, wir Buben, die wir von Glocke zu Glocke geklettert sind wie Steiger in einem Silberbergwerk. Und nun sollte es bald verschüttet sein. Buben und Glocken haben zusammen gelebt, sie werden für immer auseinandergerissen. Wir werden uns nie mehr an den Stricken selig hin und her wiegen und werden niemals mehr, mit gemeinsamer Kraft an der Schwinge ziehend, die Glocke höher und höher läuten, bis sie wie ein Kelch nach oben steht. Gott weiß, es war ein wildes Spiel, aber die Glocke sang dabei.

Als dann jener schreckliche Tag kam, an dem die Glocken zur Ablieferung bereitgestellt werden sollten, wurden sie eine ganze Stunde lang geläutet. Zum Abschied. Das war ein Sturm da droben, der durch die Schallöcher brauste. Der Glockenstuhl ächzte in den Balken und die Stricke schnalzten. Der Turm war voll junger Leute, die noch nicht eingerückt waren oder die ihren Urlaub verbrachten. Unbändige Kraft in den Läutern – Weinen, Beten, Grollen, Brüllen in den Glocken. Alle Gewitter des Himmels und der Erde waren losgebrochen. Wir Buben durften heute nicht in den Turm. Wir schauten vom Friedhof hinauf, wie die Glocken aus und ein schwangen, vom Schwall des Geläutes überflutet. Da klang das Zügenglöcklein schnell und hastig, als schluchze es; die Allerseelenglocke hob ihre Stimme so drängend und inbrünstig, als müsse sie noch schnell alle armen Seelen aus den Gräbern heraufläuten; die Meßglocke rief weit schallend, nun werde sie nie mehr das Zeichen zum Evangel und zur Wandlung geben; die Zwölferin drohte mit heller Stimme, einst werde die Stunde der Rache kommen; die Dritte, der Mutter Anna geweiht, deren Ton immer so sanft und melodisch, ja mütterlich vom Turme klang, heute war sie in stilles Weinen versunken, so weh, wie alle Mütter weinen um Väter und Söhne, die in diesem Kriege fielen. Und dann kam die Zweite, die Alte genannt. Ihre Stimme klang tief und voll, bei der Gewalt noch immer weich. Aber plötzlich schwoll sie heute wie dunkler, unterirdischer Donner empor. Wir sahen, wie sie alt, düster und schwer gegen den Osten hin schwang. Vor mehr als zweihundert Jahren wurde sie gegossen. Die Große zuletzt, die man bei gutem Wetter bis an die Birnlücke hörte, brandete ehern empor wie die Posaunen des Letzten Gerichtes. Sie ging langsam, denn die Läuter hielten sie in der Höhe. Schlag um Schlag donnerte herab.

Die Glocken riefen die Menschen im Dorfe. Sie hörten das Geläute zum letzten Male – nicht so flüchtig wie sonst beim Tagwerk. Wie anders klang es, anders als das Schiedumläuten, anders als das Sturmgeläut bei Wassernot und Brand, und anders als das mächtige Zusammenschlagen aller Glokken bei den feierlichen Prozessionen. Die Alten standen vor den Haustüren, oder sie verrichteten Frühjahrsarbeiten auf den Feldern. Jetzt wird die Große heute am Donnerstag abends nicht mehr zum Gedächtnis der Todesangst Christi am Ölberge läuten und morgen am Freitag nicht mehr zum bitteren Sterben des Heilandes. Bäuerinnen lehnten an den Fenstern und schauten zum Kirchturm, Bauern pflügten weiter im Getöse der Heimatglocken, die Rosse stampften zornig, und die schwarzen Furchen zogen sich hin über das Bauernland wie Trauerfahnen. Die Dirnen hielten beim Zerschlagen der Schollen manchmal an und dachten, wie es dann sein werde, wenn keine Glocke mehr während der schweren Arbeit zum stillen Augenblick des Gebetes und der Rast einlade? Der Bauer säte. Wo waren die Knechte? Mädchen zogen mühselig ihre Rechen über den Umbruch. Die Glocken läuteten und läuteten. Auf der Kirchgasse horchten die Schüler. Wenn einmal die Glocken nicht mehr läuten, ist der Turm ausgestorben, unwirklich und unheimlich in seiner toten Stille.

Sobald die Glockenknechte mit den Kleineren aussetzten, hörte man auf der Empore drunten in der stillen Kirche das rauschende Brausen der Großen. Es ging wie ein Sturm über das Kirchdach, und es schlug brandend wie ein Bergbach an die Fenster mit den zwölf heiligen Aposteln. Ja, und jetzt sprach die Große allein. Und hier auf der Empore saß, in einem Stuhle allein, klein und armselig der alte Turmmeister. An diesem Tage war er nicht mehr zu seinen Glocken hinaufgestiegen, heute befahl er nicht mehr über sie. Heute rief ihn seine große Königin. Über fünfzig Jahre hatte er droben im Turme Ordnung gehalten unter den unbändigen Läutern als Herr und Schirmherr der Glocken. Hier am Geländer eines Schalloches gab er Sonntag für Sonntag und Festtag für Festtag das Zeichen zum Anlassen und zum Einfangen.

Und jetzt lauschte er auf der Emporkirche zum letzten Male seinen Glocken. Tausend Stimmen redeten zu ihm, tausendmal riefen sie ihn an, und tausendmal grüßten sie ihn. Wieder geht die Große allein, und der Turm neigt sich ein wenig. Da erschauert der Turmmeister, sollte das sein Grabgeläute sein? Immer müder saß er da inmitten des Triumphgesanges seiner Glocken, die ihn und sein Werk priesen. Das alte Gesicht war von Tränen überströmt. An seiner Seite saß jetzt unsichtbar der Herrgott und wartete auf ihn, zu dieser Stunde.

In den nächsten Tagen wurden die Glocken von Schmieden und Zimmerleuten abgeseilt. Die Große sank langsam, Strich um Strich, wie ein ungeheures Gestirn nieder.

Hubert Mumelter
Etschland 1940
1952

Vom süßesten Raume der Heimat umfangen,
von ihren Weinen herrlich betört,
Brüder, schwärmt in des Herbstes Prangen,
morgen vielleicht euch nichts mehr gehört!

Greifet noch einmal ganz nach dem Glücke,
das euch der Abschied noch liebreich beschert,
keltert die Stunde, trunken euch schmücke
alles, was niemals euch wiederkehrt!

Kränzet mit Weinlaub, Freunde, die Tage,
laßt sie in Bechern festlich verglühn
und von den Bergen die leuchtende Klage
eures künftigen Heimwehs blühn!

Lasset von allem Geliebten uns schwärmen,
von Schönheit und Liedern der Heimat geziert!
Bald wird kein Abend das Herz mehr erwärmen,
wenn unser Weg sich in Fremde verliert.

Markus Vallazza
Südtirol
1979

Wie nirgendwo
der Septemberhimmel

Vom Süden gereift
Apfel Birn und Rebe
in den Gärten am Fuß
deiner Burgen

Sagenumwoben
Berg Wald und See
die Sage selbst
die Sonn und auch
der Mond

In schattiger Laube
bei Wein Speck und Brot
vom blauen Landschaftsblick
verlockt und umgarnt
der süßeste Rausch

geküßt und umarmt
die buhlerische Braut
der Huren schönste
weit und breit

und nachher
geschwächt stupide und leer
wieder und immer wieder
ihrem Schoße
der Heimat entrissen

Zu spät
in der Einsamkeit
nächtlicher Gassen
Hilferuf und Schrei
deiner verletzten und
verlassenen Söhne

Zu früh
und zu viele deiner Besten
starben dir weg
Südtirol quo vadis

Guido Piovene
Erbhof, patriarchalische Tradition
1957

Um einen Erbhof zu finden, bin ich von Bozen bis zu dem für seine Weine berühmten *Terlan* vorgedrungen. Da ich nicht hoch hinauf ins Gebirge klettern kann, wo es ausgedehnte Erbhöfe, aber nur solche mit schlechtem Boden gibt, werde ich mich mit den im Tal gelegenen begnügen, die niemals größer als drei Hektar sind, aber vorzüglichen Boden haben.

Die Frage der Erbhöfe hat keine wirtschaftliche, sondern eine psychologische Bedeutung. Es handelt sich jeweils um einen kleinen Besitz mit Haus, Stall und einem Schuppen. Die patriarchalische Tradition, die bis 1918 durch ein Edikt Maria Theresias Gesetzeskraft hatte, verlangt, daß beim Tode des Vaters der Hof vollständig an den ältesten Sohn übergeht, der die jüngeren entschädigt, aber nicht dem Wert des Hofes entsprechend, sondern auf Grund der Summe, über die er verfügt. Das Wesentliche ist, daß der Besitz nicht geteilt wird. Die jüngeren Brüder können, wenn sie ein

Handwerk erlernt haben, fortgehen, andernfalls aber im Hause als Landarbeiter im Dienste des Erstgeborenen bleiben. Dieser Brauch hat sich dank einem stillen geheimen Einverständnis selbst unter den ihm feindlichen italienischen Rechtsverhältnissen erhalten. Die Provinz hat jetzt die Wiedereinführung des alten Gesetzes beschlossen, doch der italienische Staat erhebt dagegen den Einwand, daß ein solches Gesetz unserem Recht ebenso wie unserem moralischen Empfinden widerspricht. Auch das ist eine Episode aus dem kalten Krieg mit der deutschen Volksgruppe. In Wahrheit wollen die Deutschen die Zersplitterung ihres Grundbesitzes verhindern, damit nicht die Italiener ihre Hand danach ausstrecken können, und die Italiener wollen die Möglichkeit haben, deutschen Grundbesitz zu erwerben.

In Terlan vollkommen unvorbereitet angekommen, trete ich in eine Apotheke und trage dort meinen Wunsch vor, einen Erbhof besichtigen zu können. Der Apotheker schickt einen der vielen auf dem Platz spielenden kleinen Jungen fort, um den Bürgermeister zu suchen. Der Bürgermeister erscheint sofort, ein höflicher Herr, grau, wohlgenährt, bebrillt. Er hat, wie ich nach den ersten Worten feststelle, den Stil des großen Herrn. Tatsächlich erfahre ich, daß er ein Baron H. aus altem Südtiroler Adel ist. Wie in alter Zeit spielt sich sein Leben in einem Umkreis von wenigen Kilometern ab: in einem Schloß hier für die Jahreszeit des Übergangs, einem Haus weiter oben im Gebirge während des Sommers und einem Haus in Bozen für die Wintermonate. Im Bozner Gebiet existiert noch die alte Aristokratie, verbunden mit der einheimischen Bevölkerung, aber ohne Kontakte zu den Italienern, außer den amtlichen und formellen. In diesen Bozner Tagen habe ich so viel über die deutsch-italienische Polemik gehört, daß ich den Kopf davon voll hatte; aber mein kurzer Spaziergang mit dem Baron H. und seine schlichten Erklärungen wirkten sich wie ein ordnendes Element aus.

Bisher hatte sich mir der Streit – recht abstrakt – etwa so dargestellt. Da war vor allem der Groll über die in der faschistischen Zeit erlittenen Verfolgungen, als, wer nur wagte, dem Volksbrauch gemäß weiße Strümpfe zu tragen, verprügelt wurde; die weißen Strümpfe galten als eine Provokation. Die Einheimischen lernten damals Italien von einer Seite kennen, von der ich noch immer hoffe, daß es seine schlechteste war. Dann kommen die grundsätzlichen Fragen. Italien hat nach dem Zweiten Weltkrieg Südtirol die Autonomie gegeben, aber indem es Südtirol oder *Alto Adige* mit dem *Trentino* zu einer gemeinsamen autonomen Region zusammenschloß. Damit wurde bezweckt, daß die Deutschen ihre zahlenmäßige Überlegenheit verlieren und die Regierung der autonomen Region, getragen von der italienischen Mehrheit, in Trient ihren Sitz hat. Deshalb beklagen sich die Deutschen: »Die Autonomie ist uns in demselben Moment genommen worden, als wir sie scheinbar erhielten.« Die wirtschaftliche Potenz der Provinz Bozen, so argumentieren die Deutschen weiter, ist der der Provinz Trient weit überlegen; die Verbindung ist also für Bozen ein Verlustgeschäft. Bozen steht unter den Provinzen Italiens an 38. Stelle, und Trient an 95. Bozen hat 4600 Arbeitslose, Trient 23000. Auf der Basis landwirtschaftlichen Kleinbesitzes ist hier kraft Disziplin die Obst- und Weinerzeugung nicht minder durchorganisiert und industrialisiert als in Kalifornien und zeigt also nicht die verhängnisvolle Unordnung wie im übrigen Italien. Aber vom Export kommen neun Zehntel auf das Konto von Südtirol und nur ein Zehntel auf das der Provinz Trient. Die gleiche Rechnung gilt für die zehn Milliarden jährlicher Einnahmen durch den Fremden-

Terlan

verkehr. Unsere Verwaltungsbürokratie mit ihrer Arroganz prallt hier auf die Traditionen einer vertrauensvollen, patriarchalischen Verwaltung. Und den Einheimischen macht der Italiener einen unerzogenen, oberflächlichen, wenig seriösen, wenig zuverlässigen Eindruck.

Wir steigen zusammen ein paar hundert Meter einen Pfad hinan, und mir ist, als begleite ich einen geruhsamen österreichischen Bürgermeister aus dem vorigen Jahrhundert auf seinem Abendspaziergang. Jeder, der uns begegnet, grüßt ihn respektvoll, die Bauern, aufrecht in ihrem Fuhrwerk stehend, die Bäuerinnen, von blühender Gesundheit, und ihre blonden Kinder. Nach einer Weile bleibt er stehen: »Von hier aus sehen Sie gleich drei Erbhöfe.« Ich betrachte die kleinen schmucken Bauernhöfe mit Haus, Stall und Holzschuppen unter den großen Apfelbäumen, von denen die roten Früchte auf den Rasen fallen. Ganz nahe hören wir ein Schwein grunzen. Es steckt in einer Art Puppenhaus, das es, wie wir durch eine Öffnung erkennen, so vollkommen ausfüllt wie die Auster ihre Schale.

»Glauben Sie nur nicht«, sagt mir der Bürgermeister, »daß die Erbhöfe niemals den Besitzer wechselten. Oft zwingt die wirtschaftliche Lage eine Familie zum Verkauf. Nur der Grund und Boden bleibt in seinen Grenzen unverändert. Wer ihn erwirbt, verliert seinen alten Namen und nimmt den des Hofs an; man kennt ihn nur unter diesem Hofnamen. Sie sehen, der Besitz eines solchen Hofes ist so etwas wie ein Lehen, eine Verpflichtung; wir haben es hier mit einer Art von Bauernadel zu tun.« Ich erhebe nun einen Einwand im Sinne unserer Gesetzgebung: »Aber die jüngeren Geschwister sinken zu Knechten herab, wenn sie für den Erstgeborenen arbeiten müssen. Unmöglich, daß sie nicht darunter leiden, zumindest werden sie es als eine Demütigung empfinden.«

»Aber nein«, erwiderte er lächelnd. »Sie vergessen das christliche Empfinden, die natürliche Demokratie und auch die gute Erziehung. Sie bilden alle nach wie vor eine Familie. Jeder hat genug für seine einfachen Bedürfnisse, die bei allen die gleichen sind – Essen und Trinken, ein Paar Hosen in dem einen Jahr und eine Joppe im nächsten Jahr. Bei uns empfindet man die Klassenunterschiede nicht so stark.«

Ich glaube, daß mit diesen Worten recht gut der psychologische Gegensatz zwischen dem italienischen und dem deutschen Volkstum ausgedrückt wird. Da ist die natürliche, urtümliche Demokratie der Südtiroler, auf Genügsamkeit gegründet, mit katholisch-aristokratischem Hintergrund, unangreifbar und sozusagen für die Ewigkeit gemacht; und dagegen die italienische Vorstellung von Demokratie, idealistisch, juridisch festgelegt – gewiß ein höheres Ideal, aber stets gefährdet, stets sich entziehend, dem Wechsel der Ideen und der Geschichte unterworfen.

Claus Gatterer
Der schwierige Weg zueinander
1987

Als die italienischen Truppen im Herbst 1918 in Südtirol eindrangen, trieben die Bauern Weiber und Kühe, Schafe, Schweine und Hennen in die Wälder: Die Vergangenheit hat die Bauern gelehrt, von Soldaten immer das Übelste zu befürchten.

Anders die Städter. Die bürgerlich-liberalen (und durch die Bank deutschnationalen) städtischen Oberschichten bemühten sich um den raschen Einmarsch der Italiener, die mit der österreichischen Katastrophe nicht Schritt zu halten vermochten: Die Stadtväter befürchteten nämlich Unruhen des Pöbels, was immer man darunter verstehen mochte.

Dann kam der Faschismus ins Land: die Trikolore als Leichentuch. Der Faschismus verbot die Schulen, die Sprache, die Ortsnamen. An der Italianisierung der Familiennamen biß er sich die Zähne aus. Er war überhaupt eher duckmäusig. Er kam sich zweitrangig vor. Mussolini selbst hatte Angst davor, daß seine Verwaltung mit der ehemaligen österreichischen in punkto Einfachheit und Fixigkeit nicht mithalten könne. Zunächst zogen die städtischen Oberschichten Schwarzhemden an; dann verwandelten sich die Notabeln in den Bauerngemeinden in Faschisten; die faschistische Jugend erhielt südtirolischen Zulauf. In Rom bezeichnete man diesen opportunistischen Anpassungsprozeß als »Normalisierung«.

Der Faschismus veränderte die sprachlich-ethnische Landschaft Südtirols. 1910 hatte es im heutigen Südtirol 7000 Italiener gegeben (die meisten waren habsburgische Italienisch-Tiroler); 1939 lebten beinahe 100000 Italiener in Südtirol. Sie lebten in Ghettos, verachtet, aus der Volksgemeinschaft ausgeschlossen. Die Südtiroler Bauern nannten die neuen Viertel Bozens, in denen die Arbeiter der gleichfalls neuen Industriezone zusammengepfercht waren, »Schanghai«; es blieb bei dem Namen – bis heute. Wo immer Süditaliener in die alten Gassen der alten Städte einzogen, wurden Stricke über die Straße gespannt und Wäsche zum Trocknen aufgehängt. »Walsche Fahnen«, spottete man. Auch in Trient war solcher Spott geläufig. Doch es handelte sich nicht um einen Kontrast von Sprachen und Nationalitäten, sondern um das schlichte Unvermögen der (alten und neuen) Südtiroler, gewisse Sitten und Gebräuche der Italiener zu verstehen, und um das Unvermögen der italienischen Zuwanderer, sich Sitten und Gebräuchen des Landes anzupassen. Man verachtete einander, weil man sich nicht kannte. Die Verachtung galt global der Fremdgruppe, nicht deren Individuen.

Reibungen entstehen, man weiß es, aus Berührungen. Da es zwischen Italienern und Deutschen in Südtirol so wenig Kontakte gab, waren Konflikte rar. Und da die Südtiroler obendrein ungemein gesetzesfürchtige Bürger waren, blieb das Land eine Insel der Seligen mit niedrigster Kriminalitätsrate, ohne echte politische Unruhe – bis 1960 wahrscheinlich die friedlichste Provinz Italiens. [...]

Wie kam's dazu, daß die Italiener in Südtirol sich plötzlich seßhaft, bodenständig, beheimatet zu fühlen begannen? Daß einem heute junge Italiener sagen: »Ich bin Südtiroler«, »Ich bin Pusterer«? Woher die intime Verwurzelung der Volksgruppe, die als wandernder Teil eines vielfach wandernden Volkes ins Land zwischen Salurn und Brenner »versetzt«, »kommandiert« oder verschlagen worden war? Wir können nur den Versuch einer Antwort wagen. Die Italiener waren eine bunt zusammengewürfelte Import-

74

Volksgruppe, aus verschiedenen Regionen und Provinzen stammend, ohne innere Kohäsion, ohne gemeinsamen Dialekt, ohne die verbindende (süße oder bittere) Last gemeinsamer Erinnerungen und gemeinsamer Erfahrungen aus einer gemeinsamen Vor-Heimat, ja ohne gemeinsame Eßgewohnheiten. In den Jahren zwischen 1939 und 1965 etwa entwickelte dieses Konglomerat sein Heimatgefühl, das heute nicht minder innig, nicht minder stolz ist als der Patriotismus der gewachsenen Südtiroler. Wie kam's dazu? Die erste Auskunft liefern geschichtliche Daten. 1939: Umsiedlungs-Abkommen. Berliner Übereinkommen zwischen Deutschland und Italien; Zweck: Die deutschen und ladinischen Südtiroler sollten entscheiden, ob sie fürderhin »Deutsche« oder »Italiener« sein wollten; wer »deutsch« optierte (und es optierten auch solche deutsch, die objektiv als Italiener gelten durften), sollte aus Südtirol auswandern in neue Siedlungsgebiete, die Hitler den Volksdeutschen zudachte. Über 80000 Südtiroler – darunter auch relativ viele Bauern – wanderten in der Tat aus.

Es folgten: der Weltkrieg; dann 1943 Mussolinis Sturz und die bis 1945 während Eingliederung Südtirols als »Operationszone Alpenvorland« in die NS-Administration; das Kriegsende (das unter den Italienern Bozens und Merans hohen Blutzoll forderte) und das »Pariser Abkommen« (1946); der neue Anlauf zu einem Miteinander nach dem neuen Autonomiestatut (1948) und dann in Zusammenhang mit dem italienisch-österreichischen Disput über Auslegung und Anwendung des »Pariser Abkommens« der von Südtirolern, Österreichern und Deutschen praktizierte Bombenterror (1961-67). Erst 1969, mit der Einigung über das sogenannte Südtirol-»Paket«, war der Spuk zu Ende. Die Jahre 1939-69 sind die dramatische Periode der neuen Geschichte Südtirols. In diesen dreißig Jahren ist die Zukunft des neuen, dreisprachigen Südtirol geboren worden. [...]

Deutsche, Ladiner, Italiener: So unterschiedlich die Geschichte für sie ist, sie haben nun die nämliche Heimat. Sie haben gelernt, hinter den Hülsen der Begriffe und hinter den Legenden der Erbfeindschaften die Wirklichkeit zu schauen, nüchtern, realistisch, beinahe kaufmännisch. Sie sind einander nicht mehr fremd. Nun käme es darauf an, daß alle auch die Sprache der gemeinsamen Heimat ins Gehör bekommen und mit der Sprache allmählich auch den Geist des anderssprachigen Mitbürgers – oder darf man schon sagen: des jeweiligen Landsmannes?

Südtirol ist unterwegs in eine neue Zukunft, von deren Möglichkeiten seine Bürger noch kaum etwas ahnen.

2. Weinbau. Deutsch und Walsch.
Der Tod im Leben

Jul Bruno Laner
Hier wurde schon Wein angebaut, als Rom noch nicht gegründet war
1973

»Grüßgott«, sagte der Beamte vom Straßenbauamt zum Weinbauern in Margreid, »wenn Sie nichts gegen die Weinstraße haben, dann unterzeichnen Sie mir bitte diesen Vorvertrag, damit wir möglichst bald durch Ihr Weingut fahren können!« Gegen die Weinstraße habe er nichts, meinte der Bauer, doch so eine nüchterne Angelegenheit solle man lieber im Keller besprechen, da gehe es viel leichter. Dort wurden der Beamte und der Bauer bald handelseinig, denn im Südtiroler Unterland werden alle wichtigen Angelegenheiten bei einem »Glasl« ausgemacht. So war es in den sechziger Jahren, als die neue Weinstraße gebaut wurde, und so ist es heute noch, und um in den Keller zu steigen, braucht es nicht unbedingt eine »wichtige« Angelegenheit als Anlaß. Wahrscheinlich war es auch schon so, als Kaisersohn Drusus bei Bozen eine Brücke schlug, die nach ihm Pons Drusi benannt wurde und die entsprechende Garnison nach sich zog. Der Wein aus Rätien muß schon damals eine wichtige Rolle gespielt haben, wie wäre es sonst denkbar, daß Kaiser Tiberius den trockenen Wein aus dieser Gegend bei seinen Bacchanalien nicht missen wollte.

Auch die Bischöfe von Trient hatten ihre Gründe, um im heutigen Neumarkt den sogenannten neuen Markt zu gründen, wo schon die zu krönenden Häupter des Deutschen Reiches auf der Kaiserstraße in Richtung Rom gezogen waren. Goethe machte im Unterland das Tor zum Süden aus, dort, wo die Etsch sich gegen Mittag wendet und nach

---

Seite 77: Kaltern

dem Lande zeigt, wo die Zitronen blühn. Von der Postkutsche aus erlebte er eine »ganz andere Elastizität des Geistes«, die er auch wohl brauchte, um die vielen Eindrücke auf sich einwirken zu lassen, »denn nahe dem Flusse war alles so an- und ineinandergepflanzt, als wollte eines das andere ersticken«.

Auch heute umwachsen Wein- und Obstgärten beide Ufer der Etsch, allerdings in intensiven Monokulturen. Doch das üppige Landschaftsbild ist geblieben, auch wenn die schleppfüßigen Ochsen den Traktoren haben Platz machen müssen und der regulierte Fluß nicht mehr durch Sumpf und Schilf mäandert. Nach wie vor aber säumen die efeuumrankten Porphyrtürme und die sanften Hänge und Terrassen das fruchtbare Tal im Südtiroler Unterland.

Die Weinstraße, auf amtsdeutsch die Landesstraße 14, beginnt eigentlich bei Lana, ist jedoch erst in den Gemeinden des Überetsch und des Unterlandes voll ausgebaut.

Hoch am Hang thront die Burg Hocheppan mit ihrem Kreidenturm, mit ihren festlichen romanischen Fresken, mit ihrem Ausblick auf die Bergwelt der Dolomiten und hinunter aufs Etschtal mit Sigmundskron und auf die Schlösser Boymont und Wart, die mit Englar, Gandegg, Freudenstein und einer Menge von Edelsitzen über die Weindörfer St. Michael, St. Pauls und Girlan verstreut sind. Nur wenige Kilometer Weinstraße, und man ist schon in Kaltern mit seinen Herrgottskindern, wie sich die Kalterer gern selber nennen, mit seinem Wein und dem berühmten Kalterer See. Vom Weiler Altenburg aus hat man den schönsten Ausblick nicht nur auf den See, sondern auf das ganze Unterland, die Etsch entlang bis zur Salurner Klause. Dieses Stück Erde ist eine magische, fast schon exotische Landschaft.

Es beginnt mit der Sprache. Nicht nur der Klang und der

Weinberge bei Tramin

melodiöse Rhythmus unterscheiden sie von der in anderen
Landesteilen, auch Sprachbilder und Redewendungen haben ein ganz eigenes, sehr lebendiges Gepräge, das wohl auf
die jahrhundertealte Grenze bei Salurn zurückzuführen ist.
An der Sprachgrenze der Salurner Klause steht kein Schlag-
baum. Friedlich und unsichtbar zieht sich die Grenze von
Talseite zu Talseite, mitten durch Wein- und Obstgärten.
Da gibt es Bauern, direkte Feldnachbarn, die jeder eine
andere Sprache sprechen, der eine hat das deutsche, der
andere das italienische Idiom als Muttersprache. Und doch
verstehen sie sich, machen Geschäfte, schauen sich alles
mögliche ab, nicht selten heiraten die Familien hin und her
über die unsichtbar gezogene, doch auf Schritt und Tritt
spürbare Grenze.

Kurtinig ist der allersüdlichste Zwickel des deutschen

Sprachraumes, der unmittelbar an die nahe Gemeinde Rovere della Luna grenzt, die schon im Trentino liegt. Zwei Dörfer, zwei Welten.

Fahren wir an einem Sonntag oder einem höheren Festtag über Kurtinig nach Rovere. Es ist kurz nach 10 Uhr, die Sonntagsmesse endet in beiden Dörfern ungefähr zur gleichen Zeit. Schnell kommen wir von einem Dorf ins andere. In Kurtinig bläst die Musikkapelle in bunter Tracht, die Bauern haben saubere blaue Schürzen an, es wird gewürfelt, gewattet (Kartenspiel), gekegelt und deutsch gesprochen. In Rovere della Luna trägt die Musikkapelle keine Tracht, sondern eine Uniform, die blauen Schürzen sind verschwunden, es wird Briscola und Boccia gespielt und italienisch gesprochen. Das ist zumindest verwunderlich, denn bei Salurn hat es nie eine Staatsgrenze gegeben, erst recht wurde diese Grenze nie kämpfend behauptet. Doch sie ist da, seit Jahrhunderten. Die faschistische Kolonisierung hat den Unterlandlern nicht viel anhaben können.

Die Baugeschichte des Unterlandes ist Spiegel eines Grenzlandes, das als Durchzugsgebiet von der Ur- und Frühgeschichte über das Mittelalter bis in die neueste Zeit eine Vielfalt von Einflüssen und Spuren geschichtet hat, die man wie ein Lehrbuch aufblättern kann. So die arkadische Landschaft von Castelfeder bei Auer, die mythisch-christlichen Fresken von St. Jakob in Kastellaz oberhalb von Tramin, die strenge Gotik in St. Daniel am Kiechlberg über Auer und schließlich Neumarkt mit seiner klaren und doch so spielerischen Laubenarchitektur und mit seinen Bewohnern, die ihr noch intaktes urbanes Juwel aufs trefflichste pflegen. Kürzlich wollte ich Neumarkts wunderschöne Häuser mit ihren Rundbögen und Lichthauben, mit ihren Lauben und Kreuzgratgewölben einer frischpromovierten Kunsthistorikerin aus Salzburg zeigen.

Weinberge bei Kaltern

Ich stand am Anfang der Lauben und wollte mit gelehrten Ausführungen beginnen, als ein alter Neumarkter auf uns zukam mit seinem untrüglich breiten Unterlandler-Dialekt: »Aha, du erklärst dem schönen Fräulein die Lauben von Neumarkt, aber was soll denn das arme Mädl schon verstehn, wenn du nicht von unten anfangst, bei den schönsten Gewölben, ganz unten im Keller, wo mein feinster Tropfen liegt?« [...]

Nie hat das Unterland die Geborgenheit des Binnenraumes verspürt, immer mußte es den kreativen Gang des Pragmatischen gehen auf seiner Gratwanderung zwischen zwei Kulturen.

Miteinander und Nebeneinander stehen ausgeprägt da. Nicht mit Waffen, wohl aber mit politischen Wahlmanövern geht es meistens hart auf hart zu in den Gemeinden des Unterlandes. Auf beiden Seiten, auf der deutschen und auf der italienischen, rücken die Reihen enger zusammen. Es kommt zum »miteinander gegeneinander«. Politisch und auch kulturell verständlich bilden sich Igelstellungen, bei Minderheiten immer verständlich und erwartbar. Jede Volksgruppe versucht ihre eigene Kultur zu behaupten und zu festigen. Die deutschsprachigen Unterlandler haben jahrhundertelange Übung im Umgang mit den italienischen Nachbarn und wissen allzugut, daß Angriff oft die beste Verteidigung ist, auch auf kultureller Ebene. [...]

Das will beileibe nicht heißen, daß sich die Menschen feindlich gegenüberstünden. Sprachbarrieren werden im Alltagsleben leicht überwunden, nötigenfalls treffen sich die verschiedensprachigen Partner auf halbem Weg und reden *mez per sort,* das heißt deutsche und italienische Wörter werden je nach Bedarf benützt, ungefähr halb und halb.

Immer schon wurde über die Jöcher und Grenzen hin und her geheiratet, das liest man den vielen italienischen Namen ab. Die Landbauern haben sich gerne Frauen aus dem Fleimstal oder aus dem Nonsberg geholt. Man sagt ihnen nach, sie seien nicht verwöhnt gewesen, dazu rassig wie Italienerinnen und emsig wie Bienen. Im übrigen ist man der Meinung, eine Frau sei keine Fahne und ein Mann kein Banner, und damit basta!

Herbert Rosendorfer
Weinprobe bei den Benediktinern
1973

Das alte Bozen liegt östlich der Talfer. Wer über die Talferbrücke geht, verläßt eigentlich die Stadt, auch wenn er es längst nicht mehr merken kann. Jenseits der Talfer liegt Gries. Bozen, die alte Handelsstadt, deren Anfänge sich in so legendäres Dunkel römischer und keltischer Vergangenheit verlieren, daß sie nicht einmal ein Gründungsjubiläum feiern kann – das zweitausendste wäre es wohl bald –, flößte selbst den Landesfürsten gehörigen Respekt ein, denn hier gibt es keine Burg. So einen Zwinger hätten die stolzen (und wohl auch stets etwas bornierten) Kaufleute nicht geduldet. Aber in Gries, kurz jenseits der Talfer, bauten die fürstlichen Herren sich ein Schloß. Im übrigen war Gries ein Weinbauerndorf bis ins vorige Jahrhundert hinein. Später dann konkurrierte es recht bescheiden mit den großen Kurorten Tirols und wäre wohl ein nobles Bad geworden, wenn nicht Bozen in der Nähe gewesen wäre. Rudimente einer Kurpromenade gibt es noch, und wenn man durch den alten Grieser Friedhof geht, sieht man hie und da einen Grabstein eines fremden Admirals oder eines Fürsten, der ein wenig zu spät zur Kur nach Gries gegangen ist – auch eine ganz fremdartige Schrift findet sich: kyrillisch. Eine Tochter Tolstojs liegt hier begraben. Aber Meran hatte Gries längst überflügelt, als in den dreißiger Jahren endgültig der Schlußstrich unter die Selbständigkeit des Grieser Gemeindewesens gezogen wurde. Gries wurde eingemeindet und ist heute von Bozen überwuchert.

Die landesfürstliche Burg steht noch. Ihre mächtigen braun-roten Quader beherrschen den Grieser Platz, der sonst noch ein wenig von der Idylle eines Dorfplatzes bewahrt hat, besonders wenn Markt ist. Die Front des alten Schlosses ist aufgebrochen durch eine barocke Kirchenfassade, so hoch wie die Burg, überragt nur von einem Kirchturm, dem man den alten Bergfried noch recht gut ansieht.

Die Burg hat ein ganz eigenartiges Schicksal erlebt. Im 12. Jahrhundert hat die Gräfin Mathilde von Valley, die Herrin auf Schloß Greifenstein, ein Augustinerkloster in den Auen südlich von Bozen gestiftet. Nun sind die Augustiner keine Mönche, sondern Chorherren – mit der Betonung auf Herren. Askese hat ihnen wohl nie recht gelegen. Als die dafür zweifellos anfälligen Auen bei Bozen ein paar Mal im Frühjahr überschwemmt wurden, machten die Chorherren sich beim Fürsten vorstellig. Das Stift sei, sagten sie, so gut wie unbewohnbar. Herzog Leopold IV. – die Habsburger waren inzwischen Herren von Tirol geworden – schenkte 1406 die landesfürstliche Burg in Gries den Chorherren, die dann fast vierhundert Jahre hier saßen, bis Kaiser Joseph II. auch dieses Stift auflöste. Im 19. Jahrhundert wurde das Gebäude der Kirche wieder zurückgegeben, allerdings nicht den Augustinern. Die Benediktiner des altberühmten Klosters Muri in der Schweiz übernahmen es. Seitdem heißt das Kloster »Muri-Gries«. Die Patres stammen meistens aus der Schweiz, so auch der wohl bedeutendste Bewohner dieses Klosters in unserem Jahrhundert: Pater Oswald Jaeggi. Kurz bevor Oswald Jaeggi 1963 – grad 50 Jahre alt – starb, habe ich ihn kennengelernt. Ich verdanke ihm einen buchstäblich tiefen Einblick in das Kloster Muri-Gries. Aber erst ein Wort zu Pater Jaeggi. Der promovierte Musikwissenschaftler leitete seit 1950 die Musik im Kloster, belebte das Musikleben Südtirols durch die Kantorei »Leonhard Lechner« und schuf eine Reihe von beachtlichen Kompositionen, geistliche, aber auch weltliche. Er war eine pralle Figur voll Leben und Kraft, nicht unangefochten in mancher Hinsicht, eine barocke Figur, wie sie dem Land nicht schlecht ansteht und Jaeggis wolkensteinischem Namensvetter.

Es war im Herbst 1962. Pater Jaeggi lud mich ein, den neuen Wein im Klosterkeller zu kosten. Dazu muß man sagen, daß das Kloster seit eh und je mit Weingütern gesegnet ist. Nicht das schlechteste zieht sich hinter dem Kloster – heute mitten in der Stadt – bis weit gegen die Talfer hin zu, bedroht von den gierigen Augen der Bodenspekulanten, die hier gern Hochhäuser sähen. Der heilige Augustin möge seine Hand noch möglichst lang schützend über diesem Weinberg halten.

Ich läutete an der Klosterpforte. Zuerst führte mich Pater Jaeggi ein wenig im Kloster herum. Da ich männlichen Geschlechts bin, machte das keine Schwierigkeiten. Über einer Tür stand nämlich: Clausur. Kein weiblicher Fuß entweihte je diese Schwelle und die klösterliche Stille dahinter. Das Refektorium war ein großer kahler Raum, weißgetüncht und mit schweren Türen aus dunklem Holz. Die Tische waren schon gedeckt. Von einem erhöht stehenden Pult, sagte Pater Jaeggi, lese während der Mahlzeit umschichtig jeweils ein Pater aus der Heiligen Schrift oder aus den Kirchenvätern. Aber auf blendend weißen Tischtüchern standen kostbare Porzellanteller, lag Silberbesteck, blütenweiße gefaltete Servietten lagen daneben, und hinter jedem Teller standen drei verschiedene Gläser – für Weißwein, für Rotwein und für Dessertwein. Dann führte mich Pater Jaeggi in seine Zelle. Eine schwere geschnitzte Eichentür, für die jeder Neureich den Gegenwert zweier Mittelklasseautos hingeblättert hätte, führte in diese Zelle: ein Wohn- und ein Schlafzimmer von Salongröße, in Eiche getäfelt, Bücher über Bücher an den Wänden, in der Mitte des Wohnzimmers ein Flügel. Noten lagen herum. Es war eine großzügige und doch behagliche Klause ernsten Schaffens. (So ernst? Immerhin hat Jaeggi eine große Kantate auf einen Text des Kasperl-Grafen Pocci geschrieben.) Warum sollen es sich die Mönche nicht auch einrichten im Leben.

Der Keller war so zwei, drei Stockwerke tief. Riesige Weinfässer stehen herum. Geschäftige Laienbrüder stiegen Leitern herauf und herunter, prüften den Wein, zogen auf Flaschen ab. Immer tiefer stiegen wir hinab, immer dunkler wurde es. Ganz unten in der Kühle des untersten Keller-grundes stand in einer kleinen Kellerkammer, zugänglich über eine schmale Steinstiege, ein riesiges Zierfaß, davor ein schmaler Tisch, und daneben hatten grad noch zwei rohe Bänke Platz, abgewetzt von – salva venia – Generationen von Benediktiner-Hintern. »Hier sitzen wir ganz gern im Sommer«, sagte Pater Jaeggi, »wenn es draußen so richtig heiß ist.«

Und dann brachte der Kellermeister seine Flaschen. Unetikettiert – er hielt sie nur in der Hand und hob sie gegen das Licht. An den fast unmerklichen Farbunterschieden erkannte er Lage und Jahrgang. Er schenkte mir immer wieder ein.

Und ich probierte alle diese gesegneten Flaschen. Natür-lich gab es gottgefälligen Speck und Käse und Brot dazwi-schen. Wieviel heilige benediktinische Promille ich nachher gehabt habe, wüßte ich wirklich nicht mehr zu sagen.

Helene Flöss
Törggelen
1989

Es fiel mir keine stichhaltige Ausrede mehr ein, die mich schadlos die Einladung zu dem Törggeletreffen hätte zu-rückweisen lassen, das immer noch üblich geblieben in un-serer Wein- und Kastanien- und Nüssegegend, trotz unaus-bleiblichem Nörgeln über deutsche und österreichische Rei-sebusse voller trinkfreudiger Gäste, und Abgefertigtwerden im Stundenrhythmus, damit es wieder freie Bänke gibt und Tische in den die Gastwirtschaft erprobenden Bauernstu-ben im Herbst; aber geübte Einheimische haben die Wein-kost verlegt auf Ende November, wo die braunen Böden und leeren Hänge für auswärtige Reisende weniger einladend dastehen, und man einen Ofentisch bestellen kann und ein regelrechtes Bauernmenü.

Immer noch war Überwindung nötig, wenn es keine rettende Verpflichtung gab, die mich von der Zusage am Dabeisein befreite, und auch diesmal würde es mir nicht gelingen, meine mangelnde Erfahrung im Gesellschaftlichen zu verbergen, die nicht älter war als ein Jahr.

Da wurde jede nicht vorhergesehene Belanglosigkeit zum verunsichernden Anlaß, und diesmal waren es das feine Schuhzeug, das ich an den Füßen hatte, und der nicht angekündigte Gehweg von zehn Minuten in leichtem Nieselregen auf unbeleuchtetem Gelände und lehmigem Boden, die mir die Laune verdarben und die schlecht gewahrte Beherrschung vergessen ließen; zudem war mir das Gespräch während der Fahrt zuwider gewesen, das vom besonderen Wein handelte, der nicht betrunken machte, auch literweise nicht, und dem Schweinernen mit Kraut, in das man sich schlagen wollte, und aus ging der Klatsch mit der Beschreibung des vereinbarten Kreises, der sich auf das Feiern verstand wie kaum einer, und ich würde staunen, wie selten übermütig-fröhlich der Gregor wäre ohne seine Frau, und auch Dora wüßte, warum sie allein käme, und um Mathias, das stille Wasser, wollte Martha sich annehmen, unsere Fahrerin.

Von meiner Gereiztheit beim Aussteigen auf dem Villanderer Dorfplatz und der schroffen Zurückweisung, als man mir ein Schuhpaar anbieten wollte, dem zwei Nummern fehlten auf mein Maß, ließ die Gruppe sich nur kurz aus dem eingefahrenen Übermut bringen, und das große Gelächter ging wieder los, als man eine einzige Taschenlampe herauskramte mit schwachem Schein, und sich damit zu trösten wußte, daß das Licht auf dem Rückweg sich

erübrigen würde, weil der Weingeist die Führung über-
nähme.

Der abschüssige Steig machte mir das Angewiesensein
auf die Gruppe deutlich und ließ mich die Aussicht aufgeben
auf einen möglichen Abschied nach Bedarf, und mit jedem
haltsuchenden Schritt auf dem schlüpfrigen Grund drückte
ich mir den Vorsatz tiefer ein, künftig meiner Neigung nach-
zugehen und den vorgezeichneten Spuren gesellschaftlicher
Verpflichtung auszuweichen.

Die Begeisterungsrufe vor dem Bauernhaus galten der
kurzen Steintreppe und deren überhohen Stufen, die zum
engen Söller führten, und ich dachte an die starren Glieder
älterer Bauersleute und ihre gichtigen Gelenke und benei-
dete die Hausfrau nicht, die winters kalte Steinstiegen
schrubbte und rote Hände in den heißen Wasserkübel
tauchte, auf daß sich keine Eisschicht auf den Platten bilde
In der tieferen Diele hinterließen unsere erdigen Schuhe
Schmutzabdrücke, und die Bäuerin-Wirtin empfing uns im
Dirndl und begrüßte uns einzeln, und wir bückten uns in die
Stubentür und legten die Mäntel auf dem Bretterboden der
gemauerten Ofenkuppe ab, und darunter wärmten sich die
Teller auf.

Valentin stellte befriedigt fest, daß wir nur Einheimische
wären im Lokal, und das geraunte Wohlgefühl der anderen
über das Unter-uns-Sein galt als Unterstützung.

Im Platznehmen schoben sich Mann-Frau, Mann-Frau
über die Bänke um den Tisch, und obwohl einige Ofenplätze
wünschten, es anderen zu warm war, gelang es, daß die
Paare zusammensaßen nach Absicht.

Der Wein aus dem Steinkrug wurde gelobt, und einige
wollten die Hanglage herausschmecken und wußten die
Villanderer Reben einzuordnen als äußerstes Anbaugebiet
unter der Höhengrenze, und als die Wirtin gestand, daß sie

Vilpianer Lese aufschenkte, weil, wie bekannt, der Hagel die eigene Ernte zerstört hätte, war der Wein nicht weniger gut, und da die Vilpianer Reben von der Villanderer Bäuerin gewimmt worden waren, auch die eigene Kennerschaft wieder im rechten Licht.

Brigitte gab die Speisenfolge bekannt, die blieb immer dieselbe während der vier Ausschankmonate im Jahr, und daß wir essen können ohne Mäßigung, weil einerseits die Gerichte naturbelassen wären, andererseits nicht nach Portionen bezahlt würde, sondern das runde Abendessen, tat sie mit einer Erregung kund, der man das Gelüst ansah, und wir prosteten einander zu, und ich war gar nicht mehr besorgt wohin mit dem Wein, weil nach den ersten Schlukken sowieso keiner mehr darauf achtete, daß mein Krug immer gleich voll blieb; rundum wurde laufend nachgeschenkt und abwechselnd, und beim Hochheben der Gläser und klingenden Anstoßen tat ich mit, und sobald alle in der Runde drangekommen waren, stellte ich bedenkenlos den Glaskrug ab, und hatte nicht einmal daran genippt.

Die Fleisch- und Speckplatte stammte aus Eigenbau, und nach jedem Wurstrad lobte Brigitte den Metzger und nickte in meine Richtung und wollte Bestätigung; unbemerkt glaubte ich die nur zur Farbgebung eingestreuten Käsescheibchen herausgefischt zu haben, aber als ich mich auch noch um die Schlutzkrapfen drücken wollte mit dem unverdaulichen heißen Schmalz, spielte die Runde auf Genußfähigkeit an im weitesten Sinn und wollte nicht gelten lassen, daß eine dem Schlemmen keinen besonderen Reiz abgewinnen konnte; und wie kam ich eigentlich dazu, mich verteidigen zu müssen und die Anspruchslosigkeit im Essen abzuheben gegenüber Unbescheidenheit in anderen Bereichen sinnlicher Art?

Unvermittelt wurde der Italiener zum Lebenskünstler,

weil er den sprichwörtlich verfeinerten Gaumen besaß, und wie erwartet wechselte das Gespräch auf Liebhaber aus dem gemütsseligen Volk, und alle anwesenden Frauen hatten Erfahrungen einzubringen und Andeutungen wechselten mit Anzüglichkeiten und Leichtsinn lebte man an diesem Abend vorsätzlich und Genuß stand im Programm und Zurückhaltung war ganz einfach fehl am Platz und Werktag schien keiner mehr zu folgen.

Wohl zufällig war ich zwischen zwei Männer gelassener Sorte zu sitzen gekommen, und als Mathias sich nach der Befindlichkeit erkundigte, waren wir bei Heidegger angekommen, den läßt sich keiner seiner Jünger als Nazifaschisten beschimpfen, unwidersprochen, aber weil der halbherzige Versuch, aus einem ausgelassenen Trinkfest eine Gesprächsrunde zu machen, notwendigerweise fehlschlagen mußte, ging auch meine Erklärung zur gewagten Behauptung unter, weil Martha schon ungeduldig die Arme um Mathias' Hals schlang und das Nebenpaar den schon wieder fälligen Zutrunk mit Küssen abzusegnen empfahl.

Befremdlich wirkte unsere gedämpfte Ecke auf die im rechten Feiern Geübten, und zögernd versuchte ich Mathias mein Unbehagen zu erklären und Bedauern auszudrücken über meine fehlende Begeisterung, und Mathias' Trost, er wäre fast ebenso verhalten und wundere sich insgeheim selbst, immer wieder unter den Geladenen zu sein, verfehlte die gutgemeinte Absicht, weil man mich in der Runde sehr wohl kannte als eine, die überlaufen konnte vor Erregung und Eifer, wenn es sich um ein Anliegen handelte.

Die Paare wechselten doppelsinnige Bemerkungen, manchmal waren die Annäherungsversuche unverhohlen, bisweilen herausfordernd, oder gar derb in ihrer Direktheit.

Valentin wurde beidseitig bedrängt von Brigitte und Martha, die ihn herauszuholen gedachten aus seiner Zurückhaltung, und sie hätten es als Niederlage gewertet, ihn nicht einmal in Worten zu schüchternen Liebeleien verführen zu können. Fast wirkte die Unbeholfenheit treuherzig, die Valentin immer wieder ein literarisches Zitat den nur gesagten Zärtlichkeiten anhängen ließ oder ihnen voranzustellen, und dabei saß er steif und gerade da und hielt aus Verlegenheit plötzlich eine Zigarette aus Marthas Etui in der Hand, und als käme ihm der rettende Einfall, der ihn ausweisen könnte als auch-möglichen Liebhaber, strahlte er über sein rundes Gesicht und gab Martha die Zigarette zurück, um sie sich anstecken zu lassen, an ihrem Mund.

Abwechslungsreich streuten die Frauen immer wieder Beschwerden ins Gespräch über die eheliche Bindung, in der sie festgemacht waren, schwächten aber gleichzeitig die Dringlichkeit ab durch die Beiläufigkeit der Klagen, ließen auf anscheinend Spielerisches hinauslaufen, was ihnen zur Bürde war; deutlich genug aber blieb der Eindruck von Überdruß und enttäuschter Erwartung, und eine fast kindliche Abenteuerlust konnte man ahnen, und die ganze Darstellung von abgerungener Freiheit und ungezügelter Neugier hätte weniger Peinliches an sich gehabt, wäre der Eindruck nicht zu deutlich gewesen, als dürfte keine Gelegenheit mehr versäumt werden, und es wären die Möglichkeiten begrenzt.

Mein Heraushalten aus dem anbiedernden Geplänkel stieß auf Unverständnis, wenn nicht Ablehnung, und nebenbei bekam ich ein Gespräch mit vom anderen Tischende über die vergrämte Gemütslage der meisten Unverheirateten, und wie selten eine im Einvernehmen lebte mit dem Übriggebliebensein, und trotz der Betroffenheit war es ein seltsames Gefühl, das mich über der Fragwürdigkeit ihrer vorgeführten Zufriedenheit überkam, und ein unpassendes Mitleid löste das Bedürfnis nach Aufklärung ab, und wie

Verbundenheit mit Frauen auch aussehen konnte, spürte ich, und die wenigen Jahre dachte ich mir dazu, die mir noch fehlten auf das Alter der Tischgenossinnen, und die paar Falten mehr stellte ich mir vor und das getönte Haar, und damit konnte eine Fünfzigjährige nur mehr als Kumpel gutsein oder erfahrene Freundin, und die Erotik hatte sich verabschiedet und das, was einmal Anziehung gewesen, war zur Würde geworden im besten Fall, und wer sich damit nicht abfand, wirkte lächerlich.

Das mußt du mir nicht erst wiederholen, daß Gerechtigkeit nicht eingeklagt werden kann, nirgends und vor niemandem, und doch ist sie kaum zu verdauen, die Rechtfertigung mit der Leidenschaft, die sich nicht bestimmen läßt, weil euch auch graue Schläfen noch reizvoll machen und die Spannkraft eurer Haut keine Bedingung ist für Sinnlichkeit.

Wie die Frauen am Tisch ihren Zauber ausspielten, hatte mit Kokettieren wenig zu tun, zu bemüht war die werbende Haltung, und alle Leichtigkeit fehlte und Unbefangenheit, die gefallsüchtigen Mädchen Nachsicht zugesteht, und das zwinkernde Auge, und weil für die Gemeinten das Spielerische an der ganzen Aufmachung feststand und der Unernst der Sache gar keine Frage war, und der gesellschaftliche Rahmen Erlaubtes schon genau genug absteckte, mußte ich Abstriche machen an meinem anfänglichen Einverständnis mit den beanspruchten Freiräumen derer, die sich nicht abfinden wollten mit zerbröselnder Anziehungskraft, wenn in Zurschaustellerei sich erschöpfte, was sich wie ein gewagtes Unternehmen angekündigt hatte.

Ob ich Stoff für Geschichten brauchen könnte, erkundigte sich Brigitte, als suchte sie einen Gesprächsgegenstand, der mich hätte einbinden können in eine allgemeine Unterhaltung, und sie selbst bot sich als ergiebig an und stellte nur die Widmung zur Bedingung, und ein Nudelbohnengericht würde sie mir vorsetzen während der Materialsammlung, und im selben Moment lachte sie über ihr Mißgeschick, das sie wieder in das leidige Thema hatte schlittern lassen, und fast übergangslos gelangte die Rede erneut bei Beziehungen zwischen Eheleuten an, und diesmal gab man sich gediegen und alles käme darauf hinaus, die rechten Schwerpunkte zu setzen, und weil Vermögen kaum zusammenfalle mit Liebenswertigkeit, und Weisheit sich selten paare mit Wohlgefallen, gelte es sich zu bescheiden und auf die Zufriedenheit wurde ein Loblied gesungen und die gewollte Eintracht bezeugt und dem Spruch zugestimmt, als der Lebensweisheiten höchster, wonach das Glück sich aus so vielen Stücken zusammensetze, daß eben häufig irgendeines fehle.

Werner, dem ich schräg gegenübersaß beobachtete ich vorsätzlich in seinem befremdlichen Zustand neben der hemmungslos redenden Frau, der das Feingefühl verrutscht war an diesem Abend, und die, neben peinlichen Behauptungen, sich Mathias in den Arm legte, Valentin herausfordernde Anspielungen zuwarf und Gregor zum freisinnigsten Mann der Runde erklärte, aber·Werner unterstützte witzelnd seiner Frau Verlockungskünste und schien von der beschämenden Lage unberührt, und dafür kannte ich ihn zu flüchtig, als daß ich hätte entscheiden können, ob er den großzügigen Gesellschafter spielte oder die Sache ihn nur oberflächlich betraf.

Wie es dem Fräulein geschmeckt habe, erkundigte sich die Wirtin, und Dora tat geziert geschmeichelt, als Fräulein angeredet zu werden, und beinahe entschuldigend wollte sich die Wirtin verbessern, aber Dora wechselte von dem nur scheinbar spontanen »Leider« über die Ehefrau, zu einem berechnet angehängten »Zum Glück« in gekünstelter Schlagfertigkeit, und Gregor, den Jüngsten der Runde, wies sie als ihren Mann aus und setzte ein plumpes Überzeugungsspiel vor der zweifelnden Wirtin in Szene.

Als die Bäuerin für mich die Anrede »die Dame« wählte, wußte ich auch ohne spöttische Beanstandung, daß die nicht angebracht war in einer Törggelerunde.

Von den Städtern als einfältig verkauft zu werden, hatte die Frau nicht nötig; in ihrer zurückhaltenden Fürsorglichkeit für die Gäste zeigte sie sich unfeinem Verhalten gegenüber überlegen, gab sich höflich aber nicht überschwenglich, ertrug die Ausgelassenheit der Gesellschaft mit lächelnder Geduld und schien die Rücksicht gepachtet zu haben auf wochentags solide Beamte und höhere Angestellte, die sich gehenließen an seltenene Abenden auf dem Dorf.

Sie ließ sich auch keinen Unmut anmerken über lautes Gebaren, und als Brigitte ein gemeinsames Lied vorschlug und das Radio störte in der Kredenzecke, ging die Bäuerin ans Gerät, tat den Gästen des Nebentisches die Ursache für das zeitweise Abstellen kund und wertete unsere bescheidenen Singkünste auf durch fast andächtiges Zuhören.

Im Verabschieden erkundigte sich die Bäuerin-Wirtin besorgt nach vorhandenen Taschenlampen für den finsteren Weg und beschaute sich prüfend unser Schuhzeug, und wer mit wem sich umschlang auf dem ungastlichen Pfad deckte die Dunkelheit zu, und das bedächtig vorausgehende Paar stellte bedauernd fest, daß der einsame Weg zu kurz wäre für ausgiebiges Sichzureden und unbeobachtetes Gernhaben, und als die beiden unter dem gemeinsamen Regenschirm stehengeblieben waren als wollten sie das heimelige Pochen auf dem gespannten Tuch genießen, kamen wir hinter das vordere Paar zu gehen, und es war Marthas Stimme, die zwanglos den Tag vor Mathias ausbreitete, und erst wenige Stunden läge es zurück, da habe sie zur Beerdigung geweint und gebetet, sich anschließend beruhigt am Cocktail zur Ausstellungseröffnung, und nun habe sie einen Begleiter am Arm, in den könne sie sich glatt verlieben, wie das Leben so spielt. Auf Halbweg vermißte Brigitte lautstark ihr mitgebrachtes Ersatzschuhpaar, und Gregor erklärte sich zum Zurückgehen bereit, und das übertriebene Lob auf seine Dienstfertigkeit verwandelte sich bald in Unmut neben dem unerwünscht nachgekommenen Ehemann; ob es das Unterhaken bei Werner war oder der leise Verdacht auf Gregors Geschicklichkeit, sich aus ihrem Arm zu wickeln, der Brigitte schnippisch bemerken ließ, das Abholen der Schuhe wäre eigentlich Werner angestanden, jedenfalls wollte sie plötzlich entschieden auf Gregor warten, auch ohne Schirm und Beschützer.

Niemandem schien es zu eilen mit dem Nachhausekommen, und schließlich gingen wir unbemerkt einige Schritte neben Dora und Valentin her, und fast verlegen um unsere Anwesenheit stellte Dora, als fürchtete sie etwas Unrechtes fallengelassen zu haben, betont locker Valentin als ihren alten Bergfreund vor, und auf mein Bekenntnis, Bergen nichts abgewinnen zu können und mich zu fürchten vor dem Klettern, wollte mich Dora überzeugen von dem, was ich versäumte an Naturerleben, und als ich Bücher anregender fand als Pflanzen und Steine, faßte Dora Valentin eng um die Schultern und pries die ganz besondere Nähe, die Berghüttennächte vermittelten, und kam ins Schwärmen über Treue und Zusammenhalt und Gegenseitigkeit unter Wandergesellen.

Werner führte nun die Lehrerin an der Hand, die sang Schnulzen ab aus den sechziger Jahren, und mit »Liebeskummer lohnt sich nicht« gingen sie aus, als wir auf dem Villanderer Dorfplatz anlangten und endgültiges Abschiednehmen aufführten mit Umarmung und beidseitigen Wan-

genküssen und großem Versprechen auf das nächste Jahr,
und nur Martha und Mathias taten intimer, und Brigittes
Vorschlag, in Valentins Auto überzuwechseln und Martha
die Stadtdurchfahrt zu ersparen, roch derart deutlich nach
Machenschaft und Einfädeln, daß ich erheitert an meine
Jungmädchenzeit denken mußte, wo wir einander bisweilen
auf die Sprünge halfen unter Freundinnen, nur wirkte der
vermittelnde Beistand, altersbedingt, eher lächerlich.

Norbert C. Kaser
›tun‹ in der Südtiroler Mundart
1983

wie in unseren hoeheren schulen fremde sprachen gelernt
werden muessen. hier am beispiel eines hilfszeitwortes:

praesens	*praesens konj. I*		*praesens konj. II*
tui	(wenn) tat		tatte (tate)
tuisch		tasch	tasche
tuit		tat	tatta (tata)
tian		tatn	tattmo (tanatmo)
tiat		tat	tattas
tian		tatn	tattnse

optativ	*futur*	*passatum*
tuie	werr tian	honn gitun
tuische	wersch tian	hosch gitun
tuita	wert tian	hot gitun
tiamo	wern tian	hobn gitun
tiatas	wert tian	hop gitun
tianse	wern tian	hobn gitun

imperativ I	*partizipia*	*substantivierte partizipia*
tui	tianat *praes.*	a tianato *m*
tiat	gitun *pass.*	a tianata *f*
		a tianats *n*

imperativ II

tuila
tittla

direkte frage	*sonderformen:*
tuschette	wenn i tian werrat
tittasette	(wur)
	wenne tian wer-rasch (wursch) *etc.*

indikativ	werrat i tian? (wuri)
tian	wursche tian? *etc.*

ausrufe:

haette lâ gitun
hoi wos tiatasen

Pietro Di Spazio
Nenia Antica*

1983

Teriolis, Tiralli, Tirol, Zirl
sembra una nenia antica,
invece è la geografia del mio paese
una piccola terra tra i monti
al di qua, dalla parte del sole.
Così è l'Italia
violata da molti
dilacerata da tutti
perché ha la carne tenera
perché ha il profumo degli aranci:
Teriolis, Tiralli, Tirol, Zirl.

Dörfliche Marterlsprüch

1984

Hier erschlug der Blitz einen Hirten und eine Kuh,
O Herr, gib ihm die ewige Ruh.

Eining bei Neumarkt

Er war auch ein frommer Christ,
Der plötzlich hier verschieden ist.

---

* Altertümliches Klagelied
Teriolis, Tiralli, Tirol, Zirl / das scheint ein altertümliches Klagelied /
statt dessen ist es die Geographie meines Lands / ein kleines Stück Erde
in den Bergen / diesseits, auf der Sonnenseite. / So ist Italien / vergewa-
tigt von vielen / zerrissen von allen / denn Italien hat zartes Fleisch / denn
Italien hat den Duft von Orangen: / Teriolis, Tiralli, Tirol, Zirl.   D. J.

Er Anton Jager von Marling war,
Im sechs und fünfzigsten Jahr.
Er ging zum Kaiserfest froh und munter
Und stürzte abends 6 Uhr hier hinunter.
Wanderer, der du dahier vorübergehst
Und bei diesem Marterl stehst,
Bet' auch ein Vaterunser,
Denn, denk es kann so gehen dir,
So wie mir, dahier. 1899.

Bei der Mörre in Passeier

Hier starb Martin Rausch.
Die Lawine traf ihn halt
Auf den Leib und macht' ihn kalt;
Auch der Jörg der war darunter
Aber heut noch ist gesund er.

Passeier

Von sieben Stichen todtgebohrt
Starb Peter Hofer hier am Ort
Der gerechte Gott im Himmel
Wird strafen einst auch diesen Lümmel.

Bei Lana

Ich wuchs ganz allgemein heran,
In meiner Sündenblüthe,
Da kam ein Stier an mir vorbei
Und stieß mich in die Mitte.
Zur Himmelsfreud, zur ewigen Ruh'
Kam ich durch dich, du Rindvieh du!

Bei Brixen

Da oben hinein ober das Miglanzer Feld
waren die Miglanzer Knechte 1853 den 15. Oktober
Holz abzuhacken, der Mitterknecht
Anton Pramstrahler war um 10 Uhr etwas entfernt
von die andern und wurde zum Mittag gerufen,
gab aber nicht antwort und wurde Tod gefunden.
Die meinung ist seitwers getrofen worden
zu sein vom Baumstamm. Gott deine Güte
reicht soweit so weit die Wolken gehen.
Geh vorbei wer immer woll
einen Vatter unser bethen soll.

Beim Hof Miglans im Villnößtal

Leicht unweit von hier im Walde
Kam ich Junggesell Johann Schenk
Ksaier in Tanürz unter einen großen Lärchbaum
und machte meinem zeitlichen Leben
den 16. März 1887 im 39 Lebensjahre
Augenblicklich ein Ende.
Richtig kam ich in diesen Wald
Hier an diesen Orte
Stand ich ach nur gar zu balt
Vor die Ewigkeitspforte
Nein und dreisig Jahre
Zehlte ich noch kaum
Stürzte mich an die Todtenbahre
Ein großer Lärchenbaum.

St. Peter hinter Lajen

Hier starb Maria Weigl,
Mutter und Näherin von zwei Kindern.

Passeier

101

Nun liegt er auf der Totenbahr'
Gott nahm sein Leben, Gott erschuf es;
Er starb im 45. Lebensjahr
Als Opfer seines Berufes.

Gedenktafel für einen Braumeister

Christliches Andenken an N. N. . . .,
der ohne menschliche Hülfe ums Leben gekommen ist.

Tauferertal

Dominik Jost
Der Terlaner Kreuzweg
1986

Das Trauern mit seinen Ritualen und vor allem die Mittrauer der Umwelt helfen dem Trauernden, sich in richtiger
Weise vom Verlust abzulösen. Die Mittrauer spendet nicht
Trost, doch verhilft sie zu Fassung durch Unterstützung der
Trauerarbeit, damit die Trauerarbeit positiv verläuft und
nicht in Gemütskrankheit endet. Nicht Trost ist nötig,
sondern Mittrauer, Trauerbegleitung. Die Formen des
Trauerns wie des Mittrauerns sind in der Kulturgeschichte
überaus vielfältig. Alle Religionen haben Rituale der Unterstützung der Trauerarbeit entwickelt; sie helfen die Trauer
durch Austragen überwinden. Im Christentum wird die
Trauerarbeit vor allem durch das Gedenken an Jesu Leiden
und Tod mit seinen reich ausgebauten Gottesdiensten und
Bildwerken unterstützt.

In diesem Zusammenhang steht die Darstellung des Lei-
denswegs Jesu, und in solchem Zusammenhang stehen auch
die Tafeln der Meraner Künstlerin Anja Höller im Friedhof
von Terlan. Damit ist nicht gesagt, daß ein Stationenweg
etwa ausschließlich Trauernden zugedacht wäre; ein Kreuz-

weg spricht zu jedem Betrachter, der sich religiös ergreifen läßt oder dem das Los des Menschen in seiner Not nahegeht. Dies die Antwort auf die Frage: Wer braucht solche Werke?

Die Darstellung der Via dolorosa begann erst im 18. Jahrhundert. Damals wurden Zahl und Reihenfolge der Stationen festgelegt. Jesu Leidensweg umfaßt vierzehn Stationen von der Verurteilung zum Tode durch Pilatus bis zur Grablege. Geißelung wie Dornenkrönung gehören als vorangegangen nicht dazu, sowenig wie die folgende Auferstehung.

Die Terlaner Darstellung von Jesu Leiden und Tod begleitet den betrachtenden Trauernden in seiner Trauerarbeit. Wer die Tafeln aus einer gesicherten Kenntnis von Leid und Unglück und Not heraus aufnimmt und sich in das dargestellte Geschehen einfühlt, der trauert mit den hier leidenden Menschen und spürt sich selber in seiner eigenen Trauer begleitet. Er fühlt sich ergriffen vom menschlich Ergreifenden des abgebildeten Geschehens. Er ist bewegt vom Verhalten Jesu, wenn er den geglaubten Gottessohn nach seinen Qualen den Verbrechertod der Alten Welt erleiden sieht. Es wird ihm innig bewußt: Ein Leidender ist nicht allein; Maria ist da und Veronika und die weinenden Frauen. Die verhaltenen Bewegungen Jesu rühren den Trauernden, er möchte diesen Leidenden zärtlich berühren. Der trauernde Betrachter empfindet Mitleid. Diese Tafeln dienen in der Darstellung von Leiden und Tod und über die Weckung religiöser Gefühle hinaus dem menschlichen Leben in seiner Not: Sie helfen leben, sie machen Mut.

Die Kreuzigung war als Todesstrafe in Persien aufgekommen und hatte sich in hellenistisch-römischer Zeit als Kapitalstrafe für Nichtrömer durchgesetzt. Petrus der Nichtrömer wurde ans Kreuz geschlagen, der römische Bürger Paulus wurde enthauptet. In der Alten Welt wurden Abertausende gekreuzigt, eine Männerstrafe. Die Kreuzigung löste als Hinrichtungsart die viel ältere Pfählung ab, bei der die Verurteilten auf einem in die Erde eingerammten Pfahl aufgespießt wurden. Auch die Kreuzigung war eine besonders grausame Todesart, die ebenfalls für Massenhinrichtungen angewandt wurde, wie etwa nach dem niedergeschlagenen Spartakus-Aufstand vom Jahr 71 vor Christus. Der Tod trat oft erst nach Tagen durch Durst, Erschöpfung oder Kreislaufkollaps ein. An den Kreuzigungsstätten waren hohe Pfähle im Boden eingelassen, auf die dann ein Querholz aufgesetzt wurde. Der Verurteilte trug dieses schwere Querholz, an das er dann auf der Hinrichtungsstätte angenagelt oder auch angebunden wurde. Die heutige Form des Kreuzes, mit dem Jesus später dargestellt wurde, ist zwar nicht historisch, aber bedeutsam wegen des klaren Symbolcharakters. Die Dornenkrone muß das Haupt Jesu ganz überflochten haben, wie etwa ein heutiger Integralhelm, falls das in Turin aufbewahrte Leinen doch das Grabtuch Jesu ist.

Auf jeder Tafel des Terlaner Stationenwerks ist der Vorgang so zusammengefaßt, daß stets nur der Kern aufscheint. Diese Dichte beginnt schon mit der Zahl der Personen: ein einziger Mensch in seinem einsamen Fürsichsein, oder zwei Menschen in spannungsreicher Beziehung. – Auf der ersten Tafel Jesus im Vordergrund stehend, vor dem breit posierenden Pilatus, der das Recht vertritt, das Recht, das in der Pranke des Staates immer auch Macht, Gewalt, Vergewaltigung einschließt. Pilatus befiehlt, den Wehrlosen zu töten. – Dann Jesus, der mit einer sanften Körperwendung das Kreuz an sich nimmt, schon einswerdend mit dem Kreuz. Anja Höller hat sich an die überlieferte Kreuzform mit Längsbalken und Querbalken gehalten, um eben den in unserer Kultur archetypisch gewordenen Gehalt des Sym-

Terlaner Kreuzweg

bols Kreuz zu bewahren: Das Kreuz ist ein Zeichen, an dem
die Eingeweihten des Leids einander erkennen. – Der erste
Sturz neben das Kreuz, die Körpersprache ist Sprache der
Verlassenheit; Jesus, ein Mensch, in den Koordinaten des
Kreuzes. – Dann die Begegnung mit der Mutter: Maria ist
offenbar dem Zug der rohen Neugierigen auf der Via dolorosa nachgeeilt, hat den Sohn schließlich eingeholt, und
jetzt trifft sie sein rätselhafter Blick; sie selber hat die Augen
davor im Schmerz verschlossen, bleibt völlig gesammelt, als
wäre ihr Trauermantel auch ihr Grab, gemäß einem altertümlichen Brauch, den es bei Begräbnissen zum Beispiel im
Schwarzwald gegeben hat. – Der zweite Fall über das Kreuz
hin. – Simon von Kyrene, ein gezwungener Helfer, der
zugreift ohne innere Beteiligung. – Die weinenden Frauen. –

Veronika, deren Mitleid der arme Jesus mit dem Abbild seines Antlitzes beschenkt. – Dritter Zusammenbruch, Jesus entkräftet in sich gekrümmt, das geschundene und qualvoll verletzte Geschöpf. – Dann wird er noch um seine Kleider gebracht: Der Scherge reißt sie weg, als letzte Demütigung; angetane Nacktheit ist in vaterrechtlichen Kulturen äußerste Schmach, Erniedrigung zum Sklaven. – Bei der Annagelung windet sich Jesu Leib in Schmerz wie in Schmerzbereitschaft dem völlig leeren Himmel entgegen; Leib, der sich opfert, der geopfert wird. – Dann das Sterben am Kreuz: ein Knie gewinkelt, die Hände geknickt; Jesus ist selber zum Kreuz geworden. – Maria, mütterlich, das tote Kind auf dem Schoß, ein Thema, das eine jahrtausendalte Tradition hat, sowohl in der bildenden Kunst als auch in Dichtung und Musik. – Schließlich die Grablege, der Todesfriede, die Stille des letzten Gesichts.

Die Terlaner Tontafeln machen an den Vorderen Orient denken, an Tontafeln mit Keilschriftzeichen aus Mesopotamien. Sie sind karg, klar, deutlich, ohne Umschweife, ohne jedes Beiwerk, nur das Wesentliche. Sie sind mehr flächig als reliefhaft oder gar dreidimensional. Wie man von Holzschnitten spricht, dürfte man von Tonschnitten sprechen. Die Einfachheit und Ausdruckskraft der Umrißlinien sind die alpenländische Einfachheit und Ausdruckskraft der Kunst Südtirols. Die Stationen sind geprägt von gebrochenen und gerissenen Linien, die zusammen mit den kräftigen Konturen stark zeichnerisch, ausgesprochen grafisch wirken. Manchmal lesen sie sich wie nie vernarbende Wunden. Es gibt hier nichts Dekoratives, nichts bloß Gefälliges. Stilgefühl und Ausdruckskraft unserer Gegenwart bleiben sichtbar.

Anja Höller hat sich hier dem künstlerischen Problem gestellt, ein gegebenes Format vierzehnmal neu zu gestalten, vierzehnmal eine Leere in Fülle zu wandeln. Die Betrachtung dieser Tafeln und die Aufnahme ihrer eindringlichen Botschaft rühren an unsere eigenen kreativen Bereiche und Fähigkeiten und schärfen unser Bewußtsein. Jeder Betrachter wird vielleicht zu anderen Zeiten andern Tafeln den Vorzug geben. Dann und wann erwacht in ihm jener Friede, den Gabriel Fauré im Schlußsatz »In paradisum« seines Requiems in Gesang verwandelt hat und der aus dem Schweigen der Toten spricht.

Joseph Zoderer
Onkel Vigil
1976

Onkel Vigil war ein dicker Mann, der nach Atem ächzte. Er war klein, auch wenn er für mich nie klein wirkte. Immer sah ich ihn schwitzen und nach Luft schnappen. Zwischendurch lachte er. Oder er war weiß und aufgequollen und sah mich nicht an. Ich kam von der einen Stille in die andere. Eine südliche Stille. Ich lebte in einem großen, hohen Zimmer. Bett und Schrank, vor dem Fenster ein Nußbaum so grün wie ein ganzer Wald. Dahinter, wußte ich, hinter dem nächsten Haus begannen die Weinäcker, die Obstwiesen, dann die Sumpfwiesen mit den Rebhühnern. Schon am ersten Abend machte Vigil mit mir einen langen Spaziergang durch die Weinäcker und durch die Obstwiesen zu den Sumpfwiesen, wo sein räudiger, halbblinder Hund ein paar Rebhühner aufscheuchte. Jeden Tag machten wir weite Spaziergänge. Nach fünf Uhr, wenn die Sonne nicht mehr so herunterstach. Obwohl sie auch am Abend noch über den Feldern brütete. Und die Stechmücken schwirrten.

Wir zwei, Onkel Vigil, oder Pater Vigil, wie sie ihn nannten, und ich aßen in einem kühlen Zimmer neben dem Hausgang, wo es immer nach faulenden Birnen und dem Hund roch. Vor dem Fenster der Nußbaum, über Vigils Glatze die gerahmte Großaufnahme von Onkel Vigil als berittener blonder Feldkaplan des Ersten Weltkrieges. Wir saßen einander in der Mitte des langen Tisches gegenüber. Dazwischen ein weißes Bauernleinen und darauf die Teller und Schüsseln. Ich palaverte drauflos. Onkel Vigil grunzte. Oft schlürften wir, und sonst nichts. Onkel Vigil goß mir manchmal ein Glas Rotwein voll. Dann lachte ich, bis mir Tränen kamen, und er lachte auch; wie ein quiekendes Schwein stieß er das Lachen aus der Nase und quetschte seine Augenpolster zusammen. Sein Bauch brachte den Tisch zum Zittern. Er schien aus der schwarzen Soutane herauszuplatzen.

Nach dem Mittagessen stiegen wir beide zu unseren Zimmern in den oberen Stock hinauf. Das Haus hatte dicke Mauern, dahinter vergaß man, daß vor der Tür die Dorfstraße lag, man vergaß auch, daß draußen Sommer war. Onkel Vigil hielt Mittagsruhe, ich hockte meistens auf dem Bett und sah zum Nußbaum hinüber.

Die Häuserin schwitzte wie Vigil. Aber sie hatte immer ein Pfirsichgesicht und eine gesunde Lunge. Unter ihrem weißen Kopftuch hervor schaute sie mich an. Sie kam mir spöttisch vor. Ich verdächtigte sie krummer Beine. Ihr Kittel hing bis zu den Knöcheln. Ihre Unterhosen, die ich unterm Nußbaum auf einem Draht schaukeln sah, hatten die Größe von Mehlsäcken, außerdem waren sie rosa.

Onkel Vigil besorgte das Geschäft Gottes mit Gelassenheit. Solange ich bei ihm war, erledigten wir es zu zweit. Ich bediente ihn bei der Messe, hörte ihm zu, wenn er am Freitagnachmittag auf dem Spaziergang die Predigt für den

Sonntag memorierte, begleitete ihn auf dem Versehgang, um einer armen Seele die Letzte Ölung zu verabreichen, und schließlich begrub ich mit Onkel Vigil auch den zurückgelassenen Leib. Ich inspizierte die Birnbäume auf der Kirchenwiese mit ihm und sagte ja, als er mich fragte, ob ich nicht auch meine, man könnte einmal das Gras rund um das Gotteshaus schneiden. Unnötigerweise sorgte ich mich sogar, ob im Ziborium die Hostien und in der Sakristei der Wein in genügender Menge vorrätig waren. Onkel Vigil war nie ängstlich darum, daß das Fleisch und Blut Gottes plötzlich in Gargazon ausgehen könnten. Der Nachschub traf immer rechtzeitig ein.

Auf unseren Spaziergängen betrieb Vigil einen Teil seiner Seelsorge. Kamen wir bei Äpfelpflückern oder beim Obstmagazin vorbei, blieben wir stehen, und Onkel Vigil erkundigte sich nach dem Stand der Preise für Gravensteiner, Delicious oder Kalterer-Äpfel. Oder er fragte, mit wieviel Waggons man heuer rechne. Die Leute waren immer zu Späßen aufgelegt. Ich wurde stets aufs neue gefragt, wem ich gehörte. Und ich antwortete mehr als einmal: dem Pfarrer. Worauf die Leute immer schallend lachten und mein Onkel quiekend den Bauch schaukeln ließ.

Auch ein Versehgang war nie traurig. Vielleicht unbequem für den Onkel, der besonders beim Aufwärtsgehen beängstigend schnaufte, aber sich erst nach der Ölung die Wohltat gestattete, den Halskragen, das Collare, zu öffnen. Während er in der Sterbekammer war, wurde ich in der Küche oder in der Stube unterm Herrgottswinkel verwöhnt mit Gugelhupf, frischen Feigen, Trauben, Birnen oder Pflaumen, auch mit Speck, wenn ich ja sagte, und es kam sogar vor, daß man mir in der Aufregung ein Stamperl Likör eingoß.

Außer den Sterbenden besuchten wir vor allem die reichen Bauern und Höfe, wo ein junges Frauenzimmer mich ein wenig »hernahm«, wie mein Onkel befriedigt feststellte, wenn ein loses Mundwerk über meinen Kopf hinweg zu ihm hinübergeplappert hatte und ich anschließend, um nicht beleidigt zu sein, an einen warmen Fleischberg gepreßt worden war. Den Sonntagnachmittag, nach der Rosenkranzandacht um drei, verbrachte Vigil regelmäßig beim Ortsreichsten. Ich hielt es dort nur zweimal aus, beim erstenmal, als ich nicht wußte, was mich erwartete, und beim letztenmal, als der Onkel meinte, es gehöre sich, daß ich zum Abschied mein Geschenk abhole.

Unter der Woche machten wir Ausflüge zu einem der geistlichen Nachbarn. Zur Seelsorge-Konkurrenz. Zum Pfarrer nach Burgstall, nach Vilpian oder gar zu Fuß über die Etschbrücke nach Lana ins Kloster. Immer war es drückend heiß, und das Gras knisterte unter den Sprüngen der Heuschrecken.

In den Häusern der Pfarrer dagegen war es kühl. Kühl und leer. Die Schritte der Häuserin waren eilig, die Tischtücher weiß, die Räume erfüllt von Äpfel- und Birnengeruch. Dann die Jause mit Speck und Wein, und Mehlspeisen für mich in jeder Menge.

Einmal gab es hohen Besuch. Vigil hatte mir eingeschärft, daß der Mann sein oberster Chef sei und ich so wie er dessen Ring am Finger zu küssen und dabei das linke Knie zu beugen hätte. Aber ich hatte den größeren Erfolg damit, daß ich nicht den Ring küßte und nicht das Knie beugte, sondern dem Herrn einfach die Hand gab. Mein Onkel erzählte die Angelegenheit mehrmals bei späteren Besuchen. Daraus schloß ich, daß ich bei Chefs am besten tat, wenn ich weder den Ring küßte noch das Knie beugte. Trotzdem kanzelte mich Vigil wegen meines Köpfels ab. Er sagte nicht Stolz, denn im privaten Gebrauch ging er großen

Worten aus dem Wege. Aber ich verstand, daß er mit Köpfel Stolz meinte.

Am meisten behagte mir die Unordnung in Vigils Zimmer. Auf seinem Schreibtisch lag immer ein wüster Haufen aus Büchern und beschriebenen Blättern.

Und noch etwas gefiel mir an ihm: die geschwungenen schönen Sätze, die er am Sonntag beim Amt von der Kanzel herunterschleuderte. Da kauerten die Bauern, die Lebensmittelhändlerfamilie und das Personal der Gasthäuser und warteten auf seine herrlichen Verfluchungen. Sogar die Italiener von der Post, vom Gemeindeamt und von der Carabinieristation kamen manchmal, obwohl ihre eigene Messe schon vorüber war, um die Kaskaden dieser Wohllaute zu verkosten. Onkel Vigil predigte, ohne sich selbst zu schonen. Sein Hals schwoll rot an und sein Kopf glühte, wenn er mit ausgestrecktem Arm in die Leere vor der Predigtkanzel hineinstach. Im nächsten Moment wurden seine Worte wie hüpfende Quellwasser, klar und murmelnd, und die Röte wich einer elfenbeinernen Bleiche. Dazwischen prasselten auf die eingezogenen Häupter Wörter wie: Schleudert die Fackel der Reinheit in den Tempel der Unkeuschheit, damit die Flammen das unheilige Haus bis zu den Grundmauern sengen!

Mein Onkel fragte mich nie: Wie war ich? Im Gegenteil, beim sonntäglichen Mittagessen verhielt er sich wieder so, wie ich ihn kannte: schmunzelnd, grunzend, augenpolsterquetschend. Keine großen Worte, es sei denn: Salat, Knödel, ein Stück Fleisch. Er legte keinen Wert darauf, daß ich bei ihm beichtete. Samstags hatte er immer eine Aushilfe, und der sagte ich meine Sünden auf.

An einem heißen Tag zwischen Juli und August zeigte mir Vigil den Wasserfall oberhalb Gargazon und die Grundmauern einer Burg. Insgeheim betrieb er Forschungen. Er hatte wohl auch schon einiges ausgegraben. Zwischen Brombeerhecken und Erlengezweig hörten wir mit Vergnügen dem Aufklatschen der Wasserstürze zu, armdicken Strähnen und mageren Rinnsalen eines kopfüber vorschießenden kleinen Baches. Vigil stand daneben und schnaufte leise.

Ein Jahr darauf, zwischen Juli und August, am Portiunkula-Sonntag, dem Tag, an dem mit einer exakt abzählbaren Zahl an Vaterunser und kleinen Nebengebeten die Fegfeuersündenlast tilgbar ist, an diesem für die Seelsorge so wichtigen Tag starb Onkel Vigil. Bei der Ablaß-Nachmittagsandacht um drei kippte er vornüber auf die Altarstufen, mit dem fetten Gesicht auf den Läuferteppich, und erstickte. Zuerst sah es wie eine religiöse Zeremonie für die Seelengemeinde aus. Dann fuchtelte der Meßner mit den Armen nach Helfern. Sie trugen ihn auf das Kanapee seines Schlafzimmers, aber er gab keinen Laut mehr von sich. Herzverfettung, sagten sie mir, als ich später fragte.

3. Vom Brenner nach Salurn

Erich Pfeiffer-Belli
Entdeckungen im Eisacktal
1987

Die Plose ist Brixens Hausberg, ausgestattet mit einem viel-
benutzten Skizirkus. Auf dem Weg zu ihr durchfährt man
auf kurvenreicher Straße in 1 500 Meter Höhe den Ort
St. Georg in Afers. Da muß ich vom Nußbaumer Luis
berichten. Der betrieb bis vor kurzem neben seiner Land-
wirtschaft im uralten Haus, dem »Schatzerhof«, eine kleine
Trattoria, stand in der kohlpechrabenschwarzen Küche,
und man wußte nicht, ob er ein besserer Koch oder ein
besserer Geschichtenerzähler beim Kochen war. Die Land-
wirtschaft hat er aufgegeben, die Trattoria geschlossen, aber
er vermietet ein paar saubere, einfache Zimmer und kocht
für seine Hausgäste. Was der Luis erzählt – Erinnertes,
Lustiges von heute –, mag manchmal grausig klingen, eine
elementare Welt der Wilderer und »umgehender« hinge-
richteter Mörder beschwörend. Da fragt sich der Zuhörer,
ob er denn wirklich im 20. Jahrhundert lebt. In die niedrige
Stube rauscht der Hochwald vom jenseitigen Hang, weht
der unermüdliche Wind von den Aferer Geiseln.

Anders geartet sind die Erzählungen des Wirts und Volks-
kundlers Hans Fink, der in seinem Gasthof an den Kleinen
Lauben in Brixen einen Menhirstein aus vor- oder frühge-
schichtlicher Zeit zeigt, den er 1955 gefunden hat. Der Fink
arbeitet zusammen mit Gelehrten der Universität Innsbruck an einem etymologischen Wörterbuch Tirols.

In Villanders über Klausen lebt ein seltsamer Einzelgän-
ger, der melancholisch-ernste Maler Werner Scholz. Der
kleine Ort, hoch über dem Tal mit herrlicher Fernsicht, hat

Seite 113: In Kaltern

einen der eindrucksvollsten Kirchhöfe, der sich denken läßt. Es gibt ungezählte schmiedeeiserne Grabkreuze mit stark-glänzenden Vergoldungen der Schauseite. Und so leuchtet der Gottesacker seltsam festlich und erregend im Licht der Nachmittagssonne.

Höher noch als Villanders – mit Blick hinüber zum Gröd-nertal – liegen Barbian und Dreikirchen. Die drei ganz nah beieinander stehenden schindelgedeckten Kirchlein, jedes mit einem spitzen Dachreiter geschmückt, sind ohne Bei-spiel im ganzen Land. Die drei frommen Stätten, der Re-staurierung dringend bedürftig, haben sich wohl um ein altes germanisches Wasserheiligtum versammelt, doch wird auch vermutet, daß später hier die Römer Jupiter, Juno und Minerva verehrt hätten, die dann von Nikolaus, Gertraud und Magdalena abgelöst wurden. So steckt das Land am Eisack voller Wunderlichkeiten, die sich der Wanderer auf einsamen Wegen entdecken kann; denn ein vom überbor-denden Fremdenverkehr geschlagenes Land ist das Eisack-tal noch nicht.

Aber kehren wir noch einmal in Brixen ein, heute offiziell Bressanone genannt. Es ist die alte trauliche Bischofsstadt – der Bischof Gargitter hat Brixens Bischofspalast und dessen Arkadenhof ungern mit Bozen vertauscht – mit den reizvol-len Großen und Kleinen Lauben. Brixen hält den Schlüssel in der Hand, der die hundert heimlichen Herrlichkeiten der Talschlucht öffnet. Hier hat Nikolaus von Kues als Fürst-bischof und päpstlicher Legat für ganz Deutschland ge-wirkt. Hier gibt es außer dem farbenprächtig ausgemalten Kreuzgang am Dom das kleine Diözesan-Museum. Ausge-stellt sind das aus Byzanz (um 1000) stammende imposante Meßgewand mit dem Adlermotiv auf purpurroter Seide, Monstranzen dann und silberne Reliquienbüsten aus dem Domschatz, weiterhin frühe Plastik aus der umgebenden

Landschaft und frühe Elfenbeintafeln. Das Innere des Doms beeindruckt durch seine kühle Weiträumigkeit, in dem nahebei gelegenen aufgelassenen Kirchhof sieht man den Grabstein des Oswald von Wolkenstein, ein Ritter mit schön onduliertem Bart, der ein ziemlich wüstes Leben hinter sich gebracht hat: »Ich han gelebt wol viertzig jahr, leicht mynner zway mit toben, wüeten, tichten, singen mangerlay.«

Das Eisacktal wird begleitet durch sanfte waldbestandene Berge, deren Häupter im Sommer meist keinen Schnee mehr tragen. Im Tal gedeihen Wein und Edelkastanien, und der Reisende spürt, daß der Süden nah ist.

Für das Eisacktal hat die Autobahn ein doppeltes Gesicht: Sie entzieht den an der alten Brennerstraße gelegenen Ortschaften und ihren schönen Gasthöfen die Passanten, zugleich aber verlockt sie jene, die nicht in eiliger Fahrt dem Süden zustreben, das breite Betonband zu verlassen und überall dort längeren Halt zu machen, wo Stadt und Städtchen, wo wasserdurchrauschte stille Nebentäler zum Verweilen und Wandern einladen. Diese werden die Autobahn preisen, allerdings aus anderen Gründen als jene Zielstrebigen, die nicht nach rechts oder links schauen.

In Sterzing, dem altertümlichen, einst durch Handel reichen Städtchen, steht im Museum der Marienaltar von Hans Multscher (entstanden 1456-1459), ein groß empfundenes Bildwerk von feierlicher Haltung und ausgeglichener Schönfarbigkeit. Man darf hier an Konrad Witz und Lukas Moser denken.

Die Ausblicke bis nach Neustift sind vielfältig. Das ist die Landschaft, in der Michael Pacher, der Maler und Bildschnitzer, zu Hause war. Zwischen Brixen und Neustift gibt es noch den alten Pacher-Hof. Der Bauer, der ihn mit seinen Schwestern bewirtschaftet, ist gewiß kein Nachfahr des großen Michael, aber er hält zum Törggelen sein Haus offen,

Ortisei in Gröden

schenkt jungen Wein aus, der köstlich ist, und bietet zur
Besänftigung der Alkoholgeister eine heiße Gerstensuppe
an. Wo, fragt der Wanderer, gibt es dergleichen noch.

Um Neustift, Novacella, gedeiht ein angenehmer Wein.
Das Kloster der Augustiner-Chorherren, das heute auch ein
Gymnasium beherbergt, wurde 1142 gegründet. Die goti-
sche Kirche ist aufs schönste barockisiert.

Von Brixens Ortsmitte aus fährt man hinauf nach Feldthurns. Der kleine hübsche Ort liegt 850 Meter hoch auf
einer sonnigen Mittelgebirgsterrasse. Hier sind der Gasthof
»Unterwirt« und der nicht minder gastfreundliche »Ober-
wirt« zu nennen, aber auch der Eisacktaler Rotwein der
dortigen Winzergenossenschaft; zu Marende, einer üppigen
Jause, trinkt er sich vortrefflich. Bedeutend ist Feldthurns
durch das zum Teil guterhaltene Schloß, einst Sommersitz

Oswald von Wolkenstein, Brixen

der Brixener Bischöfe. Der Blick von hier reicht über den Eisack hinweg weit hinein in das liebliche Villnösser Tal. Wo es endet, scheint die Alltagswelt ausgesperrt; eine Welt der Stille und Harmonie öffnet sich. Als am 14. Jänner 1939, so berichtet Hans Fink, in Feldthurns der Platscherbauer Josef Hofer starb, übte man noch einmal einen einst allgemeinen Brauch. Der Knecht erhielt den Auftrag, den Todesfall dem ganzen Hof zu melden, indem er von Raum zu Raum, von Stall zu Stall ging, zu den Bienenstöcken, zum Stadel und zur Korntruhe, überall anpochte und rief: Der Bauer ist tot.

Für Wanderungen eignet sich die Feldthurnser Sonnenterrasse bis tief hinein ins Spätjahr. In Tschötsch droben stehen die herrlichsten, uralten Edelkastanien. Hier hat Jakob Philipp Fallmerayer (1790-1861) das Vieh gehütet, er, der Professor für Geschichte und Orientalistik wurde und

Mitglied des Frankfurter Parlaments in der Paulskirche. In seinen »Fragmenten aus dem Orient« steht ein Text, bei einem Wegkreuz am Berg Athos niedergeschrieben: »Ich dachte an die Heimat, an die romantischen Waldszenen am Eisack in Tirol, an die Rebgelände und Kastaniengruppen seiner entzückenden Mittelberge; an euch dachte ich, Schalderstal, rauschender Forellenbach, tiefe Waldöde, sommerliche Lüfte und ziehendes Gewölk – Symbol der Jugend und der Vergänglichkeit; an dich, hölzernes Wetterkreuz im Birkenlaub, an dem der Knabe scheu und andächtig so oft vorüberging. Sitz der Wonne und der Lust, wie könnte ich deiner je vergessen!«

Elise von der Recke
Auf dem Gipfel dieser Pyramide thront das prächtige Kloster
1804

Mein Erwachen in Brixen war ein Entzücken über die Fülle der Fruchtbarkeit, welche hier alle Felsen umgürtet. Der ganze Kranz hoch übereinander getürmter Berge ist trefflich angebaut. – Wer Zeit genug hätte, Tirol mit Muße zu durchreisen, würde sich sehr belohnt finden, wenn er die Seitentäler und die reizenden Landsitze besuchte, welche die Berggegenden verschönern. Der Weg von Brixen bis Kollmann, der hier und da durch wilde Stellen führt, ist gleichwohl eine der interessantesten Straßen; malerisch liegende Landhäuser, Klöster und Dörfer sind an den Hügeln umher verstreut. Das Frauenkloster Säben hat eine ganz einzige Lage. In einem reichen, von dem Eisack durchströmten Tale steigt ein Granitfelsen gegen 2000 Fuß kegelförmig empor. Auf dem Gipfel dieser Pyramide thront das prächtige Kloster.

Kloster Säben

Vom Fuße des Berges ungefähr bis zum Dritteil der Höhe zählten wir 60 Terrassen, alle mit Weinreben bepflanzt. Das weite Tal hat hier und da kleinere, phantastisch geformte Felsenhügel, deren Wände stark belaubt waren; die ganze Kette, die das Tal umschließt, ist reich angebaut. Vormals war das Kloster Säben der Sitz der Bischöfe von Brixen; einer derselben verlegte aber seine Residenz in die Stadt und schenkte dies Kloster den Elisabethinerinnen. Keine Nonne, die sich dahin begibt, darf den hohen Berg mehr verlassen; abgesondert von allen Talbewohnern, schweifen nur ihre Blicke von der Höhe in die Tiefe herab, die sie nicht betreten darf. – Nachdem wir das noch in diesem reizenden Tal liegende Städtchen Klausen verlassen hatten, ward die Gegend wilder. So sehr die Seele durch die hohe Lieblichkeit des Tales und durch die Majestät der Gebirge entzückt war, so sehr empörte doch die innere Unsauberkeit dieses Orts Augen und Geruchsnerven.

Hans Christian Andersen
Ich blickte auf Tirol herab, sagte der Mond
1840

Ich blickte auf Tirol herab, sagte der Mond, ich ließ die
dunkeln Tannen große Schlagschatten auf die Felsen werfen. Ich betrachtete den heiligen Christoph, das Jesuskind
auf seinen Schultern tragend, wie sie dort auf die Mauern
der Häuser gemalt sind, in kolossaler Größe vom Grunde an
bis an das Dach. Der heilige Florian goß Wasser auf das
brennende Haus, und Christus hing blutend an dem großen
Kreuze am Wege. Für das neue Geschlecht sind das alte
Bilder, ich dagegen habe gesehen, wie sie gemacht wurden,
wie eins dem andern folgte. Auf dem Abhange hoch oben
hängt, einem Schwalbenneste gleich, ein einsames Non-
nenkloster; zwei Schwestern standen oben im Turme und
läuteten; sie waren beide jung, deshalb flog ihr Blick über
die Berge in die Welt hinaus. Ein Reisewagen fuhr unten
vorbei, das Posthorn erklang, die armen Nonnen hefteten
mit verwandten Gedanken ihren Blick auf den Wagen, in
dem Auge der jüngern glänzte eine Träne. – Und das Horn
erklang schwächer und schwächer, die Glocken des Klosters
übertäubten seine hinsterbenden Töne.

Gerd Enno Rieger
Ibsen in Gossensaß
1889

Fünf Jahre war Ibsen nicht in Gossensaß gewesen, seitdem
er dort 1884 seine *Wildente* zum Abschluß gebracht hatte.
1889 bekam er zwar nicht die Hotelzimmer, die er gewohnt
war, aber der Empfang, den die Dorfbewohner dem inzwi-

schen international berühmt gewordenen Dichter bereite-
ten, war überaus freundlich: Ihm zu Ehren wurde ein Ibsen-
Platz auf der Stelle eingeweiht, an der er viele Stunden allein
verbracht hatte. Am 21. Juli zog ein Festzug, mit dem nicht
mehr ganz so beweglichen Dichter an der Spitze, den Berg
hinauf, wo er mit freundlicher Gelassenheit die Festreden
und ein Konzert über sich ergehen ließ. Sonst war er viel
allein, wie er es gewohnt war. Nur mit den Damen bei Tisch
ließ er sich gern in ein Gespräch ein. Unter ihnen war eine
junge Wienerin, gerade achtzehn Jahre alt, Emilie Bardach,
die sein besonderes Interesse auf sich zog. Bei den Festlichkeiten am 21. Juli sprach er sie schließlich an. Während
vieler gemeinsamer Spaziergänge entwickelte sich eine en-
gere Bindung, die in dem alternden Dichter tiefe Spuren
hinterlassen haben muß. Als sie eine Woche vor ihm ab-
reiste, schenkte er ihr eine Fotografie von sich, deren Rückseite er mit folgender Widmung versah: *An die Maisonne eines
Septemberlebens – in Tirol.*

Der Dichter hat nach diesem Zusammensein Emilie Bardach nie wieder getroffen. Aber eine Reihe von Briefen legt
Zeugnis davon ab, wie sehr Ibsen diese Begegnung berührt
hat. In seiner Korrespondenz ist es ihm immer schwergefal-
len, seinen Gefühlen freien Lauf zu geben. Selbst in diesen
Briefen, die sich von dem sonst üblichen, oft trockenen Ton
wohltuend abheben, schreckt er vor dem letzten Bekenntnis
zurück, und dies sicher nicht nur deswegen, weil er sich des
Deutschen nicht mit derselben Sicherheit bedienen konnte
wie seiner Muttersprache. Daß auch dichterisch einiges
wieder in Bewegung gekommen war, spricht er am Ende des
ersten Briefes aus, den er wenige Tage nach seiner Rückkehr
nach München am 7. Oktober an Emilie richtete: *Eine neue
Dichtung fängt an, in mir zu dämmern. Ich will sie diesen Winter
vollführen und versuchen, die heitere Sommerstimmung auf dieselbe zu*

übertragen. Aber in Schwermut wird sie enden. Das fühle ich. – Es ist so meine Art. Ich habe Ihnen einmal gesagt, ich korrespondiere nur im Telegrammstil. Nehmen Sie also diesen Brief so, wie er eben ist. Sie werden ihn jedenfalls verstehen.

Wie aufgewühlt Ibsen war, zeigt vor allem sein zweiter Brief, den er schon eine Woche später schrieb: *Jetzt möchte ich gern arbeiten. Kann es eben nicht. Meine Fantasie ist zwar in reger Tätigkeit. Aber immer schweift sie anderswohin. Dort hin, wo sie in der Arbeitsstunde eigentlich nicht sollte. Meine Sommererinnerungen kann ich nicht zurückdrängen. Will es auch nicht. Das Erlebte erlebe ich wieder und wieder – und immer wieder. Das alles zu einer Dichtung umzudichten ist mir vorläufig unmöglich.*

Langsam jedoch läßt Ibsen den Briefwechsel einschlafen. Am 30. Dezember 1890 bittet er Emilie, ihm vorläufig nicht mehr zu schreiben. Als sie nach über sieben Jahren ihm zu seinem 70. Geburtstag einen Glückwunsch telegrafierte, schickte er ihr als Dank wieder ein Foto. Auf der Rückseite standen folgende Zeilen:

Christiania, den 13.3.98.

Herzlich liebes Fräulein - - -!
Empfangen Sie meinen innigsten Dank für Ihren Brief. Der Sommer in Gossensass war der glücklichste, schönste in meinem ganzen Leben Wage kaum daran zu denken. – Und muss es doch immer. – Immer.
Ihr treuergebener
Henrik Ibser

Die Literaturwissenschaft hat darüber gerätselt, ob Emilie Bardach nicht Modell für eine der Figuren aus späteren Stücken gestanden habe. Man hat besonders an Hilde Wangel gedacht, die mit ihren 22 Jahren dem alternden Baumeister Solness noch einmal neue Kräfte verleiht. Auch eine andere junge Frau, die Malerin Helene Raff aus München, die Ibsen ebenfalls im Sommer 1889 kennenlernte, mag als Modell eine Rolle gespielt haben. Auf jeden Fall haben sich die Erlebnisse des Sommers 1889 bereits in *Hedda Gabler* niedergeschlagen. Darauf deuten auch die ersten Aufzeichnungen zu diesem Stück, die wohl aus der Zeit stammen, als Ibsen die ersten Briefe an Emilie Bardach schrieb. In einer Notiz, die nicht genau zu datieren ist, wird die Quintessenz seines dichterischen Bemühens in *Hedda Gabler* folgendermaßen umrissen: *Das Stück soll vom Unerreichbaren handeln, vom Streben und Trachten nach dem, was gegen die Konvention, gegen das Aufgenommene im Bewußtsein eines jeden steht – auch in Heddas.*

Ibsen hatte – wie seine Titelheldin – zeit seines Lebens Angst vor dem Skandal. Mutig zeigte er sich nur in seiner Dichtung. Sonst achtete er peinlich darauf, die bürgerlichen Konventionen nicht zu durchbrechen. Die Maske des Bürgers verdeckte einen inneren Zwiespalt. Im Grunde bewunderte er den, der den Aufruhr wagte. Daß er selbst nicht bereit war, seine bürgerliche Existenz aufs Spiel zu setzen, hat sicher auch mit den traumatischen Erfahrungen zu tun, denen er bereits als Kind durch die plötzlich über seine Familie hereinbrechende Deklassierung ausgesetzt war.

Aus dem Tagebuch von Emilie Bardach

18. September 1889

Ich liege, Mama geht eben aus. So bin ich allein Herrscherin im Raum, frei, endlich frei um niederzuschreiben von der Unendlichkeit, die ich in diesen Tagen empfinde und dann sieht man aber wieder, wie arm die Sprache dem gegenüber ist, das man empfindet. Nur die Tränen die sagen mehr. Man entgeht seinem Schicksal nicht, ich muß immer besonderes erleben, es gibt für mich kein ruhiges Genießen, es kommt immer dazu Leidenschaft zu erwecken, wo es zu nichts Positivem führen kann, wo man von allenmöglichen gehemmt ist. Ewig Hindernisse, liegen sie nun in meinem Willen oder in den Umständen, doch wie läßt sich das Gegenwärtige mit allem Vergangenen vergleichen. Wie arm und klein erscheint alles dem gegenüber, es konnte nie so weit kommen und dann: Alle anderen waren nur gewöhnliche Menschen und nun ist es ein Geist der die Welt dominiert. Nur die Neigung von Baron Hellenbach kann ich dem würdig zur Seite stellen, doch es war soviel ruhiger unausgesprochener. Doch jetzt, dieser Vulkan, furchtbar schön, vorgestern nachmittag, als wir endlich allein zusammensaßen, ach die Worte, hätten sie sich nur noch tiefer eingeprägt, noch deutlicher. Alles frühere war Lüge.

Jetzt ist es die wahre Liebe. Das Ideal zu dem er unbekannt gedichtet. Jetzt wird er Dichter aus Schmerz und Entsagung. Und doch glücklich mich gefunden zu haben, das Schönste Wunderbarste. Zu spät – Wie kleinlich komm ich mir da vor, daß ich mich nicht ihm entgegenstürzen kann –, doch da steigen sie auf die Hindernisse, das reale Leben, die vielen Jahre, die Frau, der Sohn – alles, alles das uns trennt. Mußte es soweit kommen? Und konnt ich ahnen, konnt ich es hindern? Während er spricht ist mir jetzt oft, ich muß fort fort, weitweg und dabei schmerzt es mich, ihn zu verlassen, ich leide unter seiner Unruhe, fühle sie im Saal wenn wir auch voneinander getrennt sitzen. Ja das alles kam mir so plötzlich, ich sah die Änderung seiner früheren so regelmäßigen Lebensweise, doch ich wußte nicht, es schmeichelte mir nur seine Neigung, diese große Bevorzugung vor allen anderen, die ihn umringten. Daß ich ihm nichts zu geben habe, nicht einmal mein Bild, und er gibt so viel. Seine Frau ist zu uns liebenswürdig, den Sohn sprach ich gestern lang. Ich glaub wir fühlen beide, wir sollen lieber ferne bleiben. Doch nun zum wirklichen Leben. Papa kann unsere Ankunft nicht verlängern und von Bob kommen gar keine Briefe, es war die Tage sehr kalt. Am Brenner war es gefroren. Wir gingen gestern bei Schneegestöber, gegen Brenner, wenn man dann am Rückweg gegen Gossensass einbiegt, scheint das Wetter südlich, doch in der Nähe des Hotels, war der Wind sehr empfindlich. Es ist schon sehr leer, gegen Abend, werd ich doch wohl hinuntergehen, ich tue jetzt gar nichts, einige kurze Briefe. Samstag las ich bis 12 Uhr nachts »die Komödie der Liebe«, sonst gehe ich nur mit Edymon von Beaconsfield herum. Vormittags gingen wir ziemlich viel, dann zog ich mich an, ging hinunter, nach dem Speisen, saß ich immer mit Ibsen, gegen Abend spielt ich zwei mal Klavier. – Endlich. Und so vergingen die Tage in dieser schönen Natur. Ich denke nicht an die Zukunft, die Gegenwart füllt mich zu sehr aus. Wir bleiben nur noch gezählte Tage. Geh ich nach Verona, geh ich nicht. Ich würde dann die liebe gute Landespräsidentin von Fug nicht mehr in Wien treffen und das hält mich ab. Ich finde Mama befindet sich jetzt besser als je. Kann ich denken? Wir werden einander schreiben, ich werde Ibsens Mitarbeiter, das ist mein Lebenszweck, alle Briefe liegen unbeantwortet. So viele, doch was schreiben?

Ibsen an Emilie Bardach
Zwei Monate später

München, den 19. November 1889.
Endlich kann ich Ihnen das neue Bild senden. Ich hoffe, Sie werden es besser und ähnlicher finden als das vorige. Binnen wenigen Tagen wird ein deutsches biografisches Werk über mich erscheinen und Sie werden es sofort bekommen. Lesen

Sie es bei Gelegenheit; Sie werden daraus meinen bisherigen Lebensgang kennen lernen, – das heisst bis zum Ausgang des vorigen Jahres.

Herzlichsten Dank für Ihren lieben Brief! Aber was denken Sie von mir weil ich denselben noch nicht erwidert habe? Doch, Sie wissen ja, dass Sie immer in meinen Gedanken sind und bleiben werden.

Ein reger brieflicher Verkehr ist von meiner Seite eine Unmöglichkeit. Das habe ich Ihnen schon vorher gesagt. Nehmen Sie mich also so, wie ich nun einmal bin. – Über meine dichterische Erlebnisse und »Erfolge« in der letzten Zeit hätte ich eigentlich recht Vieles zu erzählen. Aber das muss vorläufig aufgeschoben werden. Ich bin gegenwärtig mit Vorarbeiten zu der neuen Dichtung recht eifrig beschäftigt. Sitze fast den ganzen Tag an meinem Schreibtisch. Gehe nur Abends ein Bischen aus. Träume und erinnere und dichte weiter. Dichten ist schön; aber die Wirklichkeit kann doch dann und wann noch viel schöner sein.

Ihr ergebenster H. I

David Herbert Lawrence
Mittelpunkt einer fast anrüchigen Verehrung
1916

In einem Tal bei St. Jakob, hinter dem Paß und weit weg von der Eisenbahn, steht ein großer, bedeutender Schrein an der Straße. Es ist eine barocke Kapelle, außen bunt in Rot und Gelb gestrichen, berankt mit kleinen Bögen. Und drinnen steht der berückendste Christus, den ich sah. Er ist ein großer, mächtiger Mann, er sitzt nach der Kreuzigung, vielleicht nach der Auferstehung, bei seinem Grab. Er lehnt sich seitlich, als sei das Äußerste überstanden und abgetan, jede Erregung abgefallen und nur noch die Erfahrung geblieben. Dem Körper, der da so ungeschlacht hockt, haftet ein wenig Blut an, diesem mächtigen, nackten, vergewaltigten Leib. Aber das Entsetzen überkommt den Betrachter von seinem Gesicht her. Er blickt halb über die ungeschlachte gekreuzigte Schulter. Und dieser Blick aus einem Gesicht, dessen Leib gemordet wurde, ist unausdenklich furchtbar. Die Augen starren einen an, aber sie sind blicklos, sie scheinen nur ihr eigenes Blut zu sehen. Denn sie sind blutunterlaufen: sogar das Weiß ist scharlachrot eingefärbt, die Iris purpurn. Diese roten, blutigen Augen mit den fleckigen Pupillen, die jeden anstarren, der in die Kapelle tritt, sehen aus, als blickten sie durch das Blut des eigenen, grausigen Todes, sie sind furchtbar. Der nackte, kräftige Körper hat den Tod erduldet, und es blieb diese in äußerster Niedergeschlagenheit kauernde, abgetane, tote Masse, in der Last ihrer Scham. Was übrig blieb vom Leben, hat sich ins Gesicht gezogen, dessen Ausdruck unheimlich und grauenhaft ist, das eines reuelosen Verbrechers, den die Folter zerbrach. Der verbrecherische Blick voll Elend und Haß aus dem starren, vergewaltigten Gesicht, den blutunterlaufenen Augen, ist unfaßbar. Er ist besiegt, geschlagen, zerbrochen, sein Leib ist eine gefolterte Masse, ist unausdenkliche Scham. Doch sein Wille bleibt aufsässig und widrig, haßgetränkt.

Es ist ein heftiger Schock, diese Gestalt in der hübschen, getünchten Barockkapelle in einem dieser Alpentäler zu finden, die wir uns alle so blumig und romantisch denken, wie auf dem Bild in der Tate Gallery. ›Frühling im österreichischen Tirol‹ bietet uns einen Anblick romantischer Lieblichkeit. Doch gehört dieser Christus mit dem klobigen Leib, diesem durch Marter und Tod geschändeten Leib, dazu – dieser starke Manneskörper, den die Folter vergewaltigte, dieser Blick zurück aus blutunterlaufenen Augen in Haß und Elendigkeit

Die Kapelle war gut gehalten und offensichtlich stark besucht. Sie war mit Votivbildern und Gaben vollgehängt. Sie war Mittelpunkt der Verehrung, einer fast anrüchigen Verehrung. Die schwarzen Tannen und der Bach im Tal kamen einem danach fast unsauber vor, so als behause sie ein unreiner Geist. Sogar die Blumen wirkten dann unnatürlich, und der weiße Schimmer der Gipfel strahlte ein höchstes, ein zynisches Entsetzen aus.

Nach diesem wirken die Kruzifixe in den volkreichen Tälern durchweg vergiftet und langweilig. Nur in den Höhen, wo die Kruzifixe immer winziger werden, bleibt etwas von der alten Schönheit und Gläubigkeit. Das Wahrzeichen wird auf die Höhen zu immer kleiner, bis es nur noch als Pfosten im Schnee steht, als ein dicker Pfeil mit dem gefiederten Ende nach oben. Der Gekreuzigte ist unter dem spitzen Schutzdach, dem Federbart des Pfeils, ein winziges Etwas. Der Schneewind fegt durch das kleine Gehäuse um den schmalen, schutzlosen Christ. Rings dehnt sich die blanke Weite des Schnees, die überwältigenden Schwünge und Senken im reinen Weiß der Gipfel, die tiefen weißen Mulden zwischen den Höhen, durch die der Pfad dem Paßscheitel zustrebt. Hier findet sich das letzte Kruzifix, halb vergraben, klein, vom Schnee bemützt. Mit schweren Schritten trampeln die Bergführer vorbei. Sie sehen gar nicht hin, sie grüßen das Wahrzeichen nicht. Weiter unten bei den Alpenbauern zog jeder den Hut. Doch der Bergführer stapft achtlos vorüber. Er hat ja jetzt ein berufliches Gewicht.

Unweit von Meran auf einem engen Bergpfad über den Jaufen war ein Christus umgestürzt. Ich strebte bergab, um dem eisigen Wind, der mir fast das Bewußtsein nahm, zu entgehen, und blickte über das gleißende, unveränderliche Schneegefilde. Unsterbliche Klingen schienen in den Himmel zu blitzen. Ich rannte fast gegen ein altes Martertaferl. Es stützte sich gegen den kalten steinigen Hang inmitten der weißen, frei aufragenden Gipfel.

Die hölzerne Schutzhaube war silbergrau vor Alter, von einer Schicht Flechten überwuchert, die in struppigen Büscheln abstanden. Der gestürzte Christus lag auf dem Fels am Fuß des Pfostens. Er war armlos abgebrochen und lag da in einer unnatürlichen Haltung. Der nackte, alte, holzgeschnitzte Körper auf dem nackten, lebendigen Fels. Es war noch eine der alten, ungeschickten Figuren, die man aus dem Holz herausschnitt, mit langen, keilförmigen Gliedern und flachen Beinen, die für den echten Kruzifixus bezeichnend sind: für den Wunsch, eine Glaubenswahrheit zu verkünden, und nicht ein aufregendes Ereignis.

Die Arme des gestürzten Christus waren an den Schultern abgebrochen. Nun hingen sie an ihren Nägeln, wie Votivbilder in den Kapellen. Diese Arme schwangen, die Hände nach oben, an jedem Ende des Kreuzbalkens eine. Die Muskeln, die in dem alten Holz nur sparsam herausgeholt waren, wirkten verkehrt, das Unterste nach oben. Und der eisige Wind schaukelte sie, an dieser bitteren, unfruchtbaren Felsenstätte, in der Kälte, daß es mich schmerzte. Dennoch wagte ich nicht, den gestürzten Leib Christi anzutasten, der zu Füßen des Kreuzes so seltsam verzerrt auf dem Rücken lag. Ob wohl jemand kommen und das zerbrochene Stück auflesen würde? Und mit welcher Absicht?

Norbert C. Kaser
brixen
1975

motto I.:
im suedlichen tirol wo die trauben beginnen liegt das liebliche b. das stadtbild beherrschen priester & schafe ...
(anonymus 19. jh.)
motto II.:
brixen war die zweite groeßere stadt tirols, wo ich einkehrte.
sie liegt in einem tal, & als ich ankam, war sie mit dampf &
abendschatten uebergossen. daemmernde stille, melancho-
lisches glockengebimmel, die schafe trippelten nach ihren
staellen, die menschen nach ihren kirchen; ueberall beklem-
mender geruch von haeßlichen heiligenbildern & getrockne-
tem heu ...
(heinrich heine – italienreise)

warum nur warum hast Du mich zur welt gebracht? gerade
Du? verstoert bimmelt die ladenglocke & ebenso verstoert
schleift ein ladenmaedchen von ihrer strickarbeit daher
»nein pergament fuehren wir nicht ach pergament jenes
durchsichtige papier nein ist nicht mehr da« »danke« das
maedchen schleift zu seiner haekelei zurueck in den hinter-
raum die tuer klemmt die ladenglocke bimmelt jetzt jaem-
merlich .. ich hab's immer schon gesagt »b. verschlaeft
sogar den weltuntergang.« warum mußte ich mich von nonnen im jahr 47 verpaeppeln lassen so daß ich tagweise in
nassen windeln lag & dafuer zu dem gerippe wurde das ich
noch heute bin waehrend die frommen himmelshennen die
lebensmittel unterschlugen die meine eltern lieferten. pri-
vatsache. klammer geschlossen!
   es geht der boese spruch um der da lautet: geh in b. ueber

den domplatz begegne keinem priester moench oder kloster-
frau & Du hast einen vollkommenen ablaß gewonnen.

die zeiten sind vorbei der fuerstbischof hat sich verdrueckt
ohne allerdings seinen haushalt vollstaendig aufzuloesen . .
verblieben sind die reliquien verblieben die kloester eine
katholische stadt fuerwahr mit dem schoensten museum des
landes & rundherum ein kranz von weindoerfern. den neustifter sylvaner sollte sich der papst einlagern. lassen wir den
kirchlichen teil. im sueden waechst eine zusammengeba-
stelte industriezone heran mit dem pionier durst. pionier ist
gut gesagt das ist schon edelklasse verbrieftem adel ent-
stammt er nicht aber fotografiert wird ohne ihn kaum. es
nimmt mich wunder daß b. trotzdem so schlaefrig ist: die
geburtsraten gehen zurueck selbst die geistlichen herrn nehmen nur an gewicht & nicht an anzahl zu . . & jeder winkel
steckt voller geschichte: der mann aus kues papst dama-
sus II. 1080 ein kleines konzilchen bei dem der kaiser karten
gemischt hat ein kreuzgang ohne fehl & tadel – brixen
eigentlich gehoerst Du gekueßt . . indes: schlafe weiter friedlich mit pfaffen & schafen schließlich hast Du ja ein lamm im
wappen & mich den ersten schrei tun lassen.

Wilhelm Baum
Nikolaus Cusanus in Brixen
1983

Neben seiner vielfältigen Beschäftigung als Bischof und Re-
formator fand Cusanus (1401-1464) in Tirol auch noch Zeit
zum Verfassen einer Reihe von philosophischen Schriften.
Schloß Andraz in Buchenstein ging dadurch in die Philoso-
phiegeschichte ein, daß es im Werk *»Über die Brille« (»De
beryllo«)* im letzten Satz erwähnt wird: »Gott sei Lob. 1458,

am 18. August auf der Burg des hl. Raphael.« Im *»Gespräch über das Seinkönnen« (»Trialogus de possest«)* von 1460 unterhalten sich Cusanus, Bernhard von Kraiburg und Giovanni Andrea dei Bussi, der Sekretär des Kardinals, in der Winterkälte am offenen Kamin über die Gotteserkenntnis. Es wird vermutet, daß auch hier Burg Andraz gemeint ist. Die zahlreichen Briefe an Tegernsee bezeugen, daß die Konflikte in Tirol die Fertigstellung des Werkes »De beryllo« lange verzögerten, aber nicht verhinderten. 1455 erwähnt Cusanus in einem Brief an Bernhard von Waging auch, daß ein Augenleiden ihn an der Arbeit hindere.

Die philosophischen Schriften der Tiroler Zeit verteilen sich auf zwei zeitliche Schwerpunkte: 1453, also vor Ausbruch der Konflikte, kam der Kardinal noch häufig zum Arbeiten. In diesem Jahr schrieb er die Bücher *»Von der Gottesschau« (»De visione Dei«)* und *»Vom Frieden des Glaubens« (»De pace fidei«)*. Bis 1458 dauerte dann die Fertigstellung von »De beryllo«. Dazwischen verfaßte Cusanus jedoch noch eine Reihe von mathematischen Schriften. Seit der Wiltener Affäre von 1457 lebte er meist auf Burg Andraz. Hier in der Einsamkeit von Buchenstein kam er wieder zum Arbeiten. Er vollendete »De beryllo« und begann mit *»Vom Ursprung« (»De principio«)*, einem Werk über die Christologie, das am 9. Juni 1459 in Rom vollendet wurde, und mit *»Von der Gleichheit« (»De aequalitate«)* von 1459, das eine Zusammenfassung der johanneischen Theologie bietet. 1459 entstand in Rom auch sein *»Entwurf zur Generalreform der Kirche«*. Wahrscheinlich kurz vor der Brunecker Gefangennahme 1460 verfaßte Cusanus den *»Trialogus de possest«*. Es ist möglich, daß auch zu den nach 1460 entstandenen Werken bereits in Tirol erste Entwürfe entstanden. Es ist erstaunlich, wieviel der Kardinal, der nur wenig Schlaf brauchte, neben seiner Tätigkeit als Diözesanbischof noch zum Schreiben kam.

Die Werke »Von der Gottesschau« und »Über die Brille«
gehören in den Zusammenhang der Kontroverse um die
Mystik. Hier wird an frühere Werke angeknüpft. In der
»*Gottesschau*« schildert der Philosoph den Ort, wo Gott ge-
schaut werden kann: Er ist umgeben vom Zusammenfall der
Gegensätze, die die »Mauer des Paradieses« um Gott bilden. Man kann Gott nur jenseits des Zusammenfalls der
Gegensätze sehen. Kein Menschengeist kann sie aus eigener
Kraft ersteigen. »Jeder Begriff findet seine Grenze an der
Mauer des Paradieses. Und wenn jemand irgendein Gleich-
nisbild darlegte und behauptete, man müsse Dich danach
erfassen, dann wüßte ich gleichermaßen, daß dies kein
Gleichnis für Dich ist. Genauso: wenn jemand eine Ver-
nunfterkenntnis von Dir berichtete und damit ein Mittel
geben wollte, Dich zu erkennen, dann wäre dieser Mann
noch weit von Dir entfernt ... Das Vernunft-Denken muß
unwissend und ins Dunkel gestellt werden, wenn es Dich
sehen will. Indes – was anderes, mein Gott, ist diese Unwissenheit der Vernunft als die *wissende Unwissenheit* (›docta
ignorantia‹)? Kein anderer kann zu Dir herankommen, o
Gott, der Du die Unendlichkeit bist, als nur derjenige, dessen Vernunft in Unwissenheit ist, d. h. jener, der weiß, daß
er von Dir nichts weiß.« Letztlich erlangt der Mensch seine
Vollendung, die »Schau Gottes«, also nicht durch die Vernunft, sondern durch die »docta ignorantia« im Glauben.
Hier wurde von Cusanus eine Grundposition christlichen
Denkens aufgezeigt, die auch heute noch gültig ist.

Das »*Gespräch über das Seinkönnen*« (Trialogus de possest)
geht aus von der Stelle im Römerbrief des hl. Paulus, daß
das Unsichtbare an Gott seit Erschaffung der Welt an den
erschaffenen Dingen erkennbar ist (Röm 1, 19f.). Von
hierher eröffnet sich für Cusanus die Möglichkeit einer Aus-
einandersetzung mit anderen Religionen. Wenn der Mensch

die Welt als Schöpfung erkennt, gelangt er zu Gott. Das ist das Fundament der Religionen. Cusanus kritisiert zunächst die Prädikate, die Gott in den einzelnen Systemen beigelegt werden. Die Mathematik mit ihrer Symbolik ist ein Gleichnis, das dem Menschen helfen kann, sich Gott zu nähern. Gott kann nicht durch sinnliche Erfahrung erkannt werden, sondern nur durch den von menschlichen Trugbildern gereinigten Geist. Gott wird im Nichtwissen erfaßt, als etwas, in dem die Gegensätze zusammenfallen. »Diese Schau geschieht im Dunkel, wo Gott sich selbst verhüllt und verbirgt vor den Augen aller Weisen. Und wenn er nicht mit seinem Lichte die Finsternis zerstreut und sich offenbart, bleibt er allen, die ihn auf dem Wege des Verstandes und der Vernunft finden wollen, für immer unerkannt. Aber er läßt nicht im Stiche, die ihn mit starkem Glauben, mit innigstem Vertrauen und dem allerheißesten Verlangen suchen. Und dies ist der Zugang, den uns der alleinige Meister Christus gelehrt hat, der Sohn Gottes, der lebendige Weg, der einzige Offenbarer seines Vaters, unseres allmächtigen Schöpfers. Unsere ganze Unterredung hatte also keinen anderen Zweck, als uns zu zeigen, daß Gott alle Vernunft übersteigt; der ungehinderte, allein beseligende Anblick Gottes aber wird uns Gläubigen durch die Wahrheit selbst, den Sohn Gottes, verheißen, wenn wir die Spur seines Weges, den er uns durch Wort und Tat vorgezeichnet hat, einhalten und ihm folgen.«

Insbesondere in seinem Werk »*Von den Mutmaßungen*« (»De coniecturis«) hatte Cusanus schon in den früheren Jahren seines Philosophierens betont, daß wir vom welttranszendenten Gott kein sicheres Wissen haben können, daß unser »Wissen« von Gott immer »Mutmaßungen« (Konjekturen) bleiben. Diese Mutmaßungen werden in den einzelnen religiösen Lebensformen verschieden ausgeprägt. In seinem

Dialog *»Über die Genesis«* (1447) heißt es bei Cusanus, daß diejenigen Denker, die über die Entstehung der Menschheit geschrieben hätten, dies in mannigfaltiger Weise (»in variis modis«) getan hätten. Für den Platoniker Cusanus ist es eine klare Sache, daß auch Heiden wie Platon in ihren »Konjekturen« über Gott dem Christentum nahekommen. *Die christliche Botschaft ist auch eine Antwort auf die religiöse Sehnsucht der Heiden.* [...] Kaum ein Werk des Cusanus hat so sehr zu Neuinterpretationen gereizt wie das 1453 in Brixen verfaßte Werk *»Über den Frieden des Glaubens« (»De pace fidei«).* Je nach Belieben wurde es protestantisch und dann aufklärerisch interpretiert. Der reformatorische Theologe Johannes Kymäus verfaßte 1538 eine Schrift über »Des Babstes Hercules wider die Deudschen«, in der die Stelle aus »De pace fidei« übersetzt wird, in der Cusanus betont, daß der Mensch durch den Glauben vor Gott gerechtfertigt werde. Kymäus bezeichnete Cusanus daher als Vorläufer Luthers. [...] In der Aufklärung wurde das Werk wieder »modern«. Der Leipziger Theologe Johann Salomo Semler regte 1787 den Magdeburger Professor Reichard an, die bereits 1643 ins Deutsche übersetzte Schrift neuerlich dem Publikum bekannt zu machen. Semler erstrebte eine religiöse Einigung durch eine Toleranz, die auf religiösem Indifferentismus beruhte. Cusanus mußte nun zur Legitimation dieses Indifferentismus herhalten und wurde so aufklärerisch umgedeutet. Ähnlich verfuhren auch moderne Philosophen. Cusanus propagierte in diesem Werk eine gewisse Toleranz. Die Frage ist nur, *wieweit* die Toleranz gehen solle. Schon in der Hussitenfrage zeigte sich, daß der Kardinal in der Frage des Ritus der Kommunionspendung durchaus kompromißbereit war. So steht es auch hier außer Zweifel, daß er im *Ritus* nur eine Frage der (veränderbaren) Disziplin sah. Der Philosoph Ernst Hoffmann interpretiert »De pace fidei« nun so, daß Cusanus gemeint hätte, die christliche Religion hätte nicht ein alleiniges Daseinsrecht. Der Kardinal wolle sagen, »daß in allen wirklichen Religionen, in denen an Gott geglaubt wird, die eine absolute Wahrheit in verschiedener und individueller Weise zur Erscheinung kommt«.

Das Werk »De pace fidei« selbst besteht aus der Beschreibung einer Vision, in der Cusanus erlebt, wie ein Grieche, ein Italiener, ein Araber, ein Inder, ein Chaldäer, ein Jude, ein Skythe, ein Franzose, ein Perser, ein Syrer, ein Spanier, ein Türke, ein Deutscher, ein Tartar, ein Armenier, ein Böhme und ein Engländer an einer Religionskonferenz mit den Aposteln teilnehmen. Die Anregung hierzu erhielt Cusanus wohl von Raimundus Lullus, dessen Werk er schon in jungen Jahren studierte. Vor Beginn der Konferenz betont ein Engel, daß Gott in verschiedenen Gebräuchen und Riten (»in diversis ritibus«) verehrt werde. Das Wort Gottes stimmt dem Vorhaben zu, die Verschiedenheit der Religionen durch die Zustimmung aller auf die eine wahre Religion zurückzuführen. Der Kult von Göttern schließe das Bekenntnis der Gottheit ein. Beim Gottesbegriff wird man sich bald einig. Schwieriger ist es bei der Dreifaltigkeit Gottes. Hier kommt deutlich zum Ausdruck, daß Cusanus die christliche Lehre so interpretiert, daß sie für Juden und Mohammedaner akzeptabler ist. Die Trinität wird als Einheit gesehen. [...] Die *Christologie* des Cusanus zeigt jedoch eindeutig, daß der Kardinal von einer Toleranz im modernen Sinne weit entfernt ist. Die Einzigartigkeit der Stellung Jesu beweist, daß Cusanus das Christentum keineswegs mit anderen Religionen auf eine Stufe stellen wollte.

Ludwig Steub
Nikolaus Cusanus und die schönen Frauen von Sonnenburg
1871

Der Wagen rollt weiter und weiter. Wir fahren durch das Dorf Untervintl, das von Sommergästen gerne besucht wird, durch das uralte St. Sigmund mit seiner schönen gotischen Kirche und sehen dann jenseits des Baches Ehrenburg liegen, ein stolzes Schloß, welches der Ursitz der Grafen von Künigl ist. Dort wäre mancherlei Merkwürdiges zu betrachten, allein jetzt haben wir keine Zeit, uns ins Altertum zu verlieren, und so fahren wir dahin und kommen an einen hohen, schroffen Felsenvorsprung, von welchem ein großes, aber trübselig aussehendes Gebäude herunterschaut.

Hier stand einst, sagt man, ein römisches Kastell, nach diesem aber eine feste Burg der Gaugrafen von Pustertal, Suanaburc, die Sühneburg geheißen. Einer derselben, Volkold der Levit genannt, verwandelte das Schloß seiner Ahnen 1020 in ein Frauenkloster, dem er seine Nichte Wichburg als Äbtissin vorsetzte und seine Güter im Ennebergertal verlieh. Das Stift befolgte die Regel des heiligen Benedikt und nahm nur Töchter des Adels in seine vornehme Gesellschaft auf. Die Frauen hielten gemeinschaftliche Tafel, wohnten aber in abgesonderten Zellen. Aus dem Düster der früheren Jahrhunderte leuchtet wenig Kunde über die Schicksale des Stiftes herüber, aber von der Zeit an, wo eine Chronik geschrieben werden kann, hat es nur eine Chronique scandaleuse.

Schon im Anfange des fünfzehnten Jahrhunderts wagte es eine Äbtissin, sich und ihre Frauen mit weltlichen Dienern zu umgeben, was bald die unheilige Folge hatte, daß einer der Getreuen mit einer hochadeligen Nonne durchging und diese heiratete. Der Bischof verhängte den Bann und gedachte das Kloster zu reformieren, allein die schönen Frauen von Sonnenburg protestierten und behaupteten, sie hätten gar keine Anlage zu einem tugendhaften Lebenswandel. Dreißig Jahre später wollte der Kardinal Nikolaus von Cusa, damals Bischof zu Brixen, abermals einige Zucht einführen, aber die fröhlichen Damen wendeten sich an den Erzherzog Sigmund von Tirol, der eigentlich nicht ihr Landesherr war, da das Kloster damals noch auf görzischem Boden stand, und baten ihn dringend, sie in ihren Freiheiten zu schützen. Nichtsdestoweniger trachtete der Kardinal, sein Vorhaben durchzusetzen, aber unter allen Nonnen war nur eine, welche sich seinem Heilverfahren unterziehen wollte. Übrigens fanden sich damals allerdings sehr erhebliche Gebrechen im klösterlichen Leben; die Frauen gingen gern auf weltliche Reisen, auf Hochzeiten und in Bäder, ja die Äbtissin Verena von Stuben hatte sich aus ihren Vettern und deren jungen Freunden einen ganzen, vielleicht paphischen Hofstaat gebildet. Der Kardinal belegte die hohe Frau nunmehr mit dem Banne und dehnte diesen, als die Nonnen nicht von ihr lassen wollten, auf das ganze Stift aus. So kam es endlich dahin, daß die Äbtissin Verena aus dem Kloster treten und ihre Nachfolgerin dem Bischof Gehorsam angeloben mußte. Auch in späteren Zeiten fehlte es nicht an Hader, Zwist und Streitigkeiten mit dem bischöflichen Stuhle, die wir aber auf sich beruhen lassen wollen.

Joseph II. hat das Kloster 1785 aufgehoben und Gebäude wie Kirche an weltliche Leute verkaufen lassen. Über jene wie diese ist ein grausiger Verfall hereingebrochen. In den berstenden Mauern, die einst so viele »hellenische Lebensherrlichkeit« gesehen, hausen jetzt arme Leute, die anderswo keine Unterkunft finden können.

Michael Forcher
»Den gemainen nuz suchen . . .«
Inhalt und Bedeutung von Gaismairs
revolutionärer »Landesordnung«
1982

Michael Gaismair (1491-1532) wollte Tirol zu einer christlichen und sozialen Knappen- und Bauernrepublik machen. Sein im Frühjahr 1526 entworfenes Staats- und Gesellschaftsmodell baut auf den geistigen Grundlagen der Reformation auf. Es ist die Pflicht jedes Menschen, heißt es gleich am Anfang, »zum ersten die Eer gottes und darnach den gemainen nuz zesuechen«. Gottes Wort steht also vor und über allem Menschengesetz, Gemeinnutz geht vor Eigennutz. Wie er selbst im dritten Punkt seiner Landesordnung sagt, ist »ain gannz christliche sazung... allein in allen Dingen aus dem heylligen Ewigen wort gottes begründet«. Deshalb sollten der zukünftigen Regierung Tirols drei des Evangeliums kundige Gelehrte angehören und in Brixen, der zukünftigen Hauptstadt des Landes, eine Hochschule zur Lehre und Auslegung der Heiligen Schrift gegründet werden.

Weiteres Wesensmerkmal des Gaismair-Staates ist die Aufhebung aller Standesunterschiede: »So sollen alle Freyhaitten abgethan« sein, weil sie »wider daz wort gottes sein und das recht felschen«. Niemand dürfe vom andern übervorteilt werden. Unter den erwähnten »Freyhaitten« sind alle Standesprivilegien gemeint. Adel und Klerus werden abgeschafft, aber auch das Bürgertum verliert seine Sonderrechte. Dementsprechend werden die Trutzburgen des Adels, Schlösser und Befestigungen niedergebrochen, ebenso die Stadtmauern. Ob der Passus, daß es keine Städte, sondern nur mehr Dörfer geben dürfe, wirklich bedeutet, daß Gaismair die Städte gänzlich auflösen wollte, wird von einigen Forschern bezweifelt. Sie meinen wohl mit Recht, daß er damit nur die Beseitigung der für die Bürgergemeinschaften typischen Sonderrechte meinte. Dann hätten eben die Städter nicht mehr Rechte als die Bewohner der Dörfer gehabt, auch wenn sie weiter in städtischen Siedlungen wohnten. Für diese Auslegung spricht die im gleichen Punkt angeführte Begründung dieser Maßnahme: Es solle keiner höher oder besser sein als der andere, weil daraus nur Zerrüttung, Sünde, Hoffart und Aufruhr entstehen.

Die Punkte sechs und sieben von Gaismairs Landesordnung wollen mit der Abschaffung der Meßfeier, der Beseitigung von Bildern, Bildstöcken und Kapellen und der Berufung von Predigern, die das Wort Gottes »trewlich und warhafftigklich« verkünden, nichts weniger als die Beseitigung des Katholizismus und die Einführung der Reformation. Zugleich mit der katholischen Theologie, die Gaismair unter »sophisterey« wohl meint, sollte auch das Römische Recht (»juristerey«) ausgerottet werden. Alle Bücher dieser Richtungen wollte Gaismair verbrennen. Zu dieser für uns heute erschreckenden, zu seiner Zeit jedoch durchaus üblichen und vor allem aus Gaismairs Kampfsituation heraus zu verstehenden Intoleranz paßt auch die Aufforderung, alle gottlosen Menschen, die das Evangelium verfolgen, den armen Mann unterdrücken und gegen das Prinzip des Gemeinnutzes handeln, auszurotten (wie?) und auszuweisen (Punkt 2). In den Paragraphen acht bis sechzehn werden Verwaltung, Regierung und Gerichtswesen geregelt, wobei vor allem auf Zweckmäßigkeit und Kostenersparnis sowie auf das Mitsprache- und Mitbestimmungsrecht der gesamten Bevölkerung geachtet wird. Jede Gemeinde soll für ein Jahr Richter und acht Geschworene wählen, die zugleich als Bürgermeister und Gemeinderäte amtieren. Die Mitglieder

Michael Gaismair.
Büste von Othmar Winkler

der Landesregierung werden ebenfalls gewählt und sollen
sowohl aus allen Vierteln des Landes (eine traditionelle
Einteilung der ständischen Verwaltung) als auch aus einigen Bergwerken kommen. Zum Sitz dieses Regiments, dem
auch die Aufgaben des bisherigen Meraner Appellations-
gerichtes zugewiesen werden, bestimmt Gaismair aus prak-
tischen Gründen die Stadt Brixen. Im Gerichtswesen sollte
auf eine rasche Verfahrenserledigung und Unbestechlich-
keit durch fixe Besoldung der Amtsträger auf Landeskosten
geachtet werden.

Ob die Bodennutzung in Zukunft völlig abgabenfrei sein
sollte oder der Zins »zu gemainer Lannd Notturfft« nun an
die Regierung gezahlt werden müsse, überläßt Gaismair

weiteren Beratungen, wobei hier das einzige Mal der Gedanke auftaucht, daß »ain gannze Lanndschaft« – also eine größere Volksvertretung auf einem Landtag – etwas »mitainander beschliessen« sollte. Gaismair empfiehlt dieses Weiterzahlen des Zinses als eine Art Kriegssteuer, weil sich Tirol als selbständiges Land sicher noch längere Zeit vor den Habsburgern und anderen Mächten würde verteidigen müssen. Zollgebühren sollten innerhalb des Landes nicht mehr eingehoben werden und an den Grenzen nur für Waren, die ins Ausland gingen, nicht aber für die – niedrig gehaltenen – Importe. Der Zehent, also die kirchliche Abgabe, sollte bestehenbleiben und für den Lebensunterhalt des von der Gemeinde für ihre Pfarre bestellten Priesters sowie für arme Leute verwendet werden.

Damit geht Gaismair auf das Fürsorgewesen über (Absätze 17 und 18): Durch die Abzweigung eines Teils vom Zehent kann die Armut beseitigt werden. Die Klöster und Deutschordens-Häuser will Gaismair zu Spitälern, Altersheimen und Waisenhäusern machen. Wenn zur Erhaltung der Spitäler und zur Finanzierung der Armenfürsorge der Anteil vom Zehent nicht ausreicht, hat jeder einzelne aus der Gemeinde mit Almosen entsprechend seinem Vermögen beizustehen. Im Notfall hat das Land einzuspringen. Zur Oberaufsicht über alle Sozialeinrichtungen und über die Armenfürsorge bestimmt die Regierung einen obersten Vogt.

Anschließend widmet Gaismair einen Passus dem Verteidigungswesen, das von einem »obersten Hauptmann« und Viertelhauptleuten geleitet werden sollte. Ihnen weist der Verfassungsentwurf auch die Verantwortung für Wege, Brücken, Pässe und Grenzbefestigungen zu.

Dann folgen ausführliche wirtschaftliche Bestimmungen und Vorschläge. Sie zielen insgesamt darauf ab, Tirol durch

Palazzetto Strozzi in Padua, Gaismairs letzter Wohnsitz

Erschließung aller Reserven wirtschaftlich unabhängig zu machen, die Ausbeutung des Landes durch internationale Kapitalgesellschaften ebenso zu verhindern wie jede Übervorteilung des einzelnen. Zunächst soll zur Eigenversorgung der Bevölkerung vor allem neuer landwirtschaftlicher Grund nutzbar gemacht, mehr Getreide angebaut und mehr Vieh gehalten werden. Im Weinbau schlägt Gaismair technische Verbesserungen vor. Privaten Handel, gleich ob mit Waren oder Geld, verbietet die Landesordnung, damit sich »mit der Sünd des wuechers niemandt befleckh«. Zur Versorgung der Bevölkerung mit den notwendigsten Gütern soll ein Netz von staatlich geleiteten und ohne Gewinn arbeitenden Läden aufgebaut werden. Damit alle Dinge in guter Qualität und zu günstigem Preis vorhanden seien, wollte Gaismair eine Stadt zu einem riesigen Gewerbezentrum unter staatlicher Aufsicht machen, wobei ihm Trient als günstig erschien. Über die Verteilung der landwirtschaftlichen Produkte wird nichts ausgesagt, außer daß je ein großer Markt im Etschland und im Inntal vorgesehen sind. Daneben sollten aber sicher die vielen kleinen Verbrauchermärkte im ganzen Land ihre Funktion weiter erfüllen.

Gewicht und Maß sollten im ganzen Land gleich sein. Das Münzwesen wäre nach dem Vorbild Herzog Sigmunds »des Münzreichen« völlig zu erneuern. Die für Tirol so wichtigen Bergwerke und Schmelzhütten sollten – soweit sie dem Adel und ausländischen Handelsgesellschaften wie den Fuggern, Paumgartnern usw. gehörten – »zu gemains Lannds handen« eingezogen werden. Diese Leute hätten sich das Recht daran verwirkt, weil sie ihre wirtschaftliche Stellung unrechtmäßig erworben und mit den reichen Gewinnen auf Kosten der Allgemeinheit Mißbrauch getrieben hätten. In Zukunft soll vom Land ein oberster Beamter über alle Bergwerksachen gesetzt werden, der alles kontrolliert und verrechnet. Das Schmelzen sei allein dem Land gestattet, das auch den Preis des Erzes bestimmt und den Arbeiter mit barem Geld und nicht mit Naturalien bezahlt. Mit dem zu erwartenden reichen Einkommen aus dem Bergsegen, der sich durch die Anlegung neuer Gruben laut Landesordnung noch steigern ließ, wollte Gaismair sämtliche Regierungs- und Verwaltungskosten decken. Wenn es nicht ausreichen sollte, müßte eine Steuer ausgeschrieben werden, damit diese Last auf das ganze Land gleichmäßig verteilt würde.

Die Gerichts- bzw. Gemeindekosten hoffte Gaismair aus dem Vermögen vertriebener Edelleute finanzieren zu können, wie in einem der letzten, lose angehängt erscheinenden Absätze vermerkt ist. Dort heißt es auch, daß für den möglichen Kriegsfall eine »tapfere summa gellts« zurückgelegt werden sollte. Noch einmal wird betont, daß Grenzen und Pässe zu sichern seien. Mit den Nachbarländern solle man

Freundschaft halten. Kein Verständnis hatte Gaismair allerdings für die aus Savoyen kommenden Hausierer, denen man betrügerische Praktiken vorwarf. Sie sollten nicht mehr ins Land gelassen werden.

Soweit – kurz zusammengefaßt – der Inhalt von Michael Gaismairs Tiroler Landesordnung von 1526, die viele Historiker, Soziologen und Staatsrechtler für das bedeutendste revolutionäre Programm der deutschen Bauernkriege, ja sogar für eine der faszinierendsten Staatsutopien überhaupt halten.

Michel de Montaigne
Voll von Kirchtürmen und Dörfern
1580/81

Die Brote, die man uns in Sterzing vorsetzte, waren ganz rund, aber aneinander gebacken. In ganz Deutschland bekommt man den Senf flüssig, und er schmeckt wie der französische weiße Senf. Der Weinessig ist überall weiß. In diesen Bergen wächst kein Wein, jedoch Getreide, dessen Menge für die Einwohner fast ausreicht, und man trinkt hier sehr gute Weißweine. Auf allen Straßen herrscht äußerste Sicherheit, und sie werden außerordentlich stark von Kaufleuten, Fuhrleuten und Karrenführern benutzt. Statt der Kälte, derentwegen die Gegend verschrien ist, trafen wir eine fast unerträgliche Hitze an.

Die Frauen tragen hier unseren Toquen ganz ähnliche Tuchmützen, die Haare geflochten und herabhängend wie anderswo. Der Herr von Montaigne sah in einer Kirche eine junge hübsche Dirne und fragte sie, ob sie Latein verstände, da er sie für einen Schüler hielt. Die Betten hatten hier Vorhänge aus rotgefärbtem derbem Leinen; alle vier Finger breit wechselten glatte Querstreifen mit durchbrochenen.

Auf unserer ganzen Reise durch Deutschland haben wir keine Schlafzimmer und keinen Speisesaal gesehen, die nicht getäfelt gewesen wären und sehr niedrige Decken gehabt hätten. [...]

In dieser Stadt ließ er den Schulmeister rufen, um sich mit ihm auf lateinisch unterhalten zu können; aber der war ein Dummkopf, von dem er nichts über die Verhältnisse der Gegend erfahren konnte.

Am nächsten Tag, Mittwoch, den 26. Oktober, reisten wir nach dem Frühstück weiter, durch eine Ebene von der Breite einer Achtelmeile, zur Linken der Eisack. Die Ebene währte ungefähr zwei Meilen; über den nächsten Bergen sahen wir verschiedene bebaute und bewohnte Striche und zuweilen ganze Dörfer, deren Zugänglichkeit uns ganz rätselhaft erschien. An unserem Weg lagen vier oder fünf Burgen. Später überschritten wir den Fluß auf einer Holzbrücke und folgten ihm auf der anderen Seite. Wir stießen auch auf einige Wegarbeiter, welche die Straße herrichteten, bloß weil sie steinig war, etwa wie in Périgord.

Wir begannen darauf, nachdem wir ein Steintor passiert hatten, wieder zu steigen, und betraten auf einer Anhöhe eine etwa eine Meile breite Ebene; eine zweite von ähnlicher Höhe entdeckten wir jenseits des Flusses; sie waren alle beide unfruchtbar und steinig; dagegen die Teile, die sich unterhalb von uns den Fluß entlang zogen, waren sehr schöne Grasflächen. Wir machten keine Pause und kamen zum Abendessen nach *Brixen*, vier Meilen davon. Sehr schöne kleine Stadt, durch deren Mitte das genannte Wasser fließt; eine Holzbrücke führt darüber. Brixen ist Bistum. Wir sahen zwei schöne Kirchen und wohnten sehr gut im Adler. Die Ebene ist nicht breit, aber die Berge liegen ringsum so sanft geschwungen da, daß sie sich überall bearbeiten und gleichsam bis zu den Ohren auskämmen lassen.

Man erblickt alles bis ganz hoch ins Gebirge hinauf voll von Kirchtürmen und Dörfern und in der Nähe der Stadt eine Reihe schöner Häuser in reizender Lage.

Der Herr von Montaigne sagte: Sein ganzes Leben lang habe er dem Urteil anderer mißtraut, wenn die Rede auf die Annehmlichkeiten fremder Gegenden gekommen sei; denn jeder urteile nur nach dem Maßstab seiner eigenen Gewohnheit und versteht nicht über den Kirchturm seines Dorfes hinauszublicken: so habe er sich recht wenig nach den Anweisungen gerichtet, die er von den Reisenden erhalten habe. Aber hier wunderte er sich noch viel mehr über ihre Dummheit, da ihm gerade für diese Reise gesagt worden war, der Übergang über die Alpen sei hier überaus schwierig, die Landessitten seltsam, die Wege unzugänglich, die Unterkunftsverhältnisse barbarisch und das Klima unerträglich. Was letzteres betrifft, so dankte er Gott, ein so mildes Klima getroffen zu haben, denn er zog zu große Wärme der zu großen Kälte vor, und auf der ganzen Reise hatten wir bislang nicht mehr als drei kalte Tage und ungefähr eine Stunde Regen gehabt; er würde, wenn er für seine achtjährige Tochter einen Spaziergang zu suchen hätte, sie ebensogern hier auf diesen Wegen wie in einer Allee seines Gartens sehen; und was Gasthäuser anging, so fand er nie eine Gegend, in der sie so dicht gesät und so schön waren: immer waren die Städte, in denen er logiert hatte, mit Lebensmitteln und Wein wohl versehen und billiger als andere.

Wir sahen hier eine Art, den Spieß zu drehen, die auf der Anwendung eines Räderwerks beruhte: eine Schnur wurde mit aller Kraft um eine eiserne Rolle gewunden und dann künstlich aufgehalten, wenn sie sich abwickeln wollte, so daß sie dazu eine Stunde brauchte, nach deren Verlauf sie wieder aufgewunden werden mußte. Wir hatten schon andere gesehen, bei denen der Windzug im Kamin die Bewegung veranlaßt hatte.

Eisen ist in solchem Überfluß vorhanden, daß nicht nur alle Fenster mit den verschiedenartigsten Gittern versehen, sondern auch die Türen und selbst die Fensterläden mit Eisenstreifen beschlagen sind.

Wir fanden hier auch die Weinberge wieder, die uns vor Augsburg aus dem Gesicht gekommen waren. In der ganzen Gegend haben die Häuser Gewölbe, und zwar in allen Stockwerken, und was man in Frankreich nicht versteht, gehöhlte Ziegel zum Decken schmaler Neigungsflächen zu benützen, ist in Deutschland Gebrauch: siehe auch die Kirchtürme. Die Ziegel sind hier kleiner und gehöhlter und an einigen Orten an den Fugen mit Gips überzogen.

Wir verließen Brixen am nächsten Morgen und durchzogen wieder dasselbe Tal, das nun bedeutend breiter wurde die Abhänge schmückte jetzt meist eine Reihe hübscher Häuser. Uns auf dem rechten Ufer der Eisack haltend, kamen wir mitten durch einen kleinen Flecken namens *Klausen*, in dem die verschiedensten Handwerke betrieben wurden; von hier bis Mittag nach *Kollmann*, drei Meilen davon, einem kleinen Dorf, wo der Erzherzog ein Lusthaus besitzt. Hier stellte man uns bemalte Tonbecher neben solche aus Silber auf den Tisch; die Gläser wurden mit weißem Sand gereinigt. Der erste Gang bestand aus einer recht sauberen Pfanne, die mit einem eisernen Untergestell, das stützen und den Stiel halten sollte, auf den Tisch kam: die Pfanne enthielt in Butter geschlagene Eier.

Auf der Weiterreise beengte uns der Weg ein wenig, und die Felsen rückten uns so dicht auf den Leib, daß für uns und den Fluß kaum genug Platz war und wir in Gefahr gekommen wären, wenn nicht zwischen Fluß und Reisenden eine Schutzmauer aufgerichtet gewesen wäre, welche die

Straße stellenweise länger als eine deutsche Meile begleitet. Zwar bilden die Berge, die hier an uns herantreten, zumeist wilde Felsmassen, teils massiv, teils zerklüftet und von Wildbächen zerrissen, teils spröde, von welchen unaufhörlich Stücke von unheimlicher Größe in die Tiefe stürzen – ich glaube, daß es hier zur Zeit eines starken Sturmes gefährlich ist, und wir haben hier wie auch sonst ganze Tannenwälder entwurzelt gesehen, die beim Fall in ihren Wurzeln kleine Berge aus Erde mitgerissen hatten –, und doch ist die Gegend so stark besiedelt, daß wir über den ersten Bergen andere höhere sahen, die angebaut und bewohnt waren, ja, man sagte uns, dort oben lägen große schöne Ebenen, die den Städten unten Getreide liefern und sehr reiche Bauern und schöne Häuser aufzuweisen hätten.

Wir überschritten den Fluß auf einer Holzbrücke, deren es verschiedene gibt, und brachten ihn wieder auf unsere linke Seite. Unter anderem entdeckten wir in der stärksten und unzugänglichsten Höhe, die sich unseren Blicken bieten konnte, eine Burg, die einem landesgeborenen Freiherrn gehören soll, der sich hier aufhält und da oben eine schöne Gegend und schöne Jagdgründe findet.

Jenseits all dieser Berge trifft man immer auf einen Saum der Hochalpen; an sie wagt man sich nicht heran, und mit ihrer Hilfe könnte man diese Enge nicht verlassen, sondern man muß immer in die Furche zurückkehren, in der wir uns befanden, und kann nur an einem ihrer Enden aus ihr herauskommen.

Der Erzherzog zieht aus der Grafschaft Tirol, deren ganzen Reichtum diese Berge bilden, dreihunderttausend Gulden jährlich und steht sich durch sie besser als durch sein ganzes übriges Einkommen.

Wir gingen noch einmal auf einer Holzbrücke über den Fluß und kamen zu früher Stunde nach *Bozen,* vier Meilen davon. Eine Stadt von der Größe Libournes, am genannten Fluß, ziemlich ungefällig im Vergleich mit sonstigen deutschen Städten; derart daß der Herr von Montaigne sofort sagte, er sehe wohl, daß man anfange, Deutschland zu verlassen. Die Straßen waren enger, und man fand keinen Gemeindeplatz mehr. Brunnen, Bäche, bemalte Häuser und Glasfenster gab es auch hier noch.

An Wein hat die Gegend solchen Überfluß, daß sie an ganz Deutschland liefert. In diesen Tälern ißt man das beste Brot der Welt. Wir sahen uns die Kirche an, die zu den schönsten gehört. Unter anderem besitzt sie Holzorgeln, die in der Höhe neben dem Kruzifix und vor dem Hauptaltar hängen; gleichwohl sitzt der Organist über zwölf Fuß tiefer am Fuß des betreffenden Pfeilers, und die Blasebälge sind über der Kirchenmauer, mehr als fünfzehn Schritt hinter dem Organisten, angebracht; sie liefern ihm die Luft auf unterirdischem Wege.

Die Talmulde, in der die Stadt liegt, ist gerade groß genug, um ihr Raum zu gewähren, doch ziehen sich die Bergabhänge auch auf unserer Seite ein wenig in die Breite und lassen sie ausgedehnter erscheinen. [...]

Wir verließen Bozen am Freitag früh morgens und machten, um unseren Tieren ein Maß Hafer zu geben und selbst zu frühstücken, halt in *Branzoll*, zwei Meilen davon. Dicht oberhalb dieses kleinen Dorfes vereinigt sich die Eisack, die uns bis dahin begleitet hatte, mit der Etsch; diese fließt bis zum adriatischen Meer, breit und friedlich, ganz anders als die lärmenden und wilden Bäche, die wir in den höher gelegenen Bergen getroffen hatten. Auch beginnt die Ebene bis Trient etwas breiter zu werden, und die Bergspitzen liegen teilweise bereits niederer; dabei sind ihre Abhänge doch weniger fruchtbar als auf der vorhergehenden Strecke. Einige Male hindern Sümpfe den Weg, der im übrigen aber sehr bequem ist und fast immer mitten durchs Tal führt und eben bleibt.

Zwei Meilen hinter Branzoll stießen wir auf einen großen Flecken, in den bei Gelegenheit eines Jahrmarktes eine Menge Volkes strömte. Weiter auf ein anderes hübsch gelegenes Dorf namens *Salurn,* wo der Erzherzog ein kleines Kastell besitzt: zu unserer linken Hand, in seltsamer Lage oben auf einem Felsen. Zur Nacht kamen wir nach *Trient,* fünf Meilen davon. [. . .]

Etwa zwei Meilen früher hatten wir das italienische Sprachgebiet betreten. Die Stadt ist nach den beiden Sprachen in zwei Hälften geteilt, und ein besonderes Viertel mit eigener Kirche und deutschem Priester heißt das deutsche. Von den neuen Konfessionen hört man seit Augsburg nichts mehr.

Johann Wolfgang Goethe
Man glaubt wieder einmal an einen Gott
1786

Trient, den 11. September, früh
Nachdem ich völlig fünfzig Stunden am Leben und in steter Beschäftigung gewesen, kam ich gestern abend um acht Uhr hier an, begab mich bald zur Ruhe und finde mich nun wieder imstande, in meiner Erzählung fortzufahren. Am neunten abends, als ich das erste Stück meines Tagebuchs geschlossen hatte, wollte ich noch die Herberge, das Posthaus auf dem Brenner, in seiner Lage zeichnen, aber es gelang nicht, ich verfehlte den Charakter und ging halb verdrießlich nach Hause. Der Wirt fragte mich, ob ich nicht fort wollte: es sei Mondenschein und der beste Weg, und ob ich wohl wußte, daß er die Pferde morgen früh zum Einfahren des Grummets brauchte und bis dahin gern wieder zu

Hause hätte, sein Rat also eigennützig war, so nahm ich ihn doch, weil er mit meinem innern Triebe übereinstimmte, als gut an. Die Sonne ließ sich wieder blicken, die Luft war leidlich, ich packte ein, und um sieben Uhr fuhr ich weg. Die Atmosphäre ward über die Wolken Herr und der Abend gar schön.

Der Postillon schlief ein, und die Pferde liefen den schnellsten Trab bergunter, immer auf dem bekannten Wege fort; kamen sie an ein eben Fleck, so ging es desto langsamer. Der Führer wachte auf und trieb wieder an, und so kam ich sehr geschwind, zwischen hohen Felsen, an dem reißenden Eisack hinunter. Der Mond ging auf und beleuchtete ungeheuere Gegenstände. Einige Mühlen zwischen uralten Fichten über dem schäumenden Strom waren völlige Everdingen.

Als ich um neun Uhr nach Sterzing gelangte, gab man mir zu verstehen, daß man mich gleich wieder wegwünsche. In Mittewald punkt zwölf Uhr fand ich alles in tiefem Schlafe, außer dem Postillon, und so ging es weiter auf Brixen, wo man mich wieder gleichsam entführte, so daß ich mit dem Tage in Kollmann ankam. Die Postillons fuhren, daß einem Sehen und Hören verging, und so leid es mir tat, diese herrlichen Gegenden mit der entsetzlichsten Schnelle und bei Nacht wie im Fluge zu durchreisen, so freuete es mich doch innerlich, daß ein günstiger Wind hinter mir herblies und mich meinen Wünschen zujagte. Mit Tagesanbruch erblickte ich die ersten Rebhügel. Eine Frau mit Birnen und Pfirschen begegnete mir, und so ging es auf Teutschen los, wo ich um sieben Uhr ankam und gleich weiter befördert wurde. Nun erblickte ich endlich bei hohem Sonnenschein, nachdem ich wieder eine Weile westwärts gefahren war, das Tal, worin Bozen liegt. Von steilen, bis auf eine ziemliche Höhe angebauten Bergen umgeben, ist es gegen Mittag

offen, gegen Norden von den Tiroler Bergen gedeckt. Eine
milde sanfte Luft füllte die Gegend. Hier wendet sich die
Eisack wieder gegen Mittag. Die Hügel am Fuße der Berge
sind mit Wein bebaut. Über lange niedrige Lauben sind die
Stöcke gezogen, die blauen Trauben hängen gar zierlich von
der Decke herunter und reifen an der Wärme des nahen
Bodens. Auch in der Fläche des Tals, wo sonst nur Wiesen
sind, wird der Wein in solchen eng aneinander stehenden
Reihen von Lauben gebaut, dazwischen das türkische Korn,
das nun immer höhere Stengel treibt. Ich habe es oft zu zehn
Fuß hoch gesehen. Die zaselige männliche Blüte ist noch
nicht abgeschnitten, wie es geschieht, wenn die Befruchtung
eine Zeitlang vorbei ist.

Bei heiterm Sonnenschein kam ich nach Bozen. Die vielen
Kaufmannsgesichter freuten mich beisammen. Ein absicht-
liches wohlbehagliches Dasein drückt sich recht lebhaft aus.
Auf dem Platze saßen Obstweiber mit runden flachen Kör-
ben, über vier Fuß im Durchmesser, worin die Pfirschen
nebeneinander lagen, daß sie sich nicht drücken sollten.
Ebenso die Birnen. Hier fiel mir ein, was ich in Regensburg
am Fenster des Wirtshauses geschrieben sah:

> *Comme les pêches et les melons*
> *Sont pour la bouche d'un baron,*
> *Ainsi les verges et les bâtons*
> *Sont pour les fous, dit Salomon.*

Daß ein nordischer Baron dieses geschrieben, ist offenbar,
und daß er in diesen Gegenden seine Begriffe ändern würde,
ist auch natürlich.

Die Bozner Messe bewirkt einen starken Seidenvertrieb;
auch Tücher werden dahin gebracht und was an Leder aus
den gebirgigen Gegenden zusammen geschafft wird. Doch

kommen mehrere Kaufleute hauptsächlich um Gelder einzukassieren, Bestellungen anzunehmen und neuen Kredit zu geben dahin. Ich hatte große Lust, alle die Produkte zu beleuchten, die hier auf einmal zusammengefunden werden, doch der Trieb, die Unruhe, die hinter mir ist, läßt mich nicht rasten, und ich eile sogleich wieder fort. Dabei kann ich mich trösten, daß in unsern statistischen Zeiten dies alles wohl schon gedruckt ist, und man sich gelegentlich davon aus Büchern unterrichten kann. Mir ist jetzt nur um die sinnlichen Eindrücke zu tun, die kein Buch, kein Bild gibt. Die Sache ist, daß ich wieder Interesse an der Welt nehme, meinen Beobachtungsgeist versuche und prüfe, wie weit es mit meinen Wissenschaften und Kenntnissen geht, ob mein Auge licht, rein und hell ist, wie viel ich in der Geschwindigkeit fassen kann, und ob die Falten, die sich in mein Gemüt geschlagen und gedrückt haben, wieder auszutilgen sind. Schon jetzt, daß ich mich selbst bediene, immer aufmerksam, immer gegenwärtig sein muß, gibt mir diese wenigen Tage her eine ganz andere Elastizität des Geistes; ich muß mich um den Geldkurs bekümmern, wechseln, bezahlen, notieren, schreiben, anstatt daß ich sonst nur dachte, wollte, sann, befahl und diktierte.

Von Bozen auf Trient geht es neun Meilen weg in einem fruchtbaren und fruchtbareren Tale hin. Alles was auf den höheren Gebirgen zu vegetieren versucht, hat hier schon mehr Kraft und Leben, die Sonne scheint heiß, und man glaubt wieder einmal an einen Gott.

Eine arme Frau rief mich an, ich möchte ihr Kind in den Wagen nehmen, weil ihm der heiße Boden die Füße verbrenne. Ich übte diese Mildtätigkeit zu Ehren des gewaltigen Himmelslichtes. Das Kind war sonderbar geputzt und aufgeziert, ich konnte ihm aber in keiner Sprache etwas abgewinnen.

Die Etsch fließt nun sanfter und macht an vielen Orten breite Kiese. Auf dem Lande, nah am Fluß, die Hügel hinauf, ist alles so enge an- und ineinander gepflanzt, daß man denkt, es müsse eins das andere ersticken. Weingeländer, Mais, Maulbeerbäume, Äpfel, Birnen, Quitten und Nüsse. Über Mauern wirft sich der Attich lebhaft herüber. Efeu wächst in starken Stämmen die Felsen hinauf, und verbreitet sich weit über sie; die Eidechse schlüpft durch die Zwischenräume, auch alles was hin und her wandelt, erinnert einen an die liebsten Kunstbilder. Die aufgebundenen Zöpfe der Frauen, der Männer bloße Brust und leichte Jacken, die trefflichen Ochsen, die sie vom Markt nach Hause treiben, die beladenen Eselchen, alles bildet einen lebendigen bewegten Heinrich Roos. Und nun wenn es Abend wird, bei der milden Luft wenige Wolken an den Bergen ruhen, am Himmel mehr stehen als ziehen, und gleich nach Sonnenuntergang das Geschrille der Heuschrecken laut zu werden anfängt, da fühlt man sich doch einmal in der Welt zu Hause, und nicht wie geborgt, oder im Exil. Ich lasse mir's gefallen, als wenn ich hier geboren und erzogen wäre und nun von einer Grönlandsfahrt, von einem Walfischfange zurückkäme. Auch der vaterländische Staub, der manchmal den Wagen umwirbelt, von dem ich so lange nichts erfahren habe, wird begrüßt. Das Glocken- und Schellengeläute der Heuschrecken ist allerliebst, durchdringend und nicht unangenehm. Lustig klingt es, wenn mutwillige Buben mit einem Feld solcher Sängerinnen um die Wette pfeifen, man bildet sich ein, daß sie einander wirklich steigern. Auch der Abend ist vollkommen milde, wie der Tag.

Wenn mein Entzücken hierüber jemand vernähme der in Süden wohnte, von Süden herkäme, er würde mich für sehr kindisch halten. Ach, was ich hier ausdrücke, habe ich lange gewußt, solange als ich unter einem bösen Himmel dulde, und jetzt mag ich gern diese Freude als Ausnahme fühlen, die wir als eine ewige Naturnotwendigkeit immerfort genießen sollten.

Heinrich Heine
Es lehnt sich mein Herz mit mir hinaus
1828

Im südlichen Tirol klärte sich das Wetter auf, die Sonne von Italien ließ schon ihre Nähe fühlen, die Berge wurden wärmer und glänzender, ich sah schon Weinreben, die sich daran hinaufrankten, und ich konnte mich schon öfter zum Wagen hinauslehnen. Wenn ich mich aber zum Wagen hinauslehne, so lehnt sich mein Herz mit mir hinaus und mit dem Herzen all seine Liebe, seine Wehmut und seine Torheit. Es ist mir oft geschehen, daß das arme Herz dadurch von den Dornen zerrissen wurde, wenn es sich nach den Rosenbüschen, die am Wege blühten, hinauslehnte, und die Rosen Tirols sind nicht häßlich. Als ich durch Steinach fuhr und den Markt besah, worauf Immermann den Sandwirt Hofer mit seinen Gesellen auftreten läßt, da fand ich, daß der Markt für eine Insurgentenversammlung viel zu klein wäre, aber noch immer groß genug ist, um sich darauf zu verlieben. Es sind da nur ein paar weiße Häuschen, und aus einem kleinen Fenster guckte eine kleine Sandwirtin und zielte und schoß aus ihren großen Augen; – wäre der Wagen nicht schnell vorübergerollt und hätte sie Zeit gehabt, noch einmal zu laden, so wäre ich gewiß geschossen. Ich rief: »Kutscher, fahr zu, mit einer solchen Schön-Elsy ist nicht zu spaßen; die steckt einem das Haus über dem Kopf in Brand.« Als gründlicher Reisender muß ich auch anführen, daß die Frau Wirtin in Sterzing zwar selbst eine alte Frau ist, aber dafür zwei junge Töchterlein hat, die einem das Herz, wenn es ausgestiegen ist, durch ihren Anblick recht wohltätig erwärmen. Aber dich darf ich nicht vergessen, du Schönste von allen, du schöne Spinnerin an den Marken Italiens! O hättest du mir, wie Ariadne dem Theseus, den Faden deines Gespinstes gegeben, um mich zu leiten durch das Labyrinth dieses Lebens, jetzt wäre der Minotaurus schon besiegt, und ich würde dich lieben und küssen und niemals verlassen!

»Es ist ein gutes Zeichen, wenn die Weiber lächeln«, sagt ein chinesischer Schriftsteller, und ein deutscher Schriftsteller war ebendieser Meinung, als er in Südtirol, wo Italien beginnt, an einem Berge vorbeikam, an dessen Fuße, auf einem nicht sehr hohen Steindamm, eines von jenen Häuschen stand, die mit ihrer traulichen Galerie und ihren naiven Malereien uns so lieblich ansehen. Auf der einen Seite stand ein großes hölzernes Kruzifix, das einem jungen Weinstock als Stütze diente, so daß es fast schaurig heiter aussah, wie das Leben den Tod, die saftig grünen Reben den blutigen Leib und die gekreuzigten Arme und Beine des Heilands umrankten. Auf der anderen Seite des Häuschens stand ein runder Taubenkofen, dessen gefiedertes Völkchen flog hin und her, und eine ganz besonders anmutig weiße Taube saß auf dem hübschen Spitzdächlein, das, wie die fromme Steinkrone einer Heiligennische, über dem Haupte der schönen Spinnerin hervorragte. Diese saß auf der kleinen Galerie und spann, nicht nach der deutschen Spinnradmethode, sondern nach jener uralten Weise, wo ein flachsumzogener Wocken unter dem Arme gehalten wird und der abgesponnene Faden an der frei hängenden Spindel hinunterläuft. So spannen die Königstöchter in Griechenland, so spinnen noch jetzt die Parzen und alle Italienerinnen. Sie spann und lächelte, unbeweglich saß die Taube über ihrem Haupte, und über dem Hause selbst ragten hinten die hohen Berge, deren Schneegipfel die Sonne beschien, daß sie aussahen wie eine ernste Schutzwache von Riesen mit blanken Helmen auf den Häuptern.

Sie spann und lächelte, und ich glaube, sie hat mein Herz festgesponnen, während der Wagen etwas langsamer vorbeifuhr wegen des breiten Stromes der Eisack, die auf der andern Seite des Wegs dahinschoß. Die lieben Züge kamen mir den ganzen Tag nicht aus dem Gedächtnis, überall sah ich jenes holde Antlitz, das ein griechischer Bildhauer aus dem Dufte einer weißen Rose geformt zu haben schien, ganz so hingehaucht zart, so überselig edel, wie er es vielleicht einst als Jüngling geträumt in einer blühenden Frühlingsnacht. Die Augen freilich hätte kein Grieche erträumen und noch weniger begreifen können. Ich aber sah sie und begriff sie, diese romantischen Sterne, die so zauberhaft die antike Herrlichkeit beleuchteten. Den ganzen Tag sah ich diese Augen, und ich träumte davon in der folgenden Nacht. Da saß sie wieder und lächelte, die Tauben flatterten hin und her wie Liebesengel, auch die weiße Taube über ihrem Haupte bewegte mystisch die Flügel, hinter ihr hoben sich immer gewaltiger die behelmten Wächter, vor ihr hin jagte der Bach, immer stürmischer und wilder, die Weinreber umrankten mit ängstlicher Hast das gekreuzigte Holzbild, das sich schmerzlich regte und die leidenden Augen öffnete und aus den Wunden blutete – sie aber spann und lächelte, und an dem Faden ihres Wockens, gleich einer tanzenden Spindel, hing mein eigenes Herz.

Otto Julius Bierbaum
Hier vereinigt sich der Reiz der nördlichen Landschaft mit dem der südlichen
1903

Schloß Englar in Eppan, den 8. Mai 1902

Wir wollten Brixen nicht verlassen, ohne dem Kreuzgang einen Besuch abgestattet zu haben, und so kam es, daß wir vorgestern erst gegen zehn Uhr abfuhren. Die Fresken des Kreuzganges sind überaus kostbare Reliquien der Malerei des Mittelalters, von der man hier einen sehr starken Eindruck empfängt, als Ganzes von einer großen dekorativen Wirkung und im einzelnen köstlich reich an malerischen und poetischen Werten. Der Einfluß des nahen Italiens ist deutlich ersichtlich, aber es ist dennoch deutsche Kunst. Da sind die lieblichsten deutschen Frauengestalten einerseits, und anderseits spricht sich in den Männern eine fast ungeschlachte Freude am Derben aus. Am merkwürdigsten sind die Bilder des Künstlers, den Semper den »Meister mit dem Skorpion« genannt hat, obwohl es wahrscheinlich ist, daß der Skorpion das Zeichen einer ganzen Brixener Malerwerkstatt und jener Künstler nur ihr meisterlichstes Mitglied gewesen ist. Er würde, wollte er heute so malen, in den Geruch eines höchst brutalen Modernen kommen, dem es schwerfallen würde, zu einer Ausstellung zugelassen zu werden. Es steckt etwas von der Art des Matthäus Grünewald in ihm, mit dem er die Lust am körperlich Krassen gemein hat. Wie er die beiden Schächer am Kreuz darstellt, ist in der Tat so gewagt, daß empfindliche Gemüter davor zurückschrecken müssen. Sie erscheinen wie Klumpen, bäuchlings über den Querbalken des Kreuzes gezogen, mit blutigen gebrochenen Gliedern. Der Körper Christi ist mit Geißelmalen über und über bedeckt. Man spürt aus allem den Künstler heraus, der vom Hergebrachten weg will und sich bemüht, die heiligen Geschichten in einer künstlerisch neuen Auffassung darzustellen, wobei er sich besonders zeichnerisch sehr schwierige Aufgaben stellt, zumal in den Verkürzungen. – Die Fahrt von Brixen nach Bozen ist wohl die schönste, die wir bis jetzt gehabt haben. Hier vereinigt sich der Reiz der nördlichen Landschaft mit dem der südlichen. Die Vorberge waldreich und streng, das Tal üppig fruchtbar und milde, und überall als Abschluß gewaltige Berge, die aber schon die ruhigere Weise des Südens haben: keine Zacken, sondern Wellen. Und es beginnen nun die Zeichen der alten Kultur: prachtvolle Burgen, zum Teil verfallen, zum Teil erhalten. Das Mächtigste unter allem ist Säben, die ehemalige Bischofsburg über Klausen mit dem riesigen Christusbilde, das mit seinen gekreuzigten Armen das ganze Land an seine Brust zu rufen scheint. Herrlich thront auch die uralte Trostburg, wo der Wolkensteiner geboren ist, der letzte Minnesänger, gleich reich an Abenteuern wie an Liedern. Die Sprache dieser Lieder ist fast dieselbe, wie sie noch heute im Munde des Bauern des deutschen Südtirols lebt. Ich habe sie nun wieder und wieder mit derselben Rührung und Freude vernommen wie in den Jahren, die ich hier im alten »Gschloß am Gschleich«, dem schönen Englar, verbracht habe. Welche Kraft und Fülle in Ton und Ausdruck! Unser Hochdeutsch nimmt sich dagegen aus wie abgegriffene Scheidemünze neben der kernig schönen Prägung eines alten Silberstücks oder wie die Mietskasernenstraße einer Großstadt neben einer giebel- und erkerreichen Gasse in Klausen oder Sterzing. In dieser Sprache lassen sich trefflich die alten Schwankgeschichten erzählen, die sich hochdeutsch gar nicht nacherzählen lassen. – In Englar wohnt jetzt M. A. Stremel, der ausgezeichnete impressionistische Maler. Ich sah hier einige ganz wundervolle Blumenstücke

Schloß Englar in Eppan

und Interieurs von ihm, pompöse Malereien von einer vehementen Farbenfreude und einem so sicheren Gefühl für farbige Balance, daß jedes einzelne Bild die Vollkraft eines Akkords hat. Ein Akkord Rosen: der Sommer, ein Akkord Chrysanthemen: der Herbst. Ich bin noch voll von dem dramatischen Eindrucke der Kreuzigung des Brixener Meisters mit dem Skorpione, und dennoch wirken diese modernen Malereien, denen ein entgegengesetztes malerisches Prinzip zugrunde liegt, unbeeinträchtigt genau in demselben Sinne auf mich: lebensgefühlsteigernd. Und ich sehe wiederum: es ist nichts mit den Schlagworten, nichts mit den »Richtungs«-Prätentionen: man kann auch künstlerisch auf jede Weise selig werden, sofern sie nur Ehrlichkeit und Kraft hat. Auch auf alt oder neu kommt es durchaus nicht an – bloß echt muß die Sprache sein.

Karl Scheffler
Wie sehr Gebirge trennen
1930

Wie wenig die Höhenunterschiede vom Menschen sinnlich
begriffen werden, zeigt sich bei der Fahrt über den Brenner.
Im Tal jenseits der Hochwassergrenze des in einem breiten
Geröllbett dahinfließenden Flusses stehen die Obstbäume
in voller Blüte. In dem Maße nun, wie die Bahn emporsteigt,
geht der Blütenzustand um Tage, ja um Wochen zurück.
Von hundert zu hundert Meter bleibt die Vegetation in der
Entwicklung sichtbar zurück, so daß man den Unterschied
von Nord und Süd hier gewissermaßen sprunghaft ins Verti-
kale projiziert vor Augen hat. Der Verstand sieht dieses
Phänomen leicht ein, dem sinnlichen Gefühl aber ist es ohne
weiteres nicht faßbar. Um so weniger, als man nicht mühselig steile Wege hinaufwandert und die Temperaturunter-
schiede wahrnimmt, sondern im Eisenbahnwagen schnell
hinauf und hinab geführt wird. Es schwankt in dieser Weise
der Frühling in allen seinen Entwicklungsstadien auf und
nieder; zuweilen sind wir sozusagen erst im Anfang des
März, dann steigen wir in den April hinab und fahren auf
der Talsohle schon in den Mai hinein.

Man fühlt es deutlich auf so einer Fahrt, warum es der
Malerei nicht gelingen will, das Gebirge darzustellen. Das
Wesentlichste ist die Quantität, die Masse; sie aber kann die
Malerei nur dann vortäuschen, wenn sich das Räumliche
klar gliedern läßt. Das ist im Gebirge ebensowenig möglich
wie vor dem Meere. Es gibt darum ebensowenig künstlerisch bedeutungsvolle Meerbilder wie Gebirgsbilder. Cour-
bets schöne Meerbilder heißen »Die Woge« und schildern
nur eine Riesenwelle, darüber einen Wolkenhimmel und
einen Streifen Horizont. Es sind Vordergrundbilder. Auf

Segantinis Alpenbildern haben die Berge, trotz einer heroischen Tendenz, nur Genrebedeutung. Und dem Schweizer Hodler gelingt es nur dann befriedigend, wenn er so weit Distanz nimmt, daß die Berge jenseits eines Sees gewissermaßen zur Horizontlinie werden. Es fehlen im Gebirge die Bildmotive, die mit einem Blick als Eindruck erfaßt werden können, es fehlt das natürlich begrenzte Sehfeld. Dafür drängen sich unendliche Detailreize. Man kommt kaum zur Besinnung. Die Bahn durchfährt Tunnel auf Tunnel, und jedesmal, wenn sich der Schacht öffnet, dringen neue Bilder mit unerhörter Kraft ins Auge. Unbeschreiblich ist die reichgestufte Farbigkeit der hellen Kalkfelsen in der Sonne, ist der blaue Glanz der aus allen Zwischenräumen herüberblinkenden Schneefelder, ist der farbige Dunst der Fernen und die reiche Dunkelheit der Vorberge, ist das Wassergerinnsel überall im Tal und in den Bergflanken, das Schäumen der gelbgrauen Schmelzfluten, die über nackte Felsen zu Tal stürzen, aus unergründlich dunkeln Tannenwäldern hervorkommen, verschwinden, wieder auftauchen, hier den Weg sich bahnend durch die schweren Massen des in schattigen Mulden noch lagernden Schnees, und dort Felsenplatten umspülend, von denen aus in lebhaftem Rot Alpenblumen und Bergkräuter zum Wald emporwuchern, endlich im schönen Bogen herabfallend, um fleißig noch ein Sägewerk oder eine Mühle zu treiben, bevor sie sich mit dem Fluß vereinigen.

Wie sehr Gebirge trennen, das spürt man selbst so im Hinaufklettern des Zuges. Die Geschichte der europäischen Völker hätte ein anderes Profil ohne diesen großen westöstlichen Gebirgszug. Dieses Gebirge hat Europa in zwei Welten geteilt, in eine nordische und eine südliche Welt, geographisch und geistig. Und es trennt uns noch heute, trotz der Eisenbahn, nicht nur räumlich, sondern in einer tieferen

Burg Salurn

Weise von Italien. Es ist, als solle der Deutsche von allem abgelenkt werden, was ihm daheim Gewohnheit ist, bevor er nach Italien kommt; es ist, als solle er vorbereitet werden auf ganz unerwartete Dinge.

Bei Bozen, wo der Eisack und die Talfer zusammenfließen, um eine Strecke weiter südlich in die Etsch zu münden, weitet sich endgültig das Tal. Die Berge treten dort, wo mehrere Täler zusammenlaufen, weiter zurück; man vermag Distanz zu nehmen. Gegen Osten bauen sich die reliefreichen Wände der Dolomiten, ragt die wilde Plastik des Rosengartens empor; gegen Süden aber ebben die riesigen Höhen langsam ab, es folgen weichere Bergformationen den Wassern der Etsch. Das Bergpanorama wird dadurch in einer ergreifenden Weise mannigfaltig. Soweit eben die Berge überhaupt ästhetisch wirken. Das Letzte und Größte auch in diesem erhabenen Rundbilde ist dem menschlichen

Auge nicht faßbar. Die Gewalten, die dieses Ungeheure geschaffen haben, können nicht anschaulich bewältigt werden. Die Riesenwelle im Ozean wird wie eine Melodie empfunden, weil der menschliche Geist ihre von Kraft und Gegenkraft gezeugte Form spontan zu erleben vermag und weil ihm diese Form darum ästhetisch wird; die Dolomiten aber vermag keine Phantasie intuitiv nachzuempfinden. Der Geologe kann es theoretisch empirisch tun; das ist aber ein zu weiter Umweg für die Vorstellung. [...]

Selbst unter so günstigen Bedingungen, wo einem das Gebirge menschlich näher kommt, bleibt im Gemüt eine Verwirrung zurück. Man ist überwältigt, doch nicht befreit; der Mensch erscheint einem kleiner vor dem Hintergrund der Berge, er kann nicht heroisch gedacht werden. Man denkt daran, daß Homer zu seiner Odyssee notwendig die »heilige Meerflut« brauchte, daß er sein Heldengedicht in keiner Weise im Gebirge hätte spielen lassen können.

4. Bozen

Giacomo Casanova
Auf der Flucht aus Venedigs Bleikammern
1756

Ich marschierte noch zwei Stunden, und als die Nacht einbrach, machte ich bei einem Bauernhaus halt; nach einem kümmerlichen Abendessen schlief ich im Stroh. Am nächsten Morgen kaufte ich mir einen alten Überrock; nachdem ich in der Nähe von Feltre noch ein Paar Stiefel erstanden hatte, nahm ich mir einen Esel als Reittier. So passierte ich die elende Festung, die man La Scala nennt. Die Wache fragte mich nicht einmal nach dem Namen. Auf einem mit zwei Pferden bespannten Wagen gelangte ich bald nach Borgo di Valsugana, wo ich Pater Balbi in dem von mir angegebenen Gasthof vorfand. Ich hätte ihn gar nicht wiedererkannt, wenn er nicht selbst auf mich zugekommen wäre. Ein grüner Gehrock und ein Schlapphut, den er über eine Baumwollmütze gezogen hatte, machten ihn völlig unkenntlich. Er erzählte mir, ein Bauer habe ihm das alles für meinen Mantel gegeben und noch eine Zechine dazu; er sei am Morgen angekommen und lasse es sich gut gehen. Er schloß seine Erzählung mit der überaus taktvollen Bemerkung, er habe mich nicht erwartet, denn er sei der Meinung gewesen, ich hätte bei meinem Versprechen nicht die Absicht gehabt, es zu halten. Ich verbrachte den ganzen folgenden Tag in dem Gasthof; ohne das Bett zu verlassen, schrieb ich mehr als zwanzig Briefe nach Venedig, darunter zehn oder zwölf Rundschreiben, in denen ich berichtete, was ich hatte tun müssen, um mir sechs Zechinen zu verschaffen. Der Mönch schrieb unverschämte Briefe an Pater Barbarigo, seinen Superior, und an seine adligen Mitbrüder, sowie Liebesbriefe

Seite 167: Der Bozner Obstmarkt

an die Dienstmädchen, die sein Ruin gewesen waren. Ich trennte die Spitzen von meinem Anzug und verkaufte meinen Hut, denn dieser Luxus ließ mich zu sehr auffallen.

Am folgenden Tag übernachtete ich in Pergine, wo mich ein junger Graf d'Alberg aufsuchte, der auf eine mir unerklärliche Weise erfahren hatte, daß wir uns auf der Flucht aus der Republik Venedig befanden. Ich gelangte nach Trient und von dort nach Bozen; da ich Geld brauchte, um mich einzukleiden und Hemden zu kaufen, wandte ich mich an einen alten Bankier namens Mench, der mir einen zuverlässigen Mann gab. Diesen schickte ich mit einem Wechsel zu Signor Bragadin nach Venedig, der ihn gegenzeichnete. Der beflissene Herr Mench brachte mich in einem Gasthof unter, wo ich die sechs Tage, die der Mann für die Hin- und Rückreise benötigte, im Zimmer verbrachte. Er kam mit einem auf Mench gezogenen Wechsel über hundert Zechinen zurück. Mit dem Geld kleidete ich mich neu ein; vorher aber entledigte ich mich dieser Pflicht meinem Gefährten gegenüber, der mir jeden Tag irgendeinen neuen Anlaß gab, seine Gesellschaft unerträglich zu finden. Er behauptete ohne ihn wäre ich nie entkommen, und kraft meines Versprechens schulde ich ihm die Hälfte meines gesamten zukünftigen Vermögens. Er verliebte sich in alle Dienstmägde, und da weder seine Gestalt noch sein Gesicht dazu angetan waren, sie freundlich und gefügig zu stimmen, quittierten sie seine Zärtlichkeiten mit kräftigen Ohrfeigen, die er mit beispielhafter Geduld einsteckte. Das war meine einzige Zerstreuung.

Wir nahmen die Postkutsche und erreichten am dritten Tag München. Ich mietete mich im ›Goldenen Hirschen‹ ein, wo ich bald erfuhr, daß zwei junge Brüder aus der venezianischen Familie Contarini in Begleitung des Grafen Pompei aus Verona schon seit einiger Zeit hier wohnten; da ich aber nicht mit ihnen bekannt und auch nicht mehr auf ein Zusammentreffen mit Eremiten angewiesen war, um leben zu können, nahm ich mir nicht die Mühe, ihnen meine Aufwartung zu machen. Ich tat es dagegen bei der Gräfin Coronini, die ich in Venedig im Kloster Santa Giustina kennengelernt hatte und die bei Hof eine bedeutende Rolle spielte.

Gerhart Hauptmann
Die blaue Blume
1923

Wie hell und lieblich liegt sie hingebreitet,
die alte Bergstadt: süß und schwer erklingt
Vergangenes aus ihr, und leise gleitet
um mich das Liebeslied, das Walther singt.
Da wird zum Alpenfirn der Raum geweitet,
die Seele, abendglockenklangbeschwingt,
hebt sich hinan zu jenem letzten Glühen
im Garten, drin Laurinens Rosen blühen.

Noch eben Silber, diese sel'gen Warten,
sind sie, vom Fuß der Himmlischen gestreift,
bereits erblüht zum Rosenwundergarten,
des süßer Duft um meine Seele schweift.
Oh, daß sich seine Wunder offenbarten
mir, dir, dem Kinde, das nach ihnen greift!
Kaum denk' ich dies, so schießt ein grünes Funkeln
von dort herab, und alle Rosen dunkeln.

Der grüne Strahl! Und schon ist er verschwunden.
Wer ihn erblickt, steht an des Meeres Rand,
von dem uns klingen ahndevolle Kunden,

sein Blick berührt ein schwimmend Wunderland:
es scheint verloren, und es scheint gefunden.
Ein goldner Nachen bietet sich am Strand.
Wo blitzte her die gründemantne Kohle?
Vom Rosengarten, aus Laurins Phiole.

Stefan George, Leopold von Andrian
Gleichklänge seelischen Erlebens
1907, 1895

Bozen: Erwins schatten
Stimmen hin durch die duftige nacht verschwommen
Der mauern zitterglanz wie der natur
Entzücktes beben: sind sie nur entnommen
Mein Erwin deiner zarten spur?

Als Stefan George diesen Vierzeiler in seinem Gedichtband »De-
Siebente Ring« (1907) unter die »Tafeln« aufnahm, hatte Bozen
(nach dem »Handbuch für Reisende« von Karl Baedeker, Leipzig
1914) kaum 25 000 Einwohner, wie Meran damals mit Obermais und
Untermais. Eine kleine Stadt also um die gotische Pfarrkirche mit
ihrem lombardischen Portal und den zwei säulentragenden Löwen aus
rötlichem Marmor; die Laubengasse mit den Bogengängen, der bunte
Obstmarkt. Soeben wurde am Dreifaltigkeitsplatz das Rathaus im
Barockstil errichtet. Als besuchenswert verzeichnet Baedeker noch die
Gärten, etwa den Garten des Grafen Toggenburg an der Franziska-
nergasse. Aussicht auf den Schlern und den Rosengarten mit dem
Alpenglühen nach Sonnenuntergang. Also in mancher Hinsicht ein
anderes Bozen als heute.

George wird dieses Bozen der Sage auf seinen Reisen von München
nach Italien und zurück durchwandert haben. Vier Sinne haben teil an
seinem und Erwins Erlebnis des Nachtgeheimnisses in dieser Stadt

und in diesem Gedicht: das Hören verschwommener Stimmen, das Riechen der duftigen Nacht, das Sehen des Zitterglanzes der Mauern, das leibliche Spüren des entzückten Bebens der Natur; der zudringliche Sinn ist ausgespart: das Schmecken. So stellt sich dem ganzheitlichen Menschen das ganzheitliche Erlebnis her, schafft das Erwachen und Vereinigen seiner Sinne das strömende Nachterlebnis.

Der Vierzeiler ist ein Zeugnis impressionistischer Naturerfahrung in der Lyrik; er wiederholt als Gedicht, was Leopold von Andrian in seiner ein halbes Hundert Seiten umfassenden Prosa »Der Garten der Erkenntnis« ausgesagt hat und Erwin, die Hauptgestalt der Erzählung, erleben läßt. George war 1894 mit dem sieben Jahre jüngeren Andrian (1875-1951) in Wien zusammengetroffen, als Andrian, kaum zwanzigjährig, an der lyrischen Prosa »Der Garten der Erkenntnis« schrieb. Er nahm von 1894 bis 1900 Gedichte Andrians in die »Blätter für die Kunst« auf, reife Ausformungen des frühen Wiener Symbolismus, und widmete ihm das Gedicht »Den Brüdern« in »Der Teppich des Lebens« (1899); mit »Brüder« waren Österreichs junge Dichter wie Andrian oder Hofmannsthal angesprochen, denen sich George damals im Kunstverständnis wie im seelischen Erleben wesensverwandt fühlte.

In »Der Garten der Erkenntnis« (erschienen 1895) fragt der Fürstensohn Erwin im Übergang »vom Ephebenalter zur Mannesjugend« nach dem »Geheimnis des Lebens«. Er weicht vor jeder Verbindung mit dem »wirklichen Leben« zurück und verzehrt sich in der Sehnsucht nach dem »möglichen Leben«, das alle im Traum geahnten Erfüllungen in sich berge. Die ersehnte Erkenntnis ist vielleicht die Einsicht, daß Sinn und Geheimnis des Lebens nicht im Einzelnen, Vielen liegen, sondern nur im Ganzen, Einen. »›Ich glaube, das Geheimnis liegt darin: wir sind allein, wir und unser Leben, und unsere Seele schafft unser Leben, aber unsere Seele ist nicht in uns allein.‹ An einem Schauder empfanden beide, daß er die Wahrheit gesagt hatte; und beide fühlten sich verknüpft; aber schmerzlich, dumpf und grundlos« (p. 49).

Die Dichtung blieb Bruchstück. Andrians Freund Hofmannsthal, der in Claudio in »Der Tor und der Tod« (1894) ein Erwin verwandtes »Ego Narcissus« gestaltet hatte, plante den »Garten der Erkenntnis« weiterzuführen und abzuschließen, ein Vorhaben, das in den ebenfalls Fragment gebliebenen »Andreas« mündete. Andrians lyrische Prosa wirkte auf Rilke, Musil (»Törless«), Kafka. George übersetzte sie 1902 zusammen mit Albert Verwey ins Holländische; er liebte und bewunderte sie, wußte viele Stellen auswendig und zitierte sie gern. Der folgende Abschnitt zeigt Erwin als Gymnasiasten in Bozen. Österreichische Sprachgewohnheiten (»der Erwin«) und Schreibeigenheiten von damals (»Reconvalescenz«) sind beibehalten.

D. J.

Etwas später bekam der Erwin eine sehnsüchtige Neigung für alles im Leben um ihn, worin die Ruhe zu sein schien: für die sanften Congreganisten, mit denen er sich befreundete, für die meditierenden Patres, denen man im Park begegnete, für die Functionen in der Kirche und besonders für die entlegenen Teile des Collegiums, wo versteckte Capellen namenloser Heiliger lagen und auch das Bad.

Am Abend vor seiner ersten Communion erkannte er, daß diese Ruhe von Gott kam, daß sie ganz nur in Gott zu finden sei, und er gelobte Priester zu werden.

Von da ab wurde ihm sein Leben leichter, weil er es als unwirklich ansah, und als Ahnung des wirklichen Lebens darin nur seinen Anteil am Leben der Kirche. Er dachte oft an dieses zukünftige Leben in Gott; es mußte sehr schön sein; denn schon in diesen Ahnungen fand er Schönheiten, so verschieden, wie das Gemurmel der glorreichen Litaneien zu Ehren der Mutter Gottes an warmen Maiabenden verschieden ist vom Gedächtnis der Toten am Allerseelentag, oder von jenem Charfreitag im frühen Frühling, an welchem Priester und Volk vor den entblößten Altären zum bösen

Holze beten, an welchem das Heil der Welt gehangen hat. – Aber er kannte noch andere Schönheiten. Die Schlösser auf dem Land im Herbst waren schön und die Zimmer in der Stadt waren schön, wenn in ihnen geräuchert war, und die Wagen und das Geschirr der Pferde mit dem Silber der Wappen und die Pferde selbst, o die Pferde waren schön, die Schimmel seiner Mutter und die Goldfüchse und der Viererzug von Rappen; und viele, viele andere Dinge gab es, die nicht in Gott waren, die er nie haben würde, und die doch schön waren: die Schönheiten der Welt.

Das Leben würde ein Kampf der Kirche gegen die Welt sein. Aber seine Gedanken gaben diesem Zweikampf eine so vielfältige Höflichkeit, ein so erhabenes Ceremoniell, so gesuchte Formen, daß er fast zu einer Parade wurde, zu einem Vorwand für die beiden großen ebenbürtigen Gegner, einander gegenüber zu stehen, die fremde Herrlichkeit zu bewundern und an der fremden Größe der eigenen gewahr zu werden; so wie wenn von den Enden der Welt zwei Helden zu kämpfen kommen, der tapferste Held des Morgenlands und der tapferste Held des Abendlands, und sie sich begrüßt haben und mit gesenkten Lanzen und geöffneten Visieren fast des Kampfes vergessen, weil sie einander anschauen. Wie eine Vorahnung dieses einzigen Zweikampfes genoß er auch die verweichlichenden Freuden der Ausgangstage in Wien, genoß sie um so mehr, weil er sich wie der Gesandte eines fernen Königs in einem fremden Reich fühlte, dem er morgen den Krieg erklären wird, aber dessen festliche Aufzüge, Spiele und Schauspiele zu seinen Ehren er heute noch bewundert.

Damals war der Erwin meistens mit einem Polen zusammen, dem so wie ihm das Essen nicht schmeckte, und der immer von Zuhaus sprach. Eigentlich war ihm Lato, der ganz lichtes Haar und ganz lichte Augen hatte, lieber; aber der ging mit seinen Feinden. Diese hatten gemerkt, daß der Erwin sich vor ihnen fürchte, und deshalb überfielen sie ihn einmal am Schlittenberg. Sie warfen ihn auf den Boden und es gelangte dabei viel Schnee an seinen Hals; davon bekam er eine Lungenentzündung. Noch während seiner Reconvalescenz besuchten sie ihn, und da fand er, daß sie liebe Burschen und eigentlich gar keine Feinde seien.

Sobald er gesund war, fuhr er mit einem Pater nach Bozen. Den ganzen Tag freute ihn die Reise; nur des Abends, als in den Dörfern, an denen sie vorbeikamen, die Lichter sich entzündeten, bereitete es ihm Schmerz, nicht in diesen Dörfern leben oder nicht wenigstens die Menschen, die in ihnen lebten, sehn zu können. Dann stieg in Innsbruck ein Officier ein, ein Lieutenant bei Kaiserjägern; er war nach Riva versetzt worden und diese Versetzung freute ihn, denn er hatte schon seit mehreren Jahren einen Husten, der nicht besser wurde. Er war sehr jung, nicht sehr elegant und vor einer schüchternen und rührenden Höflichkeit; seine Art zu reden war etwas umständlich und er betonte ein wenig die tonlosen Vocale. Der Erwin hatte ihn gern. Als sie in Bozen ausgestiegen waren, sprachen sie von ihm; er habe die Schwindsucht, sagte der Pater, und werde wohl bald sterben müssen. Die ganze Nacht dachte der Erwin an ihn und daran, daß er sterben müsse; es schien ihm grauenhaft, daß er ihm nie wieder begegnen solle; und plötzlich fiel ihm mit verzweiflungsvoller Reue ein, daß er nicht einmal seinen Namen wisse.

Drei Jahre studierte der Erwin in Bozen. In der ersten Zeit kamen ihm viele Erinnerungen ans Convict. Aber nicht diejenigen Dinge kamen ihm, welche ihm dort lieb gewesen waren; sein Leben trat vor ihn hin, das er damals verachtet hatte; es trat lockend, hartnäckig, fast körperlich vor ihn hin und schaute ihn vorwurfsvoll und sehnsüchtig an: er sah die

Fahrten nach Wien in den lärmenden Stellwagen, bei denen man sich freute, aber bei denen man fror; er sah die Uniform und die Kappe, an der man das Sturmband hängen ließ, weil das damals die Officiere taten; er sah das Gas an den himmelblau getünchten Wänden brennen; er sah die Nachmittage der großen Feste, an denen niemand mit ihm ausging, und er nicht wußte, was er anfangen sollte, und herumstand. Sehr oft sah er auch Lato, mit seinen lichten Augen und seinem lichten Haar, den er wenig gekannt hatte. Freilich war ihm dieses Leben jetzt auch von der Schönheit schön, die er zur Zeit, als er es durchlebte, in anderen Erwartungen fand. Aber das merkte er nicht, und er sehnte sich in das Convict zurück zu kehren.

Trotzdem hatte er vieles in Bozen gern: die grünen Kirchtürme, den feuchten tiefen Klang der Glocken, die immer läuteten, und den Frühling, wenn die Obstbäume blühten.

Damals trat im Bozner Theater eine Sängerin auf, die aus den großen Städten kam und die es verstand, durch alle Wirklichkeiten eines stilisierten und gesteigerten Lebens ihre Rolle wirklich zu machen und dennoch gleichzeitig dieselbe Rolle als eine Lüge, als den Vorwand zu einer einzigen großen huldigenden Prostitution an die Zuschauer zu zeigen. Diese Zweiheit des Spiels färbte dem Erwin sonderbar ihren Reiz; denn ihre Gemeinheit, Lascivität und Hingebung wurden durch das Theater, die Musik und die Lichter zu einer großartigen schattenhaften insolenten Proclamation, aber das Gepränge und der Jubel auf der Bühne mischte sich mit dem Beifall der Zuschauer zu einem seltsam wirklichen und sehr hohen Triumph für sie und für ihren sehr kostbaren Leib. Ein Augenblick besonders ergriff den Erwin immer. Das war, wenn gegen Schluß des Stückes das Orchester leiser und süßer wurde, und der Chor auseinander trat, und alle auf sie warteten und sie selbst vor

Der Dom in Bozen

die Lichter kam, brennend von Schminke, mit leuchtenden
Augen und dem etwas faden Lächeln der Apotheose, und
mit einer Rührung in der Stimme, an der ihn besonders
rührte, daß sie erlogen war, die leichtsinnige und lügneri-
sche Moral ihrer Fabel in die Menge warf. Zufällig hörte der
Erwin, daß sie im Leben alt und nicht schön sei; von da an
war sie ihm noch merkwürdiger. Endlich entschloß er sich,
sie zu besuchen; er hatte dabei große Angst. Sie lebte in
einem Zimmer mit einem Schauspieler zusammen; sie war
wirklich nicht schön und sie war alt, aber dennoch war sie
wie ein Mädchen.

Im ersten Schuljahr hatte der Erwin keinen Freund; nach
den ersten Ferien kam Heinrich Philipp nach Bozen. Hein-

rich Philipp war eigentlich kein Österreicher, aber bei der Entthronung König Roberts, seines Verwandten, war sein Vater nach Österreich ausgewandert; in Wien hatte Heinrich Philipp bis zu seinem sechzehnten Jahr gelebt, und von Wien sprach er immer dem Erwin. Heinrich Philipp hatte drei Eigenschaften, die jeder, der ihn kennen lernte, sogleich bemerkte, wie drei leuchtende Edelsteine. Es war eigentlich eine Tugend und ihre Anwendungen. Er besaß die große Güte der Heiligen, die wie ein Verstehen des tiefsten Grundes in allen Wesen ist; höflich war er, indem er ihr jedem einzelnen gegenüber die passende Form gab, und liebenswürdig, weil er so viel an die anderen dachte. Manchmal, wie ihn der Erwin besser kannte, schien er auch ganz verändert; es war als spräche er über den Erwin weg zu sich selbst zurück; dann erfuhr der Erwin Worte, die er nicht verstanden hatte; oder eigentlich erfuhr er nur, daß es eine Reihe von Geheimnissen gab, auch in dem was ihm geheimnislos gewesen war, und daß es Dinge gab, die schlecht und verboten und zugleich reizvoll waren. Auch von Wien sprach Heinrich Philipp dann, aber in einem andern Ton wie sonst; und der Erwin verstand dunkel, daß eine Seite im Wiener Leben mit diesen verbotenen Worten irgendwie zusammenhing: die Opernbälle, die Sofiensäle, der Ronacher und das Orpheum und der Circus und die Fiaker.

Die Beschaffenheit seiner Erinnerungen an das Convict und der Umgang mit Heinrich Philipp bewirkten allmählich, daß der Erwin den Wechsel seiner Erwartungen in eine andere Forderung an die Zukunft kleidete. Er hoffte ihre Erfüllung von Wien und von der großen Welt; undeutlich dachte er an ein Leben, in dem man das Schönste, was es gab, in den schönsten und vielfältigsten Formen genoß. Aber in der Ruhe seines jetzigen Daseins fühlte er manchmal einen seltsamen Drang nach Unruhe, halb Neugier nach

Entdeckungen, halb Lust, das, was er sonst wollte, zu verneinen. Dieser Drang war nicht stark; aber er war doch froh zu wissen, daß es auch dafür in seinem zukünftigen Leben eine Befriedigung gab. Die würde er in den Dingen finden, von denen Heinrich Philipp so sonderbar und geheimnisvoll sprach: in den Opernbällen, in den Sofiensälen, im Ronacher und im Orpheum und im Circus und in den Fiakern.

Dennoch dachte er noch oft ans Convict, an seine Freunde und besonders an Lato.

Heinrich Philipp blieb nur einen Winter in Bozen; dann war der Erwin wieder allein; aber auch er sollte nach Wien kommen und im dritten Jahr wartete er schon ungeduldig darauf. Es freute ihn nichts mehr in Bozen, als die langen Spaziergänge mit einem alten Priester, der Physiker war und ihm aus seinem Leben erzählte und von seiner Wissenschaft sprach. Diese schien dem Erwin zwar bedeutungslos, aber dennoch hörte er auf die Erzählung von den Magneten, vom Wechsel der Farben und von der Anziehung der Stoffe, so wie er als Kind auf die Erzählung von Zauberern hörte, da er schon wußte, daß es keine Zauberer gab. Etwas wie ein Zauberer schien ihm der alte Priester, in dessen Macht es stand, durch Einwirkung auf das Laich der Tiere zwei Frösche für ihr Leben unzertrennbar zu verbinden.

Die Sommer dieser Zeit war der Erwin entweder auf dem Lande bei seiner Mutter oder er reiste mit seinem Hofmeister im Gebirg. Einmal auf einer solchen Reise in Tirol kam ihm Sehnsucht nach der Bucowina, zugleich mit der Erinnerung an einen Cameraden, der dort zu Haus war. Jetzt konnte er nicht hinfahren und damit ging ihm etwas unwiederbringlich verloren, das fühlte er; daß er die Bucowina später sehen könne, tröstete ihn nicht. Von diesen Sommern blieben ihm die langen Abende an den großen Kärntner Seen in Erinnerung, die Abende, an denen es nicht kühler

wird. Auch die Menschen, die dort den ganzen Sommer
zubrachten, fielen ihm wieder ein, Schauspielerinnen, Mili-
tärakademiker und junge Wiener Mädchen mit schönen
weichen Gestalten in weißen Kleidern mit großen farbigen
Seidenschleifen.

Als der Erwin nach Wien kam, war er siebzehn Jahre alt;
bald nach seiner Ankunft fuhr er ins Convict hinaus. Bei
dieser Gelegenheit versprachen ihm mehrere Cameraden,
sie würden ihn zu Weihnachten besuchen. Darauf freute er
sich und besonders auf Lato; aber er wartete ebenso ungeduldig auf einen Neueingetretenen, den er jetzt erst kennen
gelernt hatte; das war ein häßlicher Bub mit großen Augen,
der schlecht lernte, und weil er nicht reich war, Officier
werden wollte, um zu einem Erzherzog zu kommen.

Franz Werfel
Bozener Tage
1916

Nun lag ich in einer kleinen weißen Zelle, die zwei große
Fenster hatte, eins zur Straße hinaus, an das ein Feigenbaum ein wenig verstaubt sich hob, das aber sonst reich
ausgefüllt war von ferneren Bäumen, und eins hinter dem
Kopfende meines Bettes, das zum Spitalshof hinaussah,
wovon ich mich aber erst später überzeugte. Über der Türe
breitete ein großes eisernes Kruzifix schwarz sich aus.

Es war hier alles Heiligkeit, Einfalt, Überwinderlächeln.
Ich selbst fühlte mich wie ein Gottmensch in den seligen
Erschöpfungen, die der Ekstase folgen. Welcher Glückliche
kann sich an Glück mit einem Verwundeten vergleichen?
Sein Blut ist geflossen. Im Tiefsten drum fühlt er sich mit
den Mächten versöhnt. Der Selbstopferungstrieb des Men-

schen ist befriedigt. Die Spannung zwischen den Mächten und ihm, die Leben heißt, ausgeglichen. Er lebt nicht mehr, aber jenseitige Froheit ist dem noch irdischen Bewußtsein vergönnt.

Die anderen Menschen fühlen das auch. Sie lieben ihn und nennen ihn mit guten Namen, nicht um ihm über den Schmerz seiner Wunde hinwegzuhelfen, sondern, um seiner Hoheit und Ferne willen. Sie lieben ihn, sie verehren ihn, weil er aus ihrem Spiel ausgeschieden ist.

Auch ich lag da, erfüllt von einer noch nicht erlebten Heiterkeit. Ich gedachte, das heißt, unsagbar wirklich liefen vor meinen Augen vergangene Spaziergänge vorbei, breite Lichtungen, über denen brennende Phönixe und goldene Geier standen, rasche, schmale, steinige Flüsse mit kleinen Inseln, auf denen schwarze Kreuze sich erhoben, Zyklamenwiesen, weiße Straßen am Lech abschüssig an Felsen gelehnt, Schlangen schossen querüber ins Wasser, Meere stießen weiß an die Schale ihrer Küste und ein Geruch von Segelschiff war da, unwiederholbar für das Gedächtnis.

Jetzt trat eine geistliche Schwester ein.

Sie mochte achtundzwanzig Jahre alt sein, hatte ein frisches, lebendiges rundliches Gesicht von guter, überhauchter Farbe. Das glänzende Gebiß trat ein wenig unter vollendet erschaffenen Lippen vor. Eine weiche junge Frau, deren Kinderchen schon schlafen sind, und die sich anschickt ins Theater, zu einem Fest zu gehen, so erschien sie.

»Ich bin die Schwester Rosamunde und habe auch mit die Aufsicht über Ihr Zimmer«, so stellte sie sich vor und gab mir das Fieberthermometer unter den Arm. – Wie es in solchen Momenten gewöhnlich geht, kam nach tagelangem Schweigen eine große Redseligkeit über mich. Heftig erzählte ich das Ereignis meiner Verwundung, den Grund meiner Reise, woher ich war; alles, was ich sprach, war mir gleichsam selbst neu, ich war wie ein schweigender Dritter dabei und lauschte den Abenteuern wie es erregte Kinder tun, ich log aus Begeisterung.

Die Schwester hörte aufmerksam freundlich zu, nickte, fuhr mir einmal über die Stirne und lächelte dann. Eine ganz junge Nonne trat in die Türe und hielt die Augen niedergeschlagen.

»Dies hier ist die Schwester Hierata«, sagte Schwester Rosamunde, »sie wird Ihnen dienen. Kommen Sie näher, Schwester.« Rosamunde sprach noch manches mit mir, lobte mein Zimmer, verhieß mir eine gute Zeit, ich hätte auch nicht allzu hohes Fieber, was gute Vorbedeutung wäre.

Hierata stand daneben, hielt meist die Augen gesenkt. Nur manchmal traf, als wäre ein heiliges Geheimnis am Werk, ein schwärmerischer Blick Rosamunde, die dann mit gleichem Blick einstimmte, als fänden beide etwas bestätigt.

Plötzlich sagte Rosamunde: »Ich bitte den Herrn, zu entschuldigen, aber wir möchten jetzt fort zum heiligen Tisch.«

Ich bat drum, sich nicht aufhalten zu lassen. Vor der Türe standen die beiden einen Augenblick in einer unbeschreibbar anmutig geisterhaften Umschlingung da und sagten, während draußen viele Glocken schlugen, im Duett: »In zwanzig Minuten sind wir wieder hier.« Ich mußte einen Augenblick an die Zauberflöte denken.

Sie hielten Wort. Schwester Rosamunde stand wieder vor meinem Bett, Hierata mit gesenkten Augen in der Türe.

»Ihnen ist heute eine große Gnade widerfahren«, sagte Rosamunde. »Wie denn das?« fragte ich gepackt.

»Sie haben einen Fingerzeig bekommen.« Mir fiel die Zigarette aus der Hand. »Ist das auch ein Fingerzeig?« sagte ich.

»Gewiß ist das auch ein Fingerzeig. Und bedeutet, daß Sie nicht rauchen sollen.«

»Dann wäre alles Fingerzeig!«

»Gewiß, alles ist Fingerzeig.«

»Dann ist Fingerzeig keine Gnade, sondern das Alltägliche.«

»Doch, er ist Gnade, wenn er deutlich redet.«

»Was bedeutet denn der Fingerzeig, der mir geschenkt worden ist?«

»Den alten Weg zu verlassen, weil er gefährlich ist!«

»Ist also mein Unfall eine Strafe?«

»Nein, keine Strafe, aber ein Wort Gottes an Sie.«

»Warum redet Gott so?«

»Das Wort ist abgeschlossen. So kann sich Gott nur verständlich machen wie ein Stummer. Durch Bewegung. (So hat einmal ein mir bekannter Bischof C . . . gesagt.)«

»Sie sind eine große Theologin.«

»Nein, ich weiß gar nichts. Aber Schwester Mechtilde unsere Oberin, ist sehr gelehrt.«

»Was würde mich, nach Ihrer Ansicht, von dem bösen Wege retten?«

»Sie haben vielleicht eine Aufgabe, die Ihnen vorbehalten ist. Der Himmel scheint sich für Sie zu interessieren.«

»Das wäre eine Ungerechtigkeit des Himmels gegen andere. Dann wäre der Himmel kein Himmel mehr.«

»Wissen Sie so viel vom Himmel, um das zu beurteilen?«

»Nun, was soll ich tun?«

»Es gibt doch nur einen Weg!«

»Welchen?«

»Wenden Sie sich der Kirche zu.«

»Die Kirche reicht für meinen Verstand nicht mehr aus. Ich verurteile sie. Sie ist eine Feindin Gottes. Vom Menschen erschaffen, um über den Menschen mächtig zu sein.«

»Gott hat sie als Hinterlassenschaft seines Wandels einge-
setzt.«

»Wer verbürgt mir das?«

»Seine Schrift.«

»Wodurch?«

»Durch das Wort! Petrus, du bist der Felsen...«

»Genügt Ihnen überlieferte Schrift auf Pergamenten?«

»Wodurch soll denn das Wort festgehalten werden, wenn
nicht durch Schrift?«

»Ich kann nicht gläubig sein.«

»Dann würden Sie auch nicht lebendig freudig und
schmerzlich sein können.«

Hierata trat auf mich zu, legte mir die Hand auf den
Mund und sah Schwester Rosamunde mit angstvollem Blick
an.

(Fortsetzung folgt, wenn Gott es will.)

Karl Theodor Hoeniger
Die acht Bozner Seligkeiten

1933

So alt wie die Stadt und aus gutem Holz
Ist der Bozner Schlag und der Bozner Stolz;
Jedoch um ein richtiger Bozner zu sein,
Genügt nicht nur der Heimatschein.
Dazu muß man seit alten Zeiten
Auch teilhaftig sein der acht Seligkeiten,
Durch die ein jeder, noch eh er stirbt,
Bei uns hier den Himmel auf Erden erwirbt.
Als erste muß man unter den Lauben
Ein Haus besitzen. Um eigene Trauben
Und eigenen Wein für den Hausgebrauch

Der Kirchturm im Reschensee

Dreikirchen bei Barbian

oben: *Römerbrücke in Meran*
unten: *Die Brunnenburg, auf der Ezra Pound lebte*

Die Trostburg bei Colma

Der Kreuzgang im Brixner Dom

Der Dom von Brixen

Pacher-Altar in der Alten Pfarrkirche
zu Unserer Lieben Frau in Bozen-Gries

Seiser Alm und Langkofel

St. Magdalena mit den Geislerspitzen

Zu haben, muß man zweitens auch
In Gries oder in Zwölfmalgrein
Mit einem Höfl begütert sein.
Ganz unerläßlich ist zum dritten
Ein Sommerfrischhaus am luftigen Ritten
Und damit verbunden das Recht zum Tragen
Des weißen Mantels mit rotem Kragen.
Vor Gott und den Menschen sich richtig zu zeigen,
Sei viertens jedem ein Kirchenstuhl eigen.
Dazu als Ergänzung im weltlichen Sinne
Hat fünftens man eine Loge inne
Im Stadttheater. Und sintemal
Ein jeder dieses Jammertal
Verlassen muß zu seiner Zeit
Und nach der Bozner Seligkeit
Zur ewigen wird eingeladen,
Ist sechstens unter den Arkaden
Am Friedhof ein Familiengrab
Vonnöten, und zum siebten hab'
Man – dieser Punkt ist wenig klar –
Nur einmal jedes halbe Jahr
Die Wäsche, weil man Gott sein Dank,
Sie reichlich hat in Truh' und Schrank.
Als achte verlangen die einen genau,
Man müsse verwandt sein mit der Frau
Von Zallinger oder – wofür ich bin –
Verheiratet mit einer Boznerin;
Denn dieses war zu jeder Zeit
Die höchste Bozner Seligkeit.

Pietro Di Spazio
Prodigi*
1983

A Prissiano
sono apparsi due soli

a Siusi
è caduta la pioggia
mista a latte

a Sarentino
un bambino appena nato
ha detto prosit

a Urticetum
uno sciame d'api
si è stabilito nella torre

a Castelrotto
una mula ha partorito

a Bolzano
Pietro Di Spazio
ha scritto un libro
di poesie tirolesi.

---

* Wunder / In Prissian sind zwei Sonnen erschienen / In Seis ist Regen
gefallen vermischt mit Milch / In Sarntheim hat ein Neugeborenes
prosit gesagt / In St. Ulrich in Gröden hat ein Schwarm Bienen im
Turm ein Nest gebaut / In Kastelruth ist eine Mauleselin niederge-
kommen / In Bozen Pietro Di Spazio hat ein Buch Tiroler Gedichte
geschrieben.   D. J.

Hans von Perthaler
Marie von Mörl, die arme Leidende. Alles Leid des Himmels und der Erde lastet auf ihr!
1840

Kaltern, 8. September.

Schnell vorwärts rollen die Räder des ungeheuren Wagens, der die Welt der Erscheinungen weiter trägt. Lange fühlen wir's nicht, und an manchen Tagen sprengen sie alle Tore und strömen auf das erschreckte Herz ein. Die Natur baut hier in üppiger Fülle ihre schönen Gaben, und zwischen dunklem Gelaube glänzen die verschiedensten Früchte. Burgen und Schlösser rings umher! Das will mir nicht gefallen, dadurch wird nur der Dynast in seinem Wahn bestärkt. Des Anblicks aber freue ich mich doch ungeteilt und um so mehr ich der überraschenden Neuheit Tribut zolle. Im Schatten des B.'schen Hauses, am grünen Tisch, vor mir der große Nußbaum und weiter rückwärts der Eingang des Sarntales.

Da sitz ich nun und sinne nach über die merkwürdige Erscheinung, die ich gesehen. – Marie von Mörl, die arme Leidende. Alles Leid des Himmels und der Erde lastet auf ihr! Ihr Leib wie eine Leiche, ihre Seele von dem Gefühl der Schmerzen des Christen-Heilands durchdrungen. Was er nur einmal litt; die Kreuzigung, stürmt auf sie periodisch ein. Und da kommen sie und beten sie als eine Heilige an, die Arme, die nichts weiß davon und nur leidet und gar nicht ein Stückchen Schuld daran trägt, daß man aus ihr ein Wunderbild macht.

Wenn ein Betrüger an ihrem Leiden Schuld trägt, wenn er es hervorgerufen, wenn er es gefördert hat, zur gar sonderbaren Ehre Gottes, dann möge ihn der Teufel holen! Eben fällt mir wieder ein, daß es wahrscheinlich keinen Teufel gibt, und das tut mir in diesem Fall ehrlich leid.

In der Bozner Altstadt

Große Exkursion auf Greifenstein. Von sieben Uhr morgens
bis sieben Uhr abends. So hätten wir Bozen von mehreren
Seiten her angesehen. Eine eigene Seite heißt Madeleine; sie
hat große, graue Augen, bemüht sich, gescheit und witzig zu
sein. Sie gehört zur Bozener Aristokratie. Dieses letztge-
nannte Tier ist eine ungestaltige Bestie des lieben Herrgotts
und macht ihm viel Schande, aber wenig Verdruß, denn sie
katzenschwänzelt ihm ins Gesicht; sucht ihn täglich in seinem Hause, also im Schlafrock auf und sucht überhaupt mit
ihm auf gutem Fuß zu leben. Ich will es zwar auch, doch
finde ich ihn lieber, wenn er sich an seinen großen Werkstuhl
der Natur oder an das ungeheure Rad der Geschichte zur

ewigen Arbeit gesetzt hat. Dann sehe ich ihm schweigend zu, belästige ihn übrigens mit keinem weiteren Geschwätz, wenn die Leute ewig rufen: Vater rufen oder Unser Vater, so kommt er mir vor wie ein Herr, den das ganze Bettlervolk eines Dorfes anspringt und anbettelt.

Der ganze Tag war nur eine Reihe von mittelmäßigen Genüssen, essen, trinken, Aussichten schauen. Messe hören, schwätzen von allerlei. Nichts, Steigen und Fallen, Sonnenschein und Schatten und unter allen diesen Dingen Langeweile, trostlose Langeweile.

Ein eigen komisches Ding ist es, wenn man das adelige Volk wie eine Bagatelle behandelt. Dann geben sie sich die größte Mühe, durch Freundlichkeit die standesgemäße Anerkennung zu finden. So hat es mir gestern eine bequeme Fahrt eingetragen, indem mich der Baron in seiner Equipage von Kaltern nach Pauls kutschierte, während von der linken Seite her dem Burschen ein Landrichter hofierte.

Ludwig Steub
Ihre Krankheit ist kein Wunder, aber ihre Frömmigkeit ist keine Krankheit
1871

In Kaltern lebt also Fräulein Maria von Mörl, das kranke Mädchen, das seit den Jahren 1833 und 1834 in ihrem Vaterlande und weit darüber hinaus so viel zu sprechen macht. Fräulein Marie, die 1812 geboren ist, war ein frommes, liebenswürdiges Kind, immer mehr leidend als gesund. Schon im fünften Lebensjahre stießen ihr bedenkliche Hämorrhagien zu, und bis in ihr zwanzigstes hatte sie mehr als eine lebensgefährliche Krankheit überstanden. In diesem Alter traten jene innerlichen Plagen ein, die man die tentatio diabolica nennt. Sie wurde ohne Unterlaß durch scheußliche Gestalten gequält, die sie bei Tag und Nacht durch das Zimmer schreiten sah, arme Seelen schleppend, die sie anschrien und ihr zuriefen: du bist verworfen und verdammt. Von denselben Phantomen, schwarzen, wilden Männern, meinte sie auch körperlich geplagt, geschlagen und gemartert zu werden. Diese Gesichte verschwanden indessen, als man im Jahre 1833 den kirchlichen Exorzismus angewendet hatte. Im nämlichen Jahre zeigte sich bei ihr auch die erste Ekstase, ein Zustand psychischer und physischer Abgezogenheit von äußern Einwirkungen. Damals blieb sie sechsunddreißig Stunden lang in solcher Verzückung. Der Ruf dieser wunderhaften Erscheinung verbreitete sich schnell über Nachbarschaft und Ferne, und im Jahre darauf schon war der Zulauf ungeheuer. Von Ende Julius bis zum fünfzehnten September sollen über 40000 Menschen in dem Dorfe gewesen sein und an manchen Tagen zogen über 3000 Gäste durch das enge Zimmer der Kranken; ja, wie wir schon gesagt, manche Gemeinden kamen in Prozessionen mit ihren Priestern, mit Kreuz und Fahnen. Zu damaliger Zeit trat auch eine geistliche Untersuchung ihres Zustandes und ein strenges Verhör aller nahestehenden Personen ein. Der Fürstbischof Luschin von Trient, ein geistreicher und aufgeklärter Mann, war selbst gekommen, um diesen Augenschein einzunehmen. Er soll nach reiflicher Prüfung seine Meinung dahin abgegeben haben: Ihre Krankheit ist kein Wunder, aber ihre Frömmigkeit ist keine Krankheit.

Im folgenden Jahre erschienen auch jene Blutmale an den Händen, an den Füßen und an der Seite, welche man die Stigmata nennt; seit dieser Zeit aber dauert ihr Zustand, geteilt zwischen Ekstase und Wachen, ohne neue Phänomene fort.

Seit längern Jahren ist der freie Besuch nicht ohne

Schmerz der Kalterer aufgehoben, und der Zutritt findet nur mit großer Beschränkung statt. Nachdem die Erlaubnis erwirkt war, fand ich mich – im Mai 1844 – mit einem Bozner Freunde und einem Franziskaner-Pater vor der Pforte des Nonnenklosters, welches sich Fräulein Marie seit mehreren Jahren zum Aufenthalte ausersehen. An der Pforte hatte sich auch eine reisende Französin zu uns gesellt, eine ältliche Dame, die eben von Rom und Loreto kam, in einer Kreuzfahrt auf Mirakel begriffen, wie sie denn auch von Kaltern gleich wieder nach Capriana zog, um die dortige Heilige zu besehen, welche noch merkwürdiger ist. Wir standen also an der Türe, die in ein Zimmer führte, aus dem uns Pater Capistran, der Beichtvater, näher zu kommen winkte. So betraten wir das kleine Gemach, in das durch geschlossene Jalousien nur dämmerndes Licht fiel. Einfaches Hausgeräte, etliche Bilder an den Wänden, links am Fenster ein kleiner Altar, diesem gegenüber auf dem Bette, und zwar auf dem untern, dem Altare zugewendeten Rande, das Fräulein in weißem Gewande, selbst weiß wie Marmor, lange, schwarze Haare über den Nacken, kniend, die gefalteten Hände zum Kinn emporgehoben, die großen Augen regungslos aufwärts gerichtet, sie selbst ohne Regung und scheinbar ohne Leben. Eine stille Feierlichkeit lag über der jungfräulichen Gestalt und hielt uns Männer in bescheidener Entfernung, bis uns der Pater an das Lager führte. Wir sollten nur scharf hinsehen, es rühre sich kein Augenlid, was wir auch richtig so befanden. Nach allen den Leiden, dem Brustweh und Halsübel, die sie in letzterer Zeit wieder dem Tode nahe gebracht, war die Verzückte eine überraschende Erscheinung, denn sie war zwar bleich, aber im Gesichte ganz voll, was Ennemoser freilich aufgedunsen nennt. Von ihrer Stellung wird behauptet, sie berühre die Unterlage nur mit den Zehen, zwischen jener aber und den Knien könne man ein Kartenblatt leichtlich durchschieben. Nach einer Weile rief sie Pater Capistran leise beim Namen, um die Ekstase zu enden, und augenblicklich sank sie rückwärts und lag auf dem Kopfkissen, milde lächelnd, mit einem kindlichen Ausdrucke in den muntern Zügen. Seit dem Jahre, wo die erste Ekstase eingetreten, spricht das Fräulein mit niemand mehr als mit ihrem Beichtiger, und auch mit diesem nur, wenn dritte Personen nicht zugegen sind. Die Fremden werden ihr vorgestellt, und sie lächelt ihnen dann bewillkommnend entgegen. Wir Herren, wie es von unsrer Wohlgezogenheit nicht anders zu erwarten, hielten uns unaufdringlich, rückten nur so nahe heran, als uns die beiden Patres führten, und betrachteten mit schweigender Teilnahme das kranke Mädchen.

Wenn man sich nun erkundigt, wie das innere Leben Mariens während ihrer Verzückungen beschaffen sei, erfährt man, »daß sie sich mit einer fortlaufenden innern Anschauung des Lebens und Leidens Christi, mit Anbetung des heiligen Altarsakraments und mit einem wohlgeregelten, betrachtenden Gebete nach der Ordnung des Kirchenjahrs beschäftige«. Am Donnerstage und Freitage folgt sie der Leidensgeschichte, und am letztern Tage um drei Uhr tritt der ekstatische Todeskampf ein, der in der christlichen Mystik von Görres beschrieben ist. Ein fröhliches Begängnis wird der heiligen Zeit um Weihnachten zuteil, wo Marie laut jubelt über die Geburt des Herrn und das Kindlein in den Armen wiegt; auch geht es lustig zu, wenn die Hochzeit zu Kana gefeiert wird. Dann frohlockt sie mit den Hochzeitsgästen und gibt durch freudige Gebärden ihre mystische Teilnahme an dem biblischen Vorgange zu erkennen.

Die Heilige von Kaltern ist am 11. Jänner 1868 gestorben. Spätere Berichte über ihr Wesen lauten viel weniger – galant, als der vorstehende. Einige sprechen unumwunden von Pfaffentrug, andere tadeln bitter, daß die arme Haut unter den Augen der Obrigkeit dem Pater Capistran auf Lebenszeit zu ekstatischen Produktionen überlassen wurde, während ein verständiger Arzt sie leicht hätte heilen können. Die Kalterer ließen sich's gerne gefallen, daß so viele Herrschaften, so viele Bürger und Bauernleute daherkamen und sich nach Bewunderung der Ekstase in ihren Wirtshäusern einen guten Tag antaten, aber sonst sprachen sie ziemlich geringschätzig von dem Fräulein. Sie schüttelten, liest man, die Köpfe und wunderten sich, wie es »die Mörl Marie« nur aushalte, wenn sie alle Tage »spielen« müsse. Ich erinnere mich auch noch aus dem Jahre 1844, daß Wirtin und Kellnerin keineswegs für sie eingenommen waren. Letztere behauptete sogar, sie dürfe nur deswegen mit niemand reden, weil sie so – dumm sei und sich blamieren würde usw.

Auffallend war, daß der Zustand des Fräuleins bald nach seiner Epiphanie endemisch zu werden drohte. Überall in der Runde standen Mädchen auf, die von der tentatio diabolica zu leiden haben wollten und daraus als Heilige hervorzugehen gedachten. Namentlich taten sich in diesem Stücke die Passeierer Mädchen hervor. Von den Frommen zu Bozen wurde die hysterische Legion besonders gehätschelt, als eine Gnade des Himmels, der das gottselige Etschland vor allen andern Ländern auszeichnen wolle. Man muß der Geistlichkeit die Anerkennung zollen, daß ihr diese Ehre zu groß schien. Sie trat zweifelnd dazwischen und verwies die Aspirantinnen an die Ärzte. Manche gaben dann die Sache wieder auf; andere siechen noch jetzt ohne Nimbus fort. Die bedeutendste dieser unächten Nebensonnen war die Heilige von Tscherms, einem Dörfchen bei Lebenberg. Sie war die Pflegetochter eines wohlhabenden Bauern und fühlte die Gnade zuerst im Jahre 1836. In ihrem Beichtvater, dem

Curaten, fand sie endlich den Gönner, der ihren Zustand zur Kenntnis der Christenheit brachte. Im Jahre darauf zeigte sich die Gabe der Weissagung; damit wuchs auch die Berühmtheit und der Besuch.

5. Stimmen aus dem Mittelalter

Franz Tumler
Ein Buch ›Abrogans‹
1971

Wenn man von den Anfängen der Literatur eines Landes spricht, kommt man auf die Anfänge von Besiedlung und Gründung der ersten Orte; das beweist nur, daß Literatur eine ›erste Sache‹ ist: überall, wo der Mensch für sein Leben zu Form kommt, gibt es auch Literatur. Diese Anwesenheit von Literatur im Augenblick der Kulturgründung zeigt ihren ersten Rang als Lebensäußerung an. Daß dies am Beispiel Südtirols so deutlich ist, hat mich doch überrascht.

Ich habe einen Blick auf die Vorgänge am Anfang Südtirols zu geben versucht und bin auf den Namen *Arbeo* gestoßen; dieser Name steht auch als Hauptname über einer ersten südtirolischen literarischen Epoche; und man muß gleich hinzufügen, daß sie über Südtirol hinaus einen weiteren Raum betrifft, einen, wie der tiroler Germanist Bernhard Wurzer sagt, ›langobardisch-bairischen Kulturkreis mit den drei Zentren Freising–Salzburg–Pavia‹, aber ein Kern in diesem Kreis ist Südtirol.

Arbeo ist uns begegnet als Zeuge, Zeitgenosse, der noch im 8. Jahrhundert das ›castrum Maiense‹ in Meran, die von den Römern befestigte Zollstation, gesehen hat – sie war so lange erhalten geblieben. Er ist uns wieder begegnet als Bischof von Freising, Vorgänger des Bischofs Atto von Freising, der aus Innichen kam; und wir haben Arbeo ›berühmt‹ genannt: das hängt schon mit seiner literarischen Bedeutung zusammen. Sie war übrigens lange Zeit kaum erkannt. Arbeo galt als Mann mittlerer Bedeutung, Verfasser eines Werkes, das in der Fachwissenschaft den Namen ›Keronisches Glossar‹ hatte. Der Germanist Baesecke hat ihn hervorgehoben. Aber erst jüngste Forschungen, vor allem des Innsbrucker Professors Karl Kurt Klein, haben ihn in seinem Rang als erste Person in der literarischen Entwicklung der Epoche entdeckt. Die grundlegende Arbeit Kleins dazu ist 1954 unter dem Titel ›Die Anfänge des deutschen Schrifttums – Vorkarlisches Schrifttum im deutschen Südostraum‹ erschienen. Das Wort ›vorkarlisch‹ mag manchem Leser neu sein, es heißt ›vorkarolingisch‹ oder ›vor Karl dem Großen entstanden‹. Das war die Literatur dieser bislang wenig beachteten Zeit.

Arbeo war Südtiroler. Er stammte aus Meran, genauer aus dem Ort an jenem ›castrum Maiense‹: aus Mais bei Meran. Er wurde 724 geboren, als der Ort unter bairischer Herrschaft stand; man kann also sagen, er wurde als ›Baier‹ geboren. Aber schon ein Jahr später, 725, kam das Gebiet unter langobardische Staatshoheit und blieb so, allerdings nur kurz: bis 732, als es die Baiern zum zweiten Mal und für dauernd ergriffen. Zu der Zeit war Arbeo acht Jahre alt. Aber die langobardischen Einflüsse müssen während der sich nun festigenden bairischen Herrschaft weiter bis herauf in die Gegend gereicht haben. Von Arbeo wenigstens ist uns bekannt, daß er an der langobardischen Hofschule des Königs Ratchis in Pavia studierte oder in dem ebenfalls langobardischen Kloster Bobbio. Dieses Kloster war durch seine Bibliothek berühmt. In ihm waren die von den Ostgoten geretteten arianischen Schriften aufbewahrt. Es mag zutreffen, was Bernhard Wurzer sagt: daß Arbeo dort eine ›besondere Bildungsatmosphäre‹ vorfand, die einer ›langobardisch-italienischen Kultur‹; und man kann sich vorstellen, daß er von ihr in seinen Jünglingsjahren entscheidend mitgeprägt wurde. Im Jahr 763, also 39 Jahre alt, kam er in eine abrupt andere Atmosphäre: ihm wurde die Leitung des

Klosters Scharnitz an der tirolisch-bayrischen Grenze übertragen. Der Ort mag ihm karg vorgekommen sein nach den langen italienischen Jahren, er blieb auch nicht lange dort. Schon ein Jahr später, 764, übernahm er das Bistum Freising bei München. Wir haben Nachweise, daß er die Schulen und die Verwaltung in Freising nach dem Vorbild seiner langobardischen Erfahrung einrichtete. Wichtiger für uns ist hier seine bald rege literarische Verbindung zu seinem Diözesannachbarn, dem Bischof Virgil in Salzburg. Virgil, dessen Lebensdaten 710-784 sind, stammte aus Irland. Zur Zeit als Arbeo mit ihm in Verbindung kam, war Virgil 54 Jahre alt.

Aber eine zweite von Italien nachwirkende Verbindung ist bei Arbeo nicht ausgeschlossen. Er könnte in den Jahren dort mit dem großen langobardischen Gelehrten und Dichter Paulus Diaconus zusammengetroffen sein. Durch diese Verbindung konnte Arbeo unmittelbar an die Antike anknüpfen, und nicht nur an die römische: das war ein Einstrom von Welt, zu der das spätere ›karlische‹ Schrifttum keinen direkten Zugang mehr hatte. Man muß sich dazu klarmachen, daß die Langobarden in Italien Nachbarn des von Byzanz regierten oströmischen ›Exarchates‹ waren, Nachbarn einer späthellenischen Kultur; erst dann kann man etwas von der Weite dieses Einstroms bei Arbeo ahnen.

Seine literarischen Werke waren zunächst zwei Heiligenleben: eine ›Vita Corbiniani‹, 770; Korbinian war der erste Bischof von Freising und Arbeos Vorgänger. Dann eine ›Vita Haimhrammi‹, Lebensbeschreibung dieses Bischofs von Regensburg, entstanden 772.

Die ›Vita Corbiniani‹ ist dem Bischof Virgil von Salzburg gewidmet. Von ihm kamen Ratschläge und Einflüsse irischer Art. Es waren auch hier Einflüsse aus weit zurückgehender Überlieferung.

So sehen wir bei Arbeo gleich zwei Traditionen mitwirken: von Pavia die langobardisch-antike und von Virgil die irische. Beide bestimmten ihn bei der Niederschrift des ›deutschen Abrogans‹, früher ›Keronisches Glossar‹ genannt. Er ist (nach Bernhard Wurzer) ›das erste deutsche Buch‹. Er ist ein alphabetisch geordnetes deutsch-lateinisches Wörterbuch; und das Wort ›Abrogans‹ (von ›abrogare‹, zu deutsch ›angleichen‹, ›aufheben‹, besonders in der Bedeutung ›Aufhebung der Gesetze‹) war das erste Wort in diesem Wörterverzeichnis, daher der jetzt gebräuchliche Name für das ganze Buch. Ich frage mich, ob dieser Name in dieser Bedeutung ›Angleichung‹, ›Aufhebung der Gesetze‹ hier bei diesem Schritt vom Lateinischen ins Deutsche eine symbolische Bedeutung haben könne.

Die konkrete Absicht, mit der Arbeo sein Buch schrieb: der ›Abrogans‹ sollte ein Werk sein, durch das eine ›lingua inculta atque inconsueta‹, eine ›kulturlose und in sich unzusammenhängende Sprache‹ wie das bisher schriftlose Deutsch auf die ›Ebene der Schrifttümlichkeit‹ (ein Ausdruck von Bernhard Wurzer) gebracht wurde, um sie ›kulturfähig‹ zu machen. Er ist das Hauptwerk der – wie Karl Kurt Klein sie nennt – ›vorkarlischen‹ Literatur. Der Gedanke, deutsche Wörter zusammenhängend zu schreiben (Wörter aus der Umgangssprache, und auch selbst gefundene Wörter), ist bei Arbeo durch seine langobardische Vorbildung entstanden – auch durch ›Vorbilder‹ wie die langobardischen Gesetzestexte.

Wir haben von einer möglichen persönlichen Verbindung zwischen Arbeo und Paulus Diaconus gesprochen. Dieser Diaconus, Sohn eines Langobarden Warnefried, hat in lateinischer Sprache eine ›Historia Langobardorum‹ geschrieben; sie ist sein Hauptwerk. Sie ist aber nicht nur eine Geschichte der Langobarden. Diaconus hat in sein Buch

auch die langobardischen Sagen aufgenommen. In ihrem
ursprünglichen Text: langobardisch, hatten diese Sagen eine
feste, dichterisch geprägte Form. Paulus Diaconus löste
diese Form bei seiner Übersetzung ins Lateinische auf; er
schrieb Prosa. ›Er rettete so‹, wie Bernhard Wurzer sagt, ›bei
Zerstörung der Form, Inhalt und Stoff der langobardischen
Heldendichtung‹.

Dieser Reichtum an Stoffen ist dann, in der lateinischen
Übersetzung, auf den Handelswegen zwischen Süden und
Norden, aus Pavia über die Alpen gekommen; Karl Kurt
Klein schreibt: ›über Freising – Salzburg in den binnendeut-
schen Raum‹.

Siegfried Obermeier
Walther von der Vogelweide –
Waltherus de Gredena

1980

*Um 1600, im Gefolge des Humanismus, erwachte ein lebhaftes Inter-
esse für Walther von der Vogelweide, für seine Dichtung wie für seine
Vita. Der St. Galler Melchior Goldast hielt damals den ostschweize-
rischen Kanton Thurgau für Walthers Heimat. 1864 erklärte Franz
Pfeiffer die Gegend von Sterzing am südlichen Brenner für die Ge-
burtsstätte, eine Annahme, die später vom Vogelweidhof oberhalb von
Waidbruck im Lajener Ried im Grödental abgelöst wurde. Als weitere
Konkurrenten wurden dann Dux in Böhmen, Würzburg, Frankfurt,
Feuchtwangen (von Karl Bosl) angenommen; Feuchtwangen als
Walthers Heimat ist der gegenwärtig jüngste Stand des Irrtums. Der
Reiche hat manchen Vater, der Arme keinen; um den Ort von Homers
wie von Walthers Wiege setzt sich die Diskussion fort. Der Münchner
Siegfried Obermeier neigt der Südtirol-These zu.* D. J.

Die Ministerialen waren ursprünglich unfreie Dienstleute kleinerer Fürsten oder höherer Hofbeamter und erhielten im Laufe des zwölften bis vierzehnten Jahrhunderts mehr und mehr Vorrechte. Sie übten Ritterdienst, erwarben Lehen, wurden schließlich den Rittern gleichgestellt und dem niederen Adel zugerechnet. Es spricht einiges dafür, daß Walther aus einer solchen Familie kam und schließlich – um 1220 – nach Erhalt seines Lehens als ›miles‹ (Ritter) angesehen wurde.

Wir wollen Walther zunächst als Sohn eines kleinen Südtiroler Dienstmannes betrachten, für den es nur zwei Möglichkeiten gab: Entweder er trat in die Fußstapfen des Vaters, oder er ging hinaus in die Welt und versuchte dort sein Glück. Wo immer Walther als Sohn eines kleinen Ministerialen auch aufgewachsen sein mochte, es geschah im Bannkreis eines Herrschaftssitzes, einer ritterlichen Burg. Sollte er seine Kindheit nun tatsächlich im Bereich des Vogelweiderhofes auf dem Lajener Ried verbracht haben, so konnte er von dort hinüberblicken zur Trostburg, wo noch heute Nachkommen von Walthers spätem Zunftgenossen, dem Dichter Oswald von Wolkenstein (1377-1445), leben.

Palas und Bergfried sollen um 1200 errichtet worden sein, doch ist es nicht unwahrscheinlich, daß schon vorher eine bescheidenere Anlage bestand, auf die Walther von seinem Elternhaus hinabsehen konnte. Ja, er sah hinab, denn der Vogelweiderhof liegt um etliches höher als die Trostburg. Wir haben aber noch einen Anhaltspunkt für unsere Annahme, und zwar die Tatsache, daß 1151 in einer Neustifter Urkunde als Dienstmann des Ritters Heinrich von Lajen ein »Waltherus de Gredena« (Walther von Gröden) erwähnt wird. Die Burg dieses Herrn von Lajen muß wohl auf dem heute noch sogenannten »Burgstallhügel« im Ried gestanden haben, wo auch noch einiges Mauerwerk vorhanden ist.

Im deutschen Sprachraum ist es ein alter Brauch, den Enkel nach dem Großvater zu benennen. Denken wir also die Sache ruhig zu Ende: Walther von der Vogelweide konnte recht wohl ein Enkel dieses Walther von Gröden gewesen sein. Das Lajener Ried liegt ja genau am Beginn des Grödner Tales, und Nichtadelige wurden damals nach ihrem Heimatgebiet genannt. Walthers Vater könnte dann als Ministeriale der Herren von Lajen den kleinen Vogelweiderhof zu Lehen bekommen haben. Freilich könnte dieser Walther von Gröden auch der Vater unseres Dichters gewesen sein. Wäre er bei seiner Erwähnung im Jahre 1151 etwa zwanzig bis fünfundzwanzig Jahre alt gewesen, so hätte er Walther als Vierzig- bis Fünfundvierzigjähriger gezeugt. Gesetzt den Fall, der genannte Dienstmann wäre damals schon ein Fünfziger gewesen, dann kann es sich allerdings nur um den Großvater handeln.

Das schon 990 urkundlich erwähnte Lajen thront in luftiger Höhe (1100 m) auf einem flachen Felsplateau, wo das Grödner Tal ins Eisacktal mündet. Die 1147 erstmals erwähnte Kirche St. Laurentius wird Walther ebenso gekannt haben wie die in Sichtweite am anderen Talhang thronende erste Trostburg, die 1173 – also um die Zeit von Walthers Geburt – ein Ritter »Cunrat de Trostperch« bewohnte. Ob das 1343 geweihte Kirchlein St. Katharina im Ried schon eine Vorgängerin hatte, wissen wir nicht. Es liegt unterhalb des Vogelweiderhofes, der zu Fuß von der Straße nach Lajen in wenigen Minuten zu erreichen ist. Von hier sieht man den im Südosten gewaltig aufragenden, meist schneebestäubten Kamm des Schlern. Wer den kleinen Vogelweiderhof betritt, wird von der Familie Mair freundlich eingeladen, sich im dicken Gästebuch zu verewigen. Es ist im Laufe der Jahrzehnte schon auf mehrere Bände angewachsen. Die heutigen Vogelweidebauern sitzen seit Jahrhunderten auf dem Hof.

Der Vogelweidhof im Lajener Ried

Allerdings müssen wir hier auf eine weitere Möglichkeit hinweisen. Unterhalb des Kirchleins St. Katharina liegt der »Unterfinser Hof«, ein stattliches Anwesen von der Art der in Südtirol häufigen Edelsitze. In der Umgebung dieses seit 1140 bezeugten Hofes wurden mehrere mittelalterliche Vogeltennen nachgewiesen, ebenso der alte Flurname »die Weid«. So halten es einige Forscher für wahrscheinlicher, daß Walther aus diesem unteren Anwesen stammt, als aus dem höher gelegenen und viel kleineren Hof »zur Innervogelweid«.

Auf jeden Fall dürfen wir zur Zeit von Walthers Kindheit die Existenz zweier Burgen im Gebiet von Lajen voraussetzen. Es ist anzunehmen, daß hier wie auf anderen Burgen fahrende Sänger auftraten. Vielleicht war sogar Reinmar von Hagenau darunter, der zwar aus dem Elsaß stammte, doch überwiegend in Österreich lebte. Möglicherweise lernte Walther schon als Kind einen solchen Sänger kennen. Aus dieser Bekanntschaft mag sich dann, unter anderem, seine Berufung als Dichter ergeben haben. Er gelangte am Ende seiner Jugendzeit – auf welche Art auch immer – an den Hof der Babenberger zu Wien/Klosterneuburg.

Franz Hieronymus Riedl
Die Trostburg
1978

Beherrschend erhebt sich auf einem Felssporn an dem süd-östlichen Berghang über der Mündung des Dirschenbaches aus dem Grödnertal in den Eisack und dem Aufstieg auf die Mittelgebirgsterrasse von Kastelruth 150 Meter über der Talsohle des Eisacks zwischen den Dörfern Waidbruck und Kollmann an der Brennerstraße die stattliche Trostburg. Unter ihr rauscht der Eisack auf seinem Weg gen Süden und zieht die alte Kaiserstraße dahin, auf der so viele Heer- und Pilgerzüge, zuerst über den Ritten und dann auf dem Kun-tersweg in der Eisackschlucht, gezogen sind; heute flutet dort der nicht abreißende Strom des Fremdenverkehrs vor-bei. [...] Der älteste nachweisbare Inhaber der Trostburg ist Cunrat de Trostperch 1173, aus einer Linie der bereits seit 1050 genannten Herren von Kastelruth. Im 13. Jahr-hundert kam die Burg an die Herren von Velturns, heute Feldthurns geschrieben, und weiter im 14. Jahrhundert als Lehen an die Herren von Villanders. Herzog Meinhard II. gab sie 1343 an Heinrich und seinen Sohn Ekkehard zu Lehen. Der auf der Trostburg sitzende Zweig der Herren von Villanders erwarb im 14. Jahrhundert die Burg Wolken-stein im Grödnertal und nennt sich seit 1370 von Wolkenstein-Trostberg. Ekkehards Tochter Katharina vermählte sich 1360 mit ihrem Vetter Friedrich von Wolkenstein, nach Ekkehard von Villanders-Trostbergs Tod 1380 war dieser Friedrich Wolkenstein-Trostberg, und seitdem sind seine Nachkommen die Besitzer bzw. Teilbesitzer der Trostburg. Aus der Ehe von Friedrich und Katharina entsproß neben anderen Kindern der berühmte Dichter, Musiker, Abenteurer, Kriegsmann und Diplomat Oswald von Wolkenstein. Geboren wurde er nach neueren Forschungen 1377 auf Schöneck im Pustertal; auf der Trostburg, wo er sich viele Jahre aufhielt, ist ihm nach Aufzeichnungen eines Nachfahren als noch nicht zehnjährigem Knaben »in der Fasnacht doch nicht mit Willen ein Auge ausgeschossen« worden, weshalb er auch »Oswald mit dem einen Auge« genannt wurde.

Zu der ursprünglichen kleinen enggeschlossenen Bautengruppe von Trostberg – dem hart an den Felsenrand geschobenen und seinem unregelmäßigen Verlauf angepaßten Palas, dem später zweimal erhöhten Bergfrit und kleinen Zwinger – kamen in der gotischen Zeit und besonders zu Beginn des 17. Jahrhunderts bedeutende Erweiterungen. Der gedrängten Baugruppe von geschlossener Kraft und malerischem Aussehen wurde in gotischer Zeit der Viereckturm am Michaelstor hinzugefügt. Der sogenannte »Römerturm« auf einer Felsnase hoch über dem Michaelstor, geschützt auf zwei Seiten durch eine eigene Ringmauer und sonst von der steilen Felswand, ist wohl älter. Dieser heute verfallene »Römerturm« ist ein kleines Vorwerk, wegen seiner runden Form wie auch andere in dieser Zeit in Südtirol an Burgen entstandene gotische bewehrte Türme irrig so genannt; eigenartig sind seine niedrigen Turmgeschosse. Sicher ist auch das Michaelstor – an dem ein Wappenstein des Michael von Wolkenstein eingelassen ist – vom ältesten

Bruder Oswalds erbaut worden. In jenem frühen 15. Jahrhundert wurden neben den Sicherungswerken im Vorgelände der Hauptburg auch in dieser selbst bauliche Verschönerungen und Neuerungen durchgeführt. Aus dieser Zeit stammen die gotischen Türrahmen, zwei schön geschnitzte Balkondecken im Palas und der kleine Hof mit den malerischen Arkadenöffnungen in der Hauptburg.

Zum romanischen und gotischen Baubestand kam unter Engelhard Friedrich Freiherr von Wolkenstein in den Jahren 1594 bis 1625 die großzügige Umgestaltung der mittelalterlichen Ritterburg. Die Umgürtung wurde mit ausgedehnten Vorwerken, Batterietürmen und Rondellen erweitert, das Michaelstor und die interessante, heute eingewachsene Sperrmauer in der Tiefe als Verbindung von Hauptburg und Vorwerken wurden verstärkt. Ein innerer Mauergürtel mit Sturmpfählen, Schießscharten und Pechnasen, nochmaliger Erhöhung des Bergfrits und die großartige Inneneinrichtung mit Bemalungen, Stuckierungen und dem prachtvollen Rittersaal mit Renaissancedecke (mit dem Wappen der fünf Familienzweige) sowie mit Ahnenfiguren bildeten den Abschluß der Baumaßnahmen. Der Bauherr wollte – wohl nicht ohne Anregung vom fürstbischöflichen Brixen und landesfürstlichen Ambras her – aus der romanischgotischen Trostburg eine moderne Festung machen, die aber nie die Probe für den Ernstfall zu bestehen hatte (dafür aber durch andere Einwirkungen im 20. Jahrhundert schwer beschädigt wurde), und zugleich einen herrschaftlichen Wohnsitz. So entstanden damals die großartige Fortifikation der Trostburg und der Innenausbau gemäß den Bedürfnissen adeliger Wohnkultur im Lebensstil der höfischen Renaissancezeit.

Der im Laufe der Jahrhunderte aus verschiedenen Bauteilen zusammengewachsene Wohnbau der Burg mit dem erhöhten Bergfrit, mit seinen wechselnden Dachhöhen und herausgestellter Fensterrahmungen, mit Erkern und unregelmäßigen Fluchtlinien wirkt ungemein malerisch. Eng und doch kraftvoll ist der Burghof mit seinen Arkadenöffnungen über drei Stockwerke und dem in Freskomanier gemalten Stammbaum. Die weit auseinander liegenden Zeiten der Bauführung lassen einen einheitlichen Bauplan vermissen, und so findet sich ein schwer zu übersehendes Gewirr von Kellern, Verliesen, Zimmern und Kammern. In einem gegen die Vorburg vorspringenden, später erhöhten Seitentrakt liegt eine Flucht von sechs Zimmern mit einfachen Rokoko-Stuckdecken. Einige der Zimmer sind provisorisch eingerichtet, so zeigt z. B. eines der Wohnzimmer einen sehr schönen zweigeschossigen grünglasierten Kachelofen des 16. Jahrhunderts, ein anderes hat eine Biedermeiereinrichtung.

Von ganz besonderer Seltenheit sind die gotischen Holzdecken, eine als dreifache Tonnendecke reich verziert, und Getäfel, vermutlich um 1400 entstanden, in einer Kammer und einem saalartigen Raum des Palas; es besteht die begründete Annahme, daß Oswald im Erker dieser Stube mit Blick über das Eisacktal an seinen Dichtungen schrieb. Sie gilt als die herrschaftlichste gotische Stube in Tirol.

Der bedeutendste Innenraum der Burg ist der Rittersaal, ein langer und schmaler Festsaal mit reicher Wandgliederung aus Stuck. Es gliedern ihn Pilaster, Karyatiden, Giebelaufsätze mit musizierenden Genien, verkröpftes Gebälk, Wappen und in den Nischen lebensgroße Reliefgestalten der Wolkensteinschen Ahnen; die Stuckdekoration schuf wahrscheinlich 1605/06 Giovanni de Quadria, ein Mitarbeiter des Hans Reichle in der Brixner Hofburg. Großartig ist die reiche hölzerne Kassettendecke. Der Saal ist eines der schönsten Denkmäler profaner Innenausstattung der Renaissance in ganz Tirol. Man kann nur wünschen, daß die Wiederherstellung der noch sehr gefährdeten Trostburg gut und rasch vorankommt und wenigstens ein Teil der Innenausstattung stilgetreu zu ersetzen ist.

Dieter Kühn
Ich Wolkenstein
1977

Ein weites Tal, abgeschlossen und eingefaßt von bewaldeten Bergrücken, dahinter Karstschrägen, darüber Felsmassive. Ein Weg mit vielen Windungen; Felsbrocken, Fichtengruppen. In der Talsohle, rechts unten, ein breiter Weg, ein Sportplatz, eine Kaserne, eine Auslauffläche einer Abfahrtpiste, die leeren Gehäuse der Zeitanzeiger. Wenn ich mich umdrehe, sehe ich den Ort und jenseits des Orts, südlich, über dem ersten, noch bewaldeten Bergzug das kahle Felsmassiv des Langkofel, des Sassolungo und links davon das Sella-Massiv, wiederum links davon die Berge auf der anderen Seite dieses Tals: immer deutlicher die zeitweilige Umgebung Oswalds!

Endlich sehe ich die Burgruine, nach erneuter Wegkrümmung, und bleibe stehen: senkrecht die Stevia-Wand, und dort, wo die Geröllschräge, auf der ich stehe, an das Massiv stößt, das Gemäuer der Wolkensteinburg. Enttäuschend klein! Ob sehr viel Mauerwerk abgebrochen, ins Tal gerutscht ist?

Im Zickzack hinauf, nur die Andeutung eines Pfads. »Von Wolkenstein brach ich nach Köln auf, gut gelaunt.« Ja, und bei diesem gutgelaunten Aufbruch war er durch die Maueröffnung herausgekommen, durch die ich nun hineingehe in den Vorhof der wirklich sehr kleinen Burg. Ich schaue mich um: Wolkenstein ist jetzt nicht mehr bloß ein Name, den ich dutzendfach gelesen und auch schon mehrfach geschrieben habe, das ist nun Raum, der mich umschließt, wenn auch nicht mehr vollständig.

Ich schaue mich im Vorhof um: über der Toröffnung Fensterchen, Schießscharten; der Vorraum etwa vier, fünf Meter im Geviert; ein Türbogen. Ich gehe geduckt hinein und bin gleich wieder draußen, weil nur die Frontmauer stehengeblieben ist, Kulisse einer Burg. Ich steige auf einen Felsblock, der wahrscheinlich schon außerhalb des Burggrundrisses lag, schaue hoch: die Burg ist unter einem Felsüberhang gebaut, der Fels zugleich als Dach. Die Türöffnung und die beiden größeren, schräg übereinanderliegenden Fenster der stehengebliebenen Mauer zeigen die Stärke des Mauerwerks an: etwa ein Meter. Seitenbänke aus Stein in diesen Fensternischen, größere Flächen Verputz: aus Oswalds Zeit? Wahrscheinlich, denn diese Burg wurde dann nicht mehr lang bewohnt, verfiel rasch.

Der Grundriß muß dreieckig gewesen sein: die Mauer südwärts steht noch; die zweite Mauer fehlt; der Fels als dritte Wand. Wahrhaftig ein Felsnest, wenigstens fünfzig Meter über der Talsohle – ich denke wieder an Pueblo-Indianer, an Verteidigungsbauten von Höhlenbewohnern.

Höhlenähnlich müssen die Räume der Burg gewesen sein; bei diesem sehr kleinen Grundriß waren es wohl drei Räume übereinander, und nach oben kam man nur mit Leitern, für eine Treppe war hier wahrhaftig kein Platz. Hatte man diese Felswand verputzt? Spuren von Bearbeitung sind nicht zu sehen, nichts glattgehauen, abgeschliffen – wurden Felle oder Teppiche vor diese im Sommer kühle, im Winter kalte Felswand gehängt?

Die Fensternischen: dort saß man wohl meist. Schaute man hinaus, ›genoß den Ausblick‹? Das wäre höchstens im

Sommer möglich gewesen, im Winter wurden die Fensteröffnungen zugemacht, durch geöltes Pergament in Holzrahmen, durch Bretter. Die Wolkensteiner als Höhlenbewohner, zumindest in dieser Burg, und ganz gewiß im Winter: an der Felswand wahrscheinlich Kondenswasser, von unten Küchendüfte und die Leitern rauf und runter: Kinder, Verwandte, Besucher – es muß ein ziemliches Gedrängel gewesen sein! Nichts also von der Ruhe, die mich jetzt hier umgibt: in diesen Fensternischen wird Oswald kaum an Liedern gearbeitet haben, der sonst so robuste Mann war sehr geräuschempfindlich – jedenfalls in seinen Selbstdarstellungen.

Wiederholt schaue ich, von ›innen‹ her, an der Wand hoch: Risse im Mauerwerk – irgendwann einmal wird sich auch diese Südwand vom Fels lösen, wird die Geröllschräge hinabrutschen. So mache ich mehr Fotos als geplant, Detailaufnahmen: etwa, wie oben das Mauerwerk anschließt an den überkragenden Fels. Dort, im obersten Raum, mußte man sich fast schon bücken, um an das Fenster heranzukommen, jedenfalls hätte ich mich bücken müssen, während Oswald wahrscheinlich klein, gedrungen war. Ich fotografiere die Mauer vom Vorraum aus, der überdeckt war, wie Balkenlöcher anzeigen: gewiß war hier der Stall für Pferde und Maultiere, dazu der übliche Hühnerstall, Taubenschlag. Ich fotografiere von außen die Vormauer. Gehe durch beide Maueröffnungen zurück in den ehemaligen Innenraum der Burg, fotografiere von hier aus die Umgebung: pompöse Bergregion, Panorama von 180 Grad.

Wie zur Betonung des Außerordentlichen dieser Umgebung wächst hinter der Großen Sella-Gruppe eine Gewitterwand auf, graublau; das Bergmassiv ist noch beleuchtet von der inzwischen recht tief stehenden Sonne: rotgrau die Bergwände, Karstschrägen. Wolken aufziehend auch am Langkofel, der Gipfel dieses Bergklotzes zeitweise verhüllt, die

Oswald von Wolkenstein

Wolken dann wieder als riesige Schleppe. Das Sella-Massiv über dem schwarzgrünen Fichtensockel stumpfgrau; die Gewitterfront quecksilberhell durchästelt, fernes Grummeln. Und wieder, wie mit Scheinwerfern, die teilweise Ausleuchtung des Felsmassivs, ein sattes Rot.

Oswalds Urgroßvater hieß Randolt von Villanders, war Richter auf der Trostburg, Verwalter der bischöflichen Burg Säben. Im April 1293 kaufte er die Burg Wolkenstein samt Ländereien von Ruprecht Maulrapp und dessen Brüdern Fritz und Ulrich. Der Kaufpreis: 61 Mark »Berner«.

Oswalds Großvater Konrad, auch er Richter und Verwalter, wurde 1319, nach dem Tod seines Vaters, vom Landesfürsten mit Wolkenstein belehnt; die offizielle Bestätigung des Besitzwechsels. Aber erst für das Jahr 1370 läßt sich zum erstenmal der Geschlechtsname »von Wolkenstein« urkundlich nachweisen; Konrad schrieb sich auch noch Konrad von Villanders oder: von Säben. Erst Oswalds Vater, Friedrich, entschied sich für den Namen Wolkenstein, siegelte aber noch mit dem Wappen der Familie Villanders: Tiroler Landadel der Umgebung des Dorfes Villanders am Osthang des Ritten. Man wohnte dort nicht in Burgen, sondern in befestigten Bauernhäusern, sogenannten Ansitzen.

Friedrich von Wolkenstein war kein armer Mann: er besaß Lehnsgut und Gericht Wolkenstein, besaß die Trostburg, besaß Bauernhöfe und Ländereien, die zur Burg Hauenstein bei Seis gehörten, besaß die Pfandherrschaft Kastelruth, besaß Güter in den Pfarreien Rodeneck und Villanders – Gebiete zwischen Eisack und Dolomiten.

Verheiratet war er mit Katharina von Villanders. Sieben Kinder aus dieser Ehe: vier Töchter, drei Söhne. Die Namen der Töchter, in alphabetischer Reihenfolge: Anna, Barbara, Martha, Ursula. Der erstgeborene Sohn hieß Michael, es folgte Oswald, dann Leonhard.

Keine präzisen Angaben, mit denen sich Oswalds Biographie eröffnen ließe; weder liegt sein Geburtsjahr genau fest noch sein Geburtsort. Vorsichtige Autoren geben an, Oswald sei zwischen 1376 und 1378 geboren; am wahrscheinlichsten ist das Jahr 1377. Und wo wurde er geboren? Hier gibt es vier Angebote: Säben, Trostburg, Wolkenstein, Schöneck. Setzt man als Geburtsjahr 1377 an, so wird Oswald auf der Burg Schöneck geboren sein; in diesem Jahr siegelte sein Vater eine Urkunde als »Hauptmann von Schöneck«. [...]

Einer der bedeutendsten Texte Oswalds ist die große Lebensballade, Kl 18. Rückblick und Ausblick eines Mannes von beinah vierzig. Mit vierzig war man nach damaligem Bewußtsein ein Mann zumindest an der Schwelle des Alters, und so war es kein Kokettieren, wenn Oswald dieses

Lied als Altersklage schrieb, selbst, wenn er subjektiv alles
andere als ein alternder Mann war – er erreichte ein für seine
Zeit erstaunlich hohes Alter, vital bis zuletzt.

Es kam dazu, daß ich, an die zehn Jahre alt,
mir ansehn wollte, wie die Welt beschaffen ist.
In Not und Fremde, manchem heißen, kalten Land
hielt ich mich auf bei Christen, Heiden, Orthodoxen.
Drei Pfennig in dem Beutel und ein Stückchen Brot,
das nahm ich mit daheim, auf meinem Weg ins Elend.
Bei Fremden, Freunden ließ ich manchen Tropfen Blut,
ich glaubte mich zuweilen schon dem Tode nah.
Ich lief zu Fuß, als sei's zur Buße. Dann verstarb
mein Vater. Vierzehn Jahre, immer noch kein Pferd.
Nur eins mal halb gestohlen, halb geraubt – ein Falber.
Auf gleiche Weise wurd ichs leider wieder los!
War Laufbursch, war sogar mal Koch und Pferdeknecht,
und auch das Ruder zog ich, es war reichlich schwer,
bei Kreta und auch anderswo, und dann zurück.
So mancher Kittel war mein bestes Kleid.

Nach Preußen, Litauen. Und Tatarei, Türkei und Syrien;
nach Frankreich, Norditalien, Spanien. Mit zwei
                                    Königsheeren
(ich zog umher im Liebesdienst, doch zahlte selbst!)
mit Ruprecht, Sigmund: beide mit dem Adlerzeichen.
Französisch und arabisch, spanisch, katalanisch, deutsch,
lateinisch, slawisch, italienisch, russisch, griechisch –
zehn Sprachen habe ich benutzt, wenns nötig war.
Auch konnt ich fiedeln, trommeln, pauken, flöten.
Ich habe Inseln, Halbinseln und manches Land umfahren
auf Schiffen, deren Größe mich bei Sturm beschützte;
so bin ich auf den Meeren hin- und hergesaust.

Das Schwarze Meer, es lehrte mich ein Faß umklammern,
als (großes Pech!) die Brigantine unterging.
Da war ich Kaufmann, kam davon mit heiler Haut,
ich und ein Russ; in dem Getose fuhr mein Kapital
samt Zins zum Meeresgrund; ich aber schwamm zur Küste.

Die Königin von Aragon war zart und schön;
ergeben kniete ich und reichte ihr den Bart,
mit weißen Händen band sie einen Ring hinein,
huldvoll und sprach: »Non mais plus disligaides.«
Die Ohrläppchen hat sie mir eigenhändig dann
durchbohrt, mit einer kleinen Messingnadel;
nach Landessitte hängte sie zwei Ringe dran.
Ich trug sie lang; man nennt sie dort »racaides«.
Sobald ich König Sigmund sah, ging ich zu ihm –
er riß den Mund auf, schlug ein Kreuz, als er mich sah,
und rief mir zu: »Was zeigst du mir denn für ein Zeug?«
Und freundlich dann: »Tun dir die Ringe auch nicht weh?«
Die Damen, Herren schauten mich da an und lachten –
neun Diplomaten, Vollmachtträger, seinerzeit
in Perpignan; ihr Papst von Luna, namens Pedro,
als zehnter König Sigmund; auch die Frau von Prades.

Ich wollt mein Leben ändern, weil es sinnlos war;
zwei Jahre lang war ich ein halber Laienbruder.
Die Andacht machte da den Anfang, ganz gewiß,
doch kam die Liebe dann dazwischen, störte mich.
Ich zog sehr viel umher, war aus auf Ritterspiel;
ich diente einer Dame – den Namen nenn ich nicht.
Sie wollte mir auch nicht ein Quentchen Huld gewähren,
eh mich die Kutte nicht zum Narren machte.
Ich hatte hübsche Chancen, alles ging ganz leicht,
solange ich den Mantel mit Kapuze trug.

Davor, danach hat kaum ein Mädchen mir soviel gewährt,
da fanden meine Worte nicht so freundliches Gehör.
Und schnurstracks flog die Andacht gleich
                        zum Schädel raus,
als ich die Kutte von mir warf, im Nebel draußen.
In Liebesdingen ist seither mein Stand recht schwer;
mir ist die Lust, die Freude halbwegs abgekühlt.

Erzählen, was ich alles litt, das ginge wohl zu weit!
Vor allem: hörig bin ich einer schönen Frau,
die hat mein Herz verwundt – war nah am bittren Tod!
Verursacht hat sie manchen Schweißausbruch;
sehr rot, ganz bleich war wechselweise mein Gesicht,
wenn ich der Schönen meine Aufwartung gemacht.
Vor Zittern, Seufzen war ich oft nicht mehr bei mir,
da schien es mir, als wär ich ausgebrannt.
Verzweifelt war ich fortgerannt, zweihundert Meilen weit
und mehr, und hab doch nirgends Trost gefunden.
Sie läßt mich stärker frieren als Regen, Schnee und Frost;
ich steh in Flammen, wenn die Liebessonne scheint.
Bin ich bei ihr, verlier ich Maß und Mitte.
Sie ist es, die mich, hilflos, in die Ferne treibt,
ins Unheil jagt – bis Gnade ihren Haß aufkündet.
Ach, hülf sie mir: aus Trübsal würde Glück!

Ich sah vierhundert Frauen, ohne einen Mann
auf Nios; die wohnten auf der kleinen Insel.
So Schönes hat kein Mensch im Saal auf einem Bild gesehn –
und doch: es reichte keine an die Frau heran,
die mir die allzu schwere Bürde aufgehuckt.
Ach Gott, wär ihr nur halbwegs meine Last bewußt,
viel leichter wäre mir zu Mut, bei allem Schmerz,
ich hätte Hoffnung, daß sie sich erbarmt.

Wenn in der Ferne ich oft meine Hände ringe,
wenn ich mit Schmerzen misse ihren Gruß,
wenn früh und spät ich keine Ruhe find im Schlaf,
so sind daran die zarten, weißen Arme schuld.
Verliebte Burschen, Mädchen, denkt an dieses Leid!
Mir ging's noch gut, als sie den Abschiedssegen gab.
So glaubt mir: wüßte ich, ich sehe sie nicht mehr,
mir würden meine Augen oft von Tränen naß.

Ich habe vierzig Jahre (minus zwei) gelebt
mit wüstem Treiben, Dichten, vielem Singen;
es wär jetzt an der Zeit, daß ich als Ehemann
aus einer Wiege Kinderschreien hörte.
Doch niemals werde ich die Frau vergessen können,
die mir den frohen Sinn fürs Leben gab.
Ich fand auf dieser Welt noch keine, die ihr gleicht.
Auch fürcht ich ziemlich das Gekeif von Ehefrauen.
Gericht und Rat – was ich dort sagte, schätzte
                                        mancher Weise,
dem ich gefiel, wenn ich ihm hübsche Lieder sang.
Ich Wolkenstein, ich führ ein Leben ohne Sinn,
mir liegt zu sehr daran, daß ich der Welt gefalle,
und seh doch wohl: ich weiß nicht, wann ich sterben muß.
Und: daß mir dann nur gute Taten Wert verleihn.
Wär ich bloß dem Gebot des Herrn gefolgt –
ich bräucht die Höllenflammen kaum zu fürchten.

Ich blase keine Trübsal mehr,
seit nun der Schnee zu taun beginnt
am Flack und auf der Seiser Alm:
der Mosmaier hat mirs erzählt.
Die Erde fängt nun an zu dampfen,

die Wasserläufe schwellen an
von Kastelruth hinab zum Eisack –
das macht mir gute Laune!
Ich hör die Vögel groß und klein
in meinem Wald um Hauenstein
den Klang melodisch modulieren;
sie singen sehr genau nach Noten,
vom c hinauf bis an das a
und wieder abwärts dann zum f
mit schönen, hellen Stimmen:
da freut euch drüber, gute Leute!
   Was geht dies Lied den Plätscher an?
   Mein Singen werd ich doch nicht lassen!
   Wem es mißfällt, der hör nicht hin,
   der ist und bleibt mir wurst.
   Wenn schlechte Leute mich nicht mögen,
   so halte ich mich an die Guten –
   obwohl ja heuer falsche Münze
   recht hoch bewertet wird.

Mein großer Kummer war verflogen,
als ich die erste Nachtigall
hab singen hören hinterm Pflug
im Matzl-Feld dort drüben.
Vier Paare hab ich da gesehn,
im Reigen lieblich aufgereiht,
die rissen Spuren in den Boden –
der Mutzenbauer spielte auf!
Wer sich im Winter eingemummt
und vor der bösen Welt verdrückt,
der freue sich der grünen Zeit,
die uns der Mai nun bringen wird!
Ihr armen Tiere, räumt die Höhlen,

geht, sucht euch frische Weiden!
Der Hang, das Tal, die Aue: grün!
Bestimmt gefällt euch das!
Was geht dies Lied den Plätscher an?
Mein Singen werd ich doch nicht lassen!
Wem es mißfällt, der hör nicht hin,
der ist und bleibt mir wurst.
Wenn schlechte Leute mich nicht mögen,
so halte ich mich an die Guten –
obwohl ja heuer falsche Münze
recht hoch bewertet wird.

Auf, auf, ihr Guten und seid froh!
Wer Ehre hat, der wünscht uns Glück!
Was schändlich ist, das ändert auch
kein Deuteln, keine Rechtsverdrehung.
Es wird seit altersher gesagt:
das Rechte tun, das zahlt sich aus,
denn alles kommt mal an den Tag.
Herr Christus in der höchsten Pfarre,
der ist ganz sicher auf der Hut:
wer ihn betrügen will,
der muß schon früh aufstehn!
Ein Weilchen wartet er, doch dann
verpaßt er eine Firmungs-Watsche:
die treibt die böse Absicht aus,
da gibts nichts mehr zu lachen!
Was geht dies Lied den Plätscher an?
Mein Singen werd ich doch nicht lassen!
Wem es mißfällt, der hör nicht hin,
der ist und bleibt mir wurst.
Wenn schlechte Leute mich nicht mögen,
so halte ich mich an die Guten –

obwohl ja heuer falsche Münze
recht hoch bewertet wird.

Übertragen von Dieter Kühn

Anita Pichler
Hirtenknaben spielen Mühle auf
vorzeitlichen Steinreliefs.
Nur die Tiere treten nie auf die Steine
1989

Ich bin aufgestanden. In meinem Bett liegt jemand. Er ist
mir fremd, ist weiter von mir entfernt als der fernste
Mensch. Er schaut mich mit weiten Augen an, als wäre ich
der erste Mensch, den er sieht. Erstaunen trifft mich aus
seinem Blick, Trauer und Ekel. Ich schaue mich um, hinter
mir ist niemand, ist nichts, ist auch kein Spiegel. Neben mir
ist niemand. Ich stehe allein vor diesem Fremden, und ich
bin es, die ihm dieses Grauen einflößt. Während ich ihn
betrachte und versuche, etwas von dem zu verstehen, was
von mir ausgeht, spüre ich, wie das Lächeln im Gesicht zur
Maske wird, spüre die Spannung an den Lippen, die Nasen-
flügel weiten sich, ich weiß, daß nur ich gemeint sein kann.
Ich möchte die Hand ausstrecken, dieses Fremde verscheu-
chen; möchte einen Kontakt herstellen und spüre, wie meine
Hand in der Bewegung zur Kralle wird, die ihr Zeichen
aufdrückt, wo immer sie weilt. Ich versuche einen Kuß zu
erinnern, das Verlangen; ich rufe den Namen des Mannes,
einen kurzen Namen, einen Laut nur. Ich erschrecke vor
meiner fremden Stimme.

Ich verlasse den Raum. In der Küche mache ich Kaffee
und hole Brot aus dem Schrank. Während ich im Bad kaltes
Wasser über Gesicht und Hände laufen lasse, höre ich die

Tür zu meiner Wohnung ins Schloß fallen. Als ich aus dem Bad komme, sehe ich wieder die Visitenkarte auf dem Tisch: Max Leiser, Werbeagentur Leiser & Co. Eine Stadt, eine Straße, mir ist alles bekannt. Nur die Telefonnummer ist neu.

Draußen die Bäume sehen anders aus, als in meiner Erinnerung von Bäumen. Sie sind gestaucht und zurechtgestutzt. Winzige Bäumchen tragen dicke, fette Früchte.

Ich habe einen Bauern gefragt. Er sagte, es mache nichts, wenn sie zusammenbrechen. Früher hätten Bäume Jahre gebraucht, bevor sie Früchte trugen.

– Diese hier, sagt er, tragen sofort und halten nicht. Solange sie jung sind, stützen wir sie. Dann reißen wir sie aus und pflanzen neue.

Im Café sitzen morgens die Frauen. Die einen sind streng gekleidet, in Kostüm und Hut. Sie haben Aktenköfferchen neben sich auf den Boden gestellt. Die anderen sind gekleidet wie ich auch, wie man sich überall kleidet; sie haben ihre Einkaufstaschen mit Büchern und Heften vollgestopft.

Alle Frauen lesen Zeitung. Kurz vor acht rütteln sie an den Stühlen, bezahlen und gehen. Ich schaue ihnen nach, sie verlieren sich auf dem Platz, verschwinden in Schulen und Banken, Postämtern und Geschäftshäusern.

Ich hole mir eine Zeitung, das Thema dieser Tage in fetten Lettern auf dem Titelblatt: in Italien werden Herzen verpflanzt. Ich gehe, ich will etwas tun.

Naturliebhaber wollen natürliche Herzen, kein Plastik, keine Herzmaschine. Oder vielleicht schaffen wir es, Großvater zu flicken, dann muß er uns dankbar sein. Dann wird er uns endlich alles erzählen, dann wird das Schweigen gebrochen.

Mir hat man gleichzeitig von der Mutter des seltsamen Knaben, der Jesus hieß, und von den Nachkommen der Göttin Ret·a oder Mamo, wie sie in manchen Gegenden heißt, erzählt. Mir tat Maria, die Mutter, leid mit diesem fremden Kind, das sie nicht verstand.

Auch die Seelen alter Krieger lebten in den Bergen, Mädchen gaben ihre Namen an Bäume und Gewässer weiter. Was sie groß und was sie schrecklich macht, alles ist in diesen Namen geblieben.

Eine Freundin hat mir aus der Fanessage erzählt. Sie sagte, es sei ein Entwurf zu einer möglichen Welt:

Wenn die Krieger merken, daß sie sich und ihre Söhne nur noch in Kriegen verderben, gehen sie zu den Frauen und bitten sie, wieder die Herrschaft über das Volk zu übernehmen. Aber die Frauen sagen nein. Wir können die Zeit nicht zurückdrehen.

Seit Wochen bin ich hier und zeichne. Die Hand hat sich an den Bleistift gewöhnt, hat sich ihm angeeignet. Ein Traum ist wahr geworden, aber Träume sind als Träume immer wahr. Wenn sie Wirklichkeit werden, heißt das nur, daß ich mir Wirklichkeit erträumen kann, daß ich meine Träume in acht nehmen muß. Max kam zu mir, er sagte:

– Hast du nicht eine Zeichnung gemacht von dem alten Sänger? Jemand braucht Illustrationen zu Oswald von Wolkenstein, zu den Liedern und Legenden.

Die Zeichnung lag in meiner Mappe, Max nahm sie zu sich. Später kam er mit einem Scheck an.

– Wenn du willst, kannst du anfangen zu zeichnen.

Ich war erstaunt, glücklich, irritiert.

– Keine Frage, sagte Max. Willst du, oder vertraust du mir nicht?

Ich glaube Max.

Max sagt, es sei kein Traum, es sei meine Arbeit, ich hätte mir diesen Auftrag erzeichnet, soll nicht mehr darüber nachdenken, soll arbeiten. Für Max ist die Welt ein Schachbrett, es gilt, die Regeln zu beherrschen, er trainiert jeden Tag am Computer, denn der Computer beherrscht die Regeln besser als jeder Partner. Was er frißt, ist gefressen und steht nicht mehr herum.

Ich zeichne einen Knaben. Er hält die Hände vor die Augen, drückt die Fingerkuppen an die Stirn, die Finger sind Striche, die sich am oberen Bildrand treffen, Gitter oder Maske vor den Augen. Der Mund im Schatten der Nase ist halb offen, ist ungeschützt, der Knabe lacht.

Lachen ist eine gebogene Linie, Bewegung nach oben.

Der Knabe versteckt das Gesicht hinter den Händen, rechts und links eine Frau, sie kitzeln ihn. Der Knabe lacht, er windet sich, will sich wehren, versucht sie abzuschütteln, reißt die Hände vom Gesicht und schlägt los. Schnell fangen sie die Hände ein. Der Knabe bewegt das linke Auge von einer zur anderen, das rechte Lid bleibt geschlossen.

– Das Spiel der Knaben, sagt eine der Frauen, es ist Mamo, die Amme. Er hat das Auge an seinen Bruder verloren.

– Er wird damit leben, sagt die andere. Sie hat die Hand des Knaben auf ihr Knie gelegt, streicht über den Handteller . . .

– Musik, sagt sie, meditatio mortis.

– Mortis? fragt die Amme.

– Was für ein Kind, zieht den Zweifel an. Neugier und Inbrunst und wenig Glauben. So wird der Knabe kaum zum Ritter taugen. Eine weiche Hand.

– Eine Kinderhand, sagt die Amme.

– Man muß dafür sorgen, daß seine Hände kräftig werden, sagt die Frau, es ist Frau von Wolkenstein, die Mutter.

Der Knabe wurde fortgeschickt.

Einem Kind werden die Hände verzaubert.

Ich hatte einen Freund, wir erzählten uns Geschichten. Er
war älter als ich. Als er von der Schule kam, stotterte er. Die
Lehrerin war nett, sie mochte die Kinder. Sie mochte auch
die Ordnung. Sie mochte vor allem ordentliche Kinder, die
sich beim Laufen im Gleichschritt übten und sich beim
Schreiben in den gleichen Rhythmus fügten, mit der gleichen Hand. So störten sie einander nicht. Mein kleiner
Freund, der Linkshänder, hat es auch geschafft. Aber wir
erzählten uns keine Geschichten mehr. Ich wurde ungeduldig, wenn er stotterte, und er schämte sich.

Die Nachbarwohnung ist gesaugt, mein Frühstück verzehrt.
Ich höre die Turmuhr schlagen. Seit ich hier bin, schlägt mir
die Zeit von den Türmen. Ich brauche keine Uhr, denn ich
bin hier, um zu zeichnen. Auf meinem Tisch sind Bücher
ausgebreitet, Biographien, Legenden und Lieder. Ich habe
drei Bleistifte angespitzt, habe das Blatt festgeklemmt. Ich
lese die Legenden wieder und wieder.

Dann nehme ich den weichsten Bleistift.

Als Linie ist die Schlange eine Welle, eine Bewegung zwischen Hindernissen, ein Pfeil, der nicht gerade vordringen
kann. Er muß dem Druck von unten und von oben ausweichen, windet sich dazwischen.

Davor, aufrecht, auf Zehenspitzen, die Menschen, gerade
stumme Striche, berühren kaum die Erde.

Grödner Tracht

Ich zeichne den Knaben und die Amme; das verdutzte
Gesicht des Knaben und die alte Frau. Sie gehen in den
Wald. Müde ist der Knabe am Morgen, schläfrig noch.
Gütig und streng ist Mamos Hand. Auf einem schmalen
Pfad verläßt die alte Frau mit dem Knaben die Burg. Sie
zieht ihn nach.

Wohin, Mamo, jetzt. Warum, Mamo, jetzt?

Der Knabe läuft vor und zurück, horcht auf bei jedem
Rascheln, eine Amsel singt, eine Lerche. Der Specht klopft
an den Baum, es trommelt und sirrt, schwer ist der Wald.

Wohin noch, hörst du, Mamo, wohin jetzt?

Wir steigen hinaus aus dem Grün, hoch zu den Steinen, zu
den Felsen.

So weit hinaus. Darf man das, Mamo?

An ihrer Hand darf man alles.

Ein Geier kreist.

Warum singt er nicht? Wozu so ein Vogel, der nicht singt.
Starre Augen.

Komm, sei nicht müde.

Mamo erzählt, nicht von den Namen der Tiere, der Pflanzen. Nichts über ihr Leben.

Weit oben in den Bergen, da leben noch andere Wesen.

Auf dem Weg die Schlange, immer in kleiner Entfernung, bald vorn, bald hinten, oder wartend am Weg.

Warum die Schlange, Mamo?

Mamo drückt die kleine Hand fester.

Nur eine Blindschleiche.

Doch ich sah das Kreuz auf dem Kopf, sah die gespaltene Zunge. Sie kriecht uns nach im Gestrüpp.

Maulbeeren blühen am Weg. Still hockt die Maus, vom Blick gebannt.

Die Schlange hört nur, was sich bewegt.

Dann bleiben wir stehen, Mamo, dann sieht sie uns nicht; bleiben immer hier stehen, vor der alten Kapelle, bis die Maulbeeren reifen, bis zum Herbst, du und ich, warten auf Schnee.

Die Angst schleicht blind im Maulbeergestrüpp. Mamo zieht den Knaben weiter, die Schlange schleicht mit.

Sie zwinkert ihm zu.

Komm, Kind, wir steigen höher, zu den Felsen, zu den Nebeln. Oben sitzt die Frau auf dem Stein. Sitzt und schaut. Nebel unter ihr und die Sonne. Am Fuß die Schlange und keine Mamo mehr. Die Lerche steigt über den letzten Baum und die Frau und den Stein und singt und singt.

Ich kann nicht singen, Mamo. Die Schlange hat mich gebissen.

Sie setzen sich auf die Felsenbank. Mamo holt den Korb und verbindet den Knaben. Er hat sich an den Dornen geritzt. Sie holt Speisen aus dem Korb, sie essen und trinken, Menschen gehen vorbei, und Mamo grüßt in einer seltsamen Sprache. Oswald weiß nicht, ob er es auch tun soll.

Mühlespiel auf der Tschötscher Heide

Dann steigen sie abwärts. Oswald reicht ihr die Hand
nicht mehr. Er springt im Bachbett von Stein zu Stein, fest
ist der Fuß.

Als sie wieder bei der Burg angekommen sind, schauen sie
zurück, suchen den Ort, wo sie gewesen sind. Drei hagere
Bäume fressen langsam den Mond.

Der Geier hat die Schlange gefressen.

Auch an die verletzten Kinder denke ich. Plötzlich war
Krieg in den Bergen. Sie müßten jetzt dreißig sein. Damals,
als sie den Berg hochstiegen, war es ein Sonntagsausflug im
Sommer. Keiner erinnerte sich daran, daß die Gletscher
Blindgänger aus vergangenen Kriegen bergen. Gletscher
wandern langsam. Sie geben ein Stück Moräne frei, besetzen
das nächste. Alles, was in ihnen verschwindet, geben sie
wieder frei. Die Handgranaten kann man im Schotter nicht
sehen. Die Kinder wurden schwer verletzt, an den Augen,

an Händen und Füßen. Die Zeit ist anders am Berg und anders in den Dingen.

Hier werden in den Kirchen immer noch Besen aus Olivenzweigen und Palmkätzchen gesegnet. Man soll sie im Sommer bei Gewittern verbrennen, damit das Unwetter in den Fluren keinen Schaden anrichte, damit es vorüberziehe und sich woanders entleere, weit weg von Reben und Äpfeln.

Im Frühling, wenn es wochenlang nicht regnet, veranstalten die Pfarrer Bittgänge durch Wiesen und Wälder, hin zu bestimmten Heiligen, damit sie Regen schicken, damit die Felder nicht verbrennen, sich nicht in Staub auflösen.

Hirtenknaben spielen Mühle auf vorzeitlichen Steinreliefs, alten Kultzeichen, deren Bedeutung man vergessen hat. Die Knaben verschwinden in den Büschen, wenn sie jemand herankommen hören, als handle es sich bei ihrem Spiel um etwas Verbotenes. Nur die Tiere treten nie auf die Steine.

Wenn man die Knaben nach den seltsamen Zeichen auf den Steinen fragt, schütteln sie den Kopf.

– Steine sucht ihr? Der ganze Wald ist voller Steine.

– Und wer hat die Zeichen in den Stein gehauen, auf dem ihr Mühle spielt?

– Die Hirten vor uns, sagen sie. Es war ihnen langweilig.

Lieber Max,

es ist schwierig, vom Gesicht eines reifen Mannes, wie es das Porträt von Oswald zeigt, auf ein jüngeres zu schließen. Umgekehrt wäre es leichter. Warum, weiß ich nicht. Vielleicht ist es einfacher, etwas in ein Gesicht hineinzudenken, als ihm in Gedanken etwas fortzunehmen. Es gibt Momente, in denen man in Kindergesichtern die Züge der Erwachsenen erkennen kann. Ich beobachte Gesichter.

Sei beruhigt, ich komme gut voran, mache Skizzen, um mir die Figuren näherzubringen. Sobald sie ein Gesicht haben, schicke ich dir eine Zeichnung.

Gestern war ich in Entiklar, um den Traminer zu probieren.

6. Dichter blicken auf Meran

Julien Green
Für Meran empfinde ich eine besondere Zärtlichkeit
1986

Im großen öffentlichen Schwimmbad, wo ich zwei Stunden lang träumte. Über den Kabinen ragt ein veilchenblauer, mit einer dicken weißen Wolkenmütze bedeckter Berg empor. Beim Anblick all dieser so glücklichen, sich herumtummelnden oder faul in der Sonne liegenden Leiber fiel mir einmal mehr auf, wie keusch die Nacktheit ist, und damit war ich wieder bei der beunruhigenden Frage des Körpers und der Seele angelangt. Man redet vom Körper *und* der Seele, als ob der Körper der Behälter und die Seele der Inhalt wäre, als ob die beiden sich nach Belieben trennen könnten, sich voneinander unterscheiden, während sie sich doch meist miteinander vermengen und ein wenig wie der Schlamm sind, in dem Wasser und Erde eine einzige Masse bilden. Es gibt zwischen ihnen keine erkennbare Grenze, jedenfalls keine, die nicht jeden Augenblick und so oft übertreten wird, als existierte sie nicht. Man gelangt zur Seele durch den Körper und zum Körper durch die Seele, und darin liegt das ganze Drama des Menschseins, das uns zu so geheimnisvollen Wesen macht.

Besuch in der kleinen Burg, die aus dem XVI. Jahrhundert stammt. Von Gräben und Gärten umgeben, liegt sie eingeschlossen im Hof einer traurigen Kaserne. Es ist eine Burg im Taschenformat, mit hübschen Ziegeldächern, und so gotisch wie möglich. Man läutet an einer großen Tür, in welcher sich eine viel kleinere, einem Katzenloch ähnliche Tür öffnet. Der Wärter, ein winziger Greis in kurzen Hosen,

---

Seite 229: Pfarrkirche St. Nikolaus, Meran

Landesfürstliche Burg Meran

führt uns von einem Zimmer ins andere und behauptet, sein
Castelletto sei in Wirklichkeit sehr groß. Er ist ein Zwerg,
wie aus einer Erzählung von Hoffmann, er hüpft herum und
erklärt alles in einem näselnden Italienisch. Die Säle, die er
uns zeigt, sind von unerträglicher Melancholie, und selbst
das Licht dringt nur ungern ein, wirft hie und da einen Fleck
auf den Ziegelkachelboden, wie man einem Armen eine
Kupfermünze hinwirft. Das Schlafzimmer mit dem großen
Bauernbett, in dem Maximilian mit Bianca Sforza schlief;
ein Musikzimmer mit Lauten und Gamben, vom Ruß und
Staub der Jahrhunderte bedeckt, auf dem Boden und an die
Wände gelehnt; ein Raum, in dem Schach gespielt wurde;
eine schmale und enge Küche mit einer Reihe verrosteter
Kerzenleuchter auf einer Fensterbank; überall winzige Fen-
ster in dicken Mauern; eine bezaubernde kleine Kapelle,

Schloß Lebenberg

von der aus die Seele zuweilen der Trübsal entschlüpft sein muß. Man hat den Eindruck, daß hier der Tod und die Neurasthenie in Schleppenkleidern von Zimmer zu Zimmer gewandert sind.

Irgendwann zieht unser Führer ein riesiges Taschentuch hervor, faltet es sorgsam auf, ohne Eile, steckt die Nase hinein und läßt plötzlich einen sehr hohen Ton vernehmen, der die Echos dieses unheimlichen Ortes weckt. Dann geht die Führung weiter, weil es noch viel zu sehen gibt. Bevor ich ihn verlasse, sage ich ein paar Worte auf Deutsch zu ihm, und sein Gesicht strahlt auf. Auf viel ungezwungenere Art erzählt er mir empört von den blöden Faschisten, die im Sommergarten der Statue der Kaiserin Elisabeth den Kopf abgeschlagen haben.

Der Sturzbach, die Passer, macht einen solchen Lärm,

daß ich zuerst glaubte, dieses tosende Rauschen, das mich früh morgens aufweckte, nie ertragen zu können, weil ich mir einbildete, Schreie zu hören, aber ich gewöhne mich doch an das ewige Sprudeln dieser grünen Wasser mit weißem Spitzenbesatz.

Für Meran empfinde ich eine besondere Zärtlichkeit, aber ich kehre nie, selbst in der Erinnerung, dorthin ohne Betrübnis zurück; mit seinen Weinberggirlanden, Obstgärten und Promenaden am Sturzbach entlang spricht alles in diesem glücklichen Tal zu mir von dem, was nie, nie und nimmermehr wieder sein wird.

Rainer Maria Rilke
(Schloß Lebenberg)
1897

Aus der Burg von Fensterbänken
schau ich noch ein letztes Mal.
In der blühenden Gesenken
späte Herden heimwärts schwenken
von den roten Abendtränken,
und die kleinen, ungelenken
Glocken locken Nacht ins Tal.

Und es wächst mein leises Schauen,
und den Burgpfad kommt es still
wie ein Zug von bleichen Frauen,
der in einem silbergrauen
Sarg den Tag aus toten Auen
in das einsame Vertrauen
der Kapelle tragen will.

Christian Morgenstern
Mondnacht über Meran

um 1910

Die Geisterstadt... Als wie ein Teppichbild,
daran ein Träumer jahrelang gewebt,
so steht sie da im Mondenduft und lebt,
ein ganz zu Traum verflüchtigt Erdgefild.

Und drüber seidet Allblau dämmermild,
von Sternen-Kinderaugen scheu durchstrebt.
Und jetzo! Mitternacht! Der Äther bebt,
als rührte Geistergruß an einen Schild.

Ein Traumbild, – leichtlich tausenden gesellt
auf einer Göttin Brünnenüberhang,
die schimmernd steht auf Speer und Schild gelehnt...

Und eben war's, daß dieser zwölfmal klang:
Gott grüßt im Traume seine Göttin Welt,
die sich nach Ihm, wie er nach Ihr sich, sehnt.

Gottfried Benn
März. Brief nach Meran

1952

Blüht nicht zu früh, ach blüht erst, wenn ich komme,
dann sprüht erst euer Meer und euren Schaum,
Mandeln, Forsythien, unzerspaltene Sonne –
dem Tal den Schimmer und dem Ich den Traum.

Pension Westend (Gottfried Benn)

Ich, kaum verzweigt, im Tiefen unverbunden,
Ich, ohne Wesen, doch auch ohne Schein,
meistens im Überfall von Trauerstunden,
es hat schon seinen Namen überwunden,
nur manchmal fällt er ihm noch flüchtig ein.

So hin und her – ach blüht erst, wenn ich komme,
ich suche so und finde keinen Rat,
daß einmal noch das Reich, das Glück, das fromme,
der abgeschlossenen Erfüllung naht.

Josef Leitgeb
In Meran
1952

Mein Vater lief als Kind durch diese Lauben,
die Urgroßmutter hielt ihn an der Hand
und zog und zerrte wohl, wenn Stand um Stand
von Pfirsichen sich bog, von Birnen, Feigen, Trauben.

Er lief zur Schule hier und lief zur Messe,
das dämmrige Gewölb umfing ihn traut.
Doch Schatten gibt's, vor denen einem graut:
ein riesiger Hexenbuckel, eine Teufelsfresse...

Urschreck in allen Gliedern, Fluchtgekeuche,
wenn aus der Pergel stumm der Saltner trat
in eines Flurgotts vogelbuntem Staat,
daß er mit Spieß und Fabelprunk die
                              Weinbergräuber scheuche...

Aus dem Kastanienofen schlug grellrot ein Feuer,
wie der Leibhaftige aus der Hölle fährt;
ein Wolkenspalt ging wie ein Henkersschwert
quer durch den Abend, blank und ungeheuer...

Im Trauerdüster des Karfreitags schwammen
Lichtkugeln traumhaft, gelb und blau und rot
ums Heilige Grab, süß duftete der Tod
nach Weihrauch, Hyazinthen,
                              honiglinden Flammen...

Der Rosenkranz umschlang die kleinen Finger,
sanft rieselte ins Ohr die Litanei wie Mohn,

Maria lächelte vom Blumenthron
im Himmelsglanz der goldnen Flügelschwinger ...

Die Orgel schwoll ins Herz mit Donnerfluten,
erstrahlend stieg aus ihnen wie ein Stern
des Engels Stimme: Preiset Gott den Herrn!
O offner Himmel, Schauer, innige Gluten!

Der Hölle Rot, des Tods verfrühte Schwärze,
das Alleluja, das der Engel sang,
dreimal des Tags der selige Überschwang
von allen Türmen aus geweihtem Erze,

der stieg im Weinberg unter Rebenlauben
eidechsenfunkelnd das Gebirg hinan,
zerfallne Burg, die ihre Sage spann
im Efeugrün, im Blau und Gold der Trauben,

das alte Gut, die weinberankten Mauern,
die Äpfelfuhr vor dem gewölbten Tor,
herbstliche Luft, in der es leise gor,
Gestalt und Adel, Schritt und Gruß der Bauern;

der Knabe trank's mit morgendlichen Sinnen,
wie Muttermilch ging es dem Durstigen ein
und wurde Blut in ihm und wurde mein
und seit ich atme, weiß ich es tief innen.

Weiß es in mir gleich einem Land im Traume,
eh' ich's betrat, hab ich es ganz gesehn;
als ich es sah, war es ein Wiedersehn
in einem wunderlichen, spiegeltiefen Raume.

Wilhelm Lehmann
Meran
1963

Verschollner Laut, strömt durch die Stadt
Die Passer.
Von hohen Bergen gischt, beruhigt grünt
Ihr Wasser.

Für sechzig Lire ein Glas Traubensaft.
Glücklicher Prasser!
Während ich trinke, füllt mein Ohr
Brausende Passer.

Hesperisch glüht die Frucht,
Wie Herkules sie fand.
Gibt es ein Paradies?
Suche das Land.

Zu Wasser, Apfel, Wein,
Wer sagte Nein?
Mein Haus war schon bestellt,
Welt, die nicht mehr gefällt –:

Als ob es sie verdrieße,
Daß ich sie nicht genieße,
Schmeichelt sie sich bei mir ein
Mit Apfel, Wasser, Wein.

Franz Kafka
Briefe an Ottla und an Milena

1920

[Briefkopf: Gasthof Emma, Meran, Pragserwildsee]

[Stempel: Meran – 6. IV. 20]

Liebe Ottla, müde vom Wohnungssuchen, es gibt soviele
Wohnungen, die Grundfrage ist: große Hotelpension (z. B.
die wo ich jetzt recht gut lebe, vegetarisch gut, nicht gerade
sehr durchdacht, aber immerhin) oder kleine Privatpension.
Erstere hat den Nachteil daß sie teuerer ist (ich weiß allerdings nicht wie viel es ausmachen wird, ich esse nicht in
Pension) vielleicht nicht so gute Liegemöglichkeit gibt, wie
die kleine Pension, auch wird man wohl in der kleinen
persönlich interessierter behandelt, worauf ein Vegetarianer
vielleicht mehr angewiesen ist, als ein anderer aber einen
großen Vorteil hat sie, es sind die großen freien Räume, das
Zimmer selbst, der Speisesaal, die Vorhalle, selbst wenn
man Bekannte hat, ist man frei, unbedrückt, die kleine
Pension hat dagegen etwas von einer Familiengruft, nein das
ist falsch, etwas von einem Massengrab. Sei das Haus noch
so gut instand gehalten (ist es das nicht, auch solche sah ich,
dann möchte man sich gleich hinsetzen und über die Vergänglichkeit weinen) es ist doch notwendig eng, die Gäste
sitzen aneinander, man schaut einander immerfort in die
Augen, es ist eben wie bei Stüdl, nur daß allerdings Meran
unvergleichlich freier, weiter, mannigfaltiger, großartiger,
luftreiner, sonnenstärker als Schelesen ist. Das ist also die
Frage. Was hältst Du z. B. von der Ottoburg, dem einzigen
brauchbaren Ergebnis des Nachmittags (des dritten Meraner, und des ersten unverregneten Nachmittags) Preis 15
Lire, der gewöhnliche Preis der Privatpensionen, reines
Haus, die Wirtin eine fröhliche sehr dick- und rotbackige

Hotel Emma (Franz Kafka)

Frau des Buchhändlers Taussig, erkennt sofort mein Prager
Deutsch, interessiert sich sehr für meinen Vegetarianismus,
zeigt dabei aber völligen Mangel vegetarischer Phantasie;
das Zimmer ist recht gut, der Balkon gestattet alle Nacktheit, dann führt sie mich in den gemeinsamen Speisesaal, ein
hübscher Saal, aber doch niedrig, so sitzt man beisammen,
die gebrauchten Servietten in den Ringen bezeichnen die
Plätze, Schneewittchen hätte keine Lust gehabt, hier Späße
zu machen. Nun? Ehe Deine Antwort kommt dürfte ich
mich schon entschieden haben, versprochen habe ich, daß
ich morgen vormittag schon komme.

Die Reise war sehr einfach, der Südamerikaner war nur
ein Mailänder, aber dafür ein liebenswürdiger, rücksichts-
voller, schöner, eleganter, im Körper eleganter Mensch, ich
hätte nicht besser wählen können und man kann gewiß für
dieses im Grunde abscheuliche enge Beisammensein, es war
auch sehr kalt, gelegentlich sehr schlecht wählen. Die

Francs habe ich nicht gebraucht, es werden offenbar wenn sich die Reisenden an ein bestimmtes System gewöhnt haben, sofort neue Systeme eingeführt, die weitere Karte war in österr. Kronen zu zahlen; wieviel kostet die Karte von der Grenze bis Innsbruck? An 1300 K, soviel hatte ich allerdings nicht. Die Lire waren in Innsbruck ganz leicht zu wechseln.

Vorläufig genug, ich muß noch (nach meiner Vorschrift) Orangenlimonade trinken gehn. Schreibe mir ausführlich von Dir, besonders von Sorgen, wenn Du willst auch Träumen, in die Ferne hat auch das Sinn. Grüße alle, auch Max oder Felix, wenn Du sie sehen solltest.   Dein F

[April 1920]
Meran-Untermais, Pension Ottoburg
Liebe Frau Milena

eben hat der zwei Tage und eine Nacht dauernde Regen aufgehört, wahrscheinlich zwar nur vorübergehend, immerhin ein Ereignis wert gefeiert zu werden und das tue ich indem ich Ihnen schreibe. Übrigens war auch der Regen zu ertragen, es ist eben die Fremde hier, eine kleine Fremde zwar nur, aber es tut dem Herzen wohl. Auch Sie haben sich wenn mein Eindruck richtig war (ein kleines vereinzeltes halbstummes Beisammensein ist in der Erinnerung offenbar nicht auszuschöpfen) über die Wiener Fremde gefreut, späterhin mag sie ja durch die allgemeinen Verhältnisse trübe geworden sein, aber freut Sie auch die Fremde als solche? (Was übrigens vielleicht ein schlimmes Zeichen wäre und nicht sein soll.)

Ich lebe hier recht gut, mehr Sorgfalt könnte der sterbliche Leib kaum ertragen, der Balkon meines Zimmers ist in einen Garten eingesenkt, umwachsen, überwachsen von blühenden Sträuchern (merkwürdig ist die Vegetation hier, bei einem Wetter, bei dem in Prag fast die Pfützen gefrieren, öffnen sich vor meinem Balkon langsam die Blüten), dabei voll der Sonne ausgesetzt (oder allerdings dem tief bewölkten Himmel, wie seit fast einer Woche schon), Eidechsen und Vögel, ungleiche Paare, besuchen mich: Ich würde Ihnen Meran so sehr gönnen, Sie schrieben letzthin einmal vom Nicht-atmen-können, Bild und Sinn sind darin sehr nah und beides mag hier ein wenig leichter werden.

Mit herzlichsten Grüßen
Ihr F Kafka

[*Meran, 23. Juni 1920*]
Mittwoch

Es ist schwer, die Wahrheit zu sagen, denn es gibt zwar nur eine, aber sie ist lebendig und hat daher ein lebendig wechselndes Gesicht (krásná vůbec nikdy, vážně ne, snad někdy hezká)*. Hätte ich Dir in der Nacht von Montag auf Dienstag geantwortet, wäre es schrecklich gewesen, ich lag im Bett wie in der Folter, die ganze Nacht antwortete ich Dir, klagte Dir, suchte Dich von mir abzuschrecken, verfluchte mich. (Es lag auch daran, daß ich den Brief spät abend bekam und für die ernsten Worte in der Nähe der Nacht zu aufgeregt und empfänglich war.) Dann fuhr ich früh nach Bozen, mit der elektrischen Bahn nach Klobenstein, 1 200 m hoch, atmete, allerdings nicht ganz bei Verstande, reine fast kalte Luft nahe gegenüber den ersten Dolomitenketten, schrieb dann auf der Rückfahrt für Dich das folgende das ich jetzt abschreibe und finde sogar dieses, wenigstens heute, allzu scharf; so ändern sich die Tage:

Endlich bin ich allein, der Ingenieur ist in Bozen geblieben, ich fahre zurück. Ich habe gar nicht so sehr darunter gelitten, daß sich der Ingenieur und die Gegenden zwischen

---

* (schön wirklich niemals, gewiß nicht, vielleicht manchmal hübsch)

mich und Dich schoben, denn sogar ich bin nicht bei mir
gewesen. Bis 12½ Uhr habe ich gestern den Abend im
Schreiben und dann noch mehr Nachdenken mit Dir verbracht, dann war ich kaum mit paar Augenblicken Schlaf
bis 6 Uhr im Bett, dann riß ich mich heraus, so wie ein
fremder Mensch einen fremden Menschen aus dem Bett
reißt und das war gut, denn ich hätte den Tag in Meran
trostlos verduselt und verschrieben. Daß mir dieser Ausflug
kaum eigentlich bewußt geworden ist und er in meiner
Erinnerung nur als ein nicht sehr deutlicher Traum zurück-
bleiben wird, macht nicht viel. Die Nacht ist so gewesen weil
Du mit Deinem Brief (Du hast einen durchdringenden
Blick, das wäre aber nicht viel, das Volk läuft ja auf der
Gasse herum und lockt den Blick an sich, aber Du hast den
Mut dieses Blicks und vor allem die Kraft noch weiterzu-
sehn über diesen Blick hinaus; dieses Weitersehn ist die
Hauptsache und das kannst Du.) alle diese alten Teufel, die
mit einem Auge schlafen und mit dem andern ihre Gelegenheit abpassen wieder aufgeweckt hast, was zwar fürchterlich
ist, Angstschweiß ausbrechen läßt (ich schwöre Dir: vor
nichts anderem als vor ihnen, vor den unfaßbaren Mächten)
aber es ist gut, ist gesund, man nimmt ihre Revue ab und
weiß daß sie da sind. Trotzdem stimmt Deine Erklärung
meines »Du mußt aus Wien fort« nicht ganz. Ich habe es
nicht leichtsinnig hingeschrieben (sondern unter dem Eindruck jener Geschichte; der Gedanke an solche Zusammen-
hänge war mir bis dahin gar nicht eigentlich gekommen; ich
war damals so außer mir, daß Dein sofortiges Wegfahren aus
Wien mir die selbstverständlichste Sache war, aus der aller-
eigennützigsten Überlegung, daß das, was durch meine
Schuld Deinen Mann auch nur streift, erst mich eigentlich
voll trifft, zehnmal und hundertmal trifft und zerhackt. Es
ist ja nicht anders als bei Dir) auch fürchtete ich nicht die

greifbare Last (ich verdiene nicht viel, aber es würde gut für uns beide reichen, glaube ich, natürlich wenn nicht Krankheit dazwischen kommt) auch bin ich aufrichtig nach meiner Denk- und Ausdruckskraft (war es auch früher allerdings hast erst Du den wirklichen, helfenden Blick dafür). Was ich fürchte und mit aufgerissenen Augen fürchte und in sinnloser Versunkenheit in Angst (wenn ich so schlafen könnte wie ich in Angst versinke, ich lebte nicht mehr) ist nur diese innere Verschwörung gegen mich (die Du besser aus dem Brief an meinen Vater verstehen wirst, allerdings auch nicht ganz, denn der Brief ist doch zu sehr auf sein Ziel hin konstruiert) die sich etwa darauf gründet, daß ich, der ich im großen Schachspiel noch nicht einmal Bauer eines Bauern bin, weit davon entfernt, jetzt gegen die Spielregeln und zur Verwirrung alles Spiels auch noch den Platz der Königin besetzen will – ich der Bauer des Bauern, also eine Figur, die es gar nicht gibt, die gar nicht mitspielt – und dann vielleicht gleich auch noch den Platz des Königs selbst oder gar das ganze Brett und daß wenn ich das wirklich wollte, es auf andere unmenschlichere Weise geschehen müßte. Darum hat der Vorschlag den ich Dir gemacht habe, für mich eine viel größere Bedeutung als für Dich. Er ist das im Augenblick Zweifellose, Unangekränkelte, unbedingt Beglückende.

*

So war es gestern, heute würde ich z. B. sagen, daß ich sicher nach Wien kommen werde, da aber heute heute und morgen morgen ist lasse ich mir noch die Freiheit. Überraschen werde ich Dich keinesfalls, auch nicht nach Donnerstag kommen. Komme ich nach Wien, schreibe ich Dir einen Rohrpostbrief – ich könnte niemanden sehn außer Dir, das weiß ich – vor Dienstag gewiß nicht. Ich käme am Südbahnhof an, weiß noch nicht wo ich wegfahre, würde also beim

Südbahnhof wohnen; schade daß ich nicht weiß wo Du Deine Südbahn-Stunden gibst, da könnte ich ja um 5 Uhr dort warten. (Diesen Satz muß ich schon in einem Märchen gelesen haben, irgendwo in der Nähe des andern Satzes: Wenn sie noch nicht gestorben sind, so leben sie noch heute.) Ich sah heute einen Plan von Wien, einen Augenblick lang erschien es mir unverständlich, daß man eine so große Stadt aufgebaut hat, während Du doch nur ein Zimmer brauchst.   F

Vielleicht habe ich auch Posterestante-Briefe mit Pollak adressiert.

[Postkarte]

[Stempel: Meran – 28. VI. 20]

Liebste Ottla vor der Abfahrt vor dem Einpacken noch schnell: Danke für die guten Nachrichten und sei nicht zu streng bei der Besichtigung, wenn ich komme (Ende der Woche) Ich schaue in den Schrankspiegel und finde mich noch sehr ähnlich. Ich fürchte mich nicht wenig, man wird sagen, in Schelesen in 14 Tagen hätte ich das auch erreichen können, nun aber es gab auch anderes und vielleicht ist es nicht gar so schlimm, nur konnte ich nach den ersten 1½ Monaten mit Recht viel mehr erwarten. Also nicht streng sein. Auf Wiedersehn. Übrigens hast Du ja wahrscheinlich so viel zu tun, daß Du gar keine Zeit haben wirst mich anzusehn und sonst ist ja niemand zuhause. Dein F.

Fritz von Herzmanovsky-Orlando
Drei Briefe
1989

An Karl Wolfskehl: *Meran, 18. Novembris 32*
Theuerster Meister!
Ich muss Ihnen vielen Dank sagen, dass Sie so lieb waren, mich der literarischen Welt zu empfehlen. Es ist sehr selten, wirkliche Freundschaft und Altruismus zu finden! Wir waren sehr gerührt!

Also begleitet von Ihren Leyerklängen werde ich geistig als der transalpinen Arionakzessist auf der letzten ausgerotteten Forelle gen Berlin paddeln. Wie gesagt, nur geistig, da ich nicht so gerne reise wie Sie.

Nun ist uns halbe Kunde geworden, dass Sie eventuell an Meran dächten! Sir Galahad schrieb uns, dass sie nach Meran will und, ähnliche Absichten bei Ihnen vermutet. Es ist wunderbar sonnig bei uns, dabei Unterkunft jetzt nicht teuer. Pension von 22-25 Lire + 10 % + 2 L Heizung + 2 Lire Kurtaxe, das ist die Regel.

Wenn Sie hier ankommen, werden die hiesigen Dichter am Perron Spalier stehen – das einzige was sie können.

Die Gegend ist lyrisch – Afrodite und Dyonysos nur ganz leicht vermaskiert immer noch in Festzügen gefeiert. Geheimkulte aus der Urzeit sind noch in Blüte, wie ich allmählich zögernd erfahre. Es ist der Gegenpol Sachsens, wo »Edener Kunstbutter« etwas teurer erzeugt wird wie Alpenbutter in Meran.

Durchs »Einihorchen« und »Zuwischmecken« – Ihr System, Meister! – haben wir viel erfahren und graben wir fleißig Schutt, alte Barchenthosen und dergleichen weg, das das Bild einer lichteren Menschheit verhüllt.

Einen Märchenonkel in Bozen haben wir auch gefunden,

Spezialisten für die Südtyroler Sagenforschung, einen bedächtigen Mann mit viel Wissen um die: »Rääther« und die »Sch, Schgiahwen«.

Wenn Sie kommen, jedesfalls ein Mann, mit dem Sie fachlich reden können.

Seien Sie aufs Herzlichste gegrüßt vom Ehepaar H-O.

Karl Felix Wolff an FHO: B. [Bozen], Erbe 46.
                                                    18.1.41.

Meine verehrtesten Herrschaften!

Entsetzt war ich, als ich von dem Brande und von Ihrer Gefährdung las. Die schwelenden Brände sind immer die schlimmsten, weil man sie nicht hört. Ein großes Feuer prasselt derartig, daß man aus dem tiefsten Schlaf erwacht, aber so ein stiller Kaminbrand ist wahrhaft heimtückisch. Meinen Glückwunsch zu der rechtzeitigen Warnung. Daß Bäcker im Dienste der »großen Mutter« stehen, wußte ich nicht; weil sie aber die Ersten sind, die am Morgen durch die Straßen eilen, um die Bevölkerung zu versorgen, so haben sie tatsächlich etwas Mystisches an sich.

Nun danke ich Ihnen auch für Ihren werten Brief vom 28. Dez., der wieder einmal eine Fülle neuer Gedanken enthielt. Der »Kellner von Tirol« und der Grieser »Venusberg« sind mir bekannt. Aber Gries selbst heißt in alten Schriften auch »Keller-Gries«. Weiter gibt es eine Kellerburg in Sarnthein (mit einer Marienkapelle). Besondere Geheimnisse scheint die Ehrenburg im Pustertale zu bergen. – Hingegen betrachte ich »Fer« als verkürztes »Frau« (das ist Herrin); ein besonderes Wort »Fer« kommt nirgends vor: Jungfrau heißt im Mittelhochdeutschen juncvrouwe.

G. v. List war ein sehr geistreicher Mensch und hatte daher viele richtige, der Forschung vorauseilende Erkennt-

Schloß Rametz (Herzmanovsky-Orlando)

nisse; aber seine »Ursprache der Ariogermanen« wimmelt von willkürlichen und falschen Behauptungen. Ich hatte deshalb 1912 einen langen Streit mit Philipp Stauff, dem Vorsitzenden der List-Gesellschaft. Stauff war als Lyriker begabt, aber kein Gelehrter, besonders kein Sprachforscher. Sie sind jetzt alle tot, diese Rufer im Streite; ich komme mir oft ganz vereinsamt vor.

Sehr bedeutsam finde ich den Gedanken von der rätischen Kellnerin. Er läßt sich auch anthropologisch unterbauen: die richtige Kellnerin hat ein breites, gemütliches Dirndl-Gesicht. Das ist rätische Urrasse, wohl zu unterscheiden von den langen, schmalen Gesichtern der nordischen Kriegerrasse. Daß die alte zirkumalpine Pfahlbau-Kultur mutterrechtlich bedient war, wagen auch die verbohrtesten Anhänger des Männerrechts nicht zu leugnen, trotzdem war Prof. Solleder (der Herausgeber des »Bayerlandes«) furchtbar empört, als ich 1927 in der

»Münchner Ztg.« auf mutterrechtliche Spuren bei der oberbayerischen Bevölkerung hinwies. Solleder war so entrüstet,
daß er sich im Arbeitssaale der Universität mit einem Ruck
von mir abwendete.

Ulrich v. Liechtenstein verdient gründlicher studiert zu
werden; ich bin leider nie dazu gekommen.

Nun noch meine freudigste Anerkennung zu dem freundlichst übermittelten Bruchstück aus der »Tiroler Akademie«. Das wird herrlich. Wie immer bei Ihnen ist auch hier
Wissen mit Geist und Heiterkeit verbunden. Meiner Empfindung nach müßten Ihre Stücke in Wien außerordentliche
Anerkennung finden.

Meine verehrtesten Herrschaften, mit Handkuß, sowie
mit besten Empfehlungen und in dankbarem Gedenken an
Malcesine verbleibe ich Ihr ergebener   K. F. Wolff.

An Alfred Strobel:
Fritz R. v. Herzmanovsky-Orlando
Meran   *Schloss Rametz 26. 2. 54.*

Herrn Alfred Strobel. Innsbruck.

Sehr geehrter Herr!
Soeben empfange ich Ihr sehr interessantes Schreiben vom
25. 2. 54. das im Momente ankam als ich das Drachenspiel
wieder vornahm – angeregt durch den Artikel im FORUM.
Ich freue mich sehr dass Sie dieser meiner Lieblingsarbeit
Interesse entgegenbringen wollen und möchte ich Ihnen
daher etwas über diese, ernste Geheimnisse Tyrols betreff.
Arbeit mitteilen. (Ich bemerke dass das Spiel noch nicht
ganz vollendet ist da er sehr schwierige, nur scheinbar
»gschpassige« Dinge enthält.) Es gibt da ein Vorspiel: Eine
Sitzung der ACCADEMIA CLAUDIA Felicitas vom 3. Nov. 1891.

Es ist die Epoche des Liberalismus in Tyrol, das Fremdenverkehrsland von unzeitgemässen Schnörkeln reinigen möchte. Es darf kein Platz mehr da sein von Spukgestalten. Besonders wird man den SALIGEN ernstens zu Leibe gehn. Auch die Freigeister (die nur wöchentlich einmal zur Beichte gehen) wispern sich im Geheimen zu, dass diese Wesen effektiv das Konzil zu Trient noch ernstlich gestört haben. Und es war etwas Wahres daran.

Tyrol war immer ein wahres Venusland. Herrlich schön, von schönen und sehr tüchtigen Menschen besiedelt hat einen grossen Teil des Reichtums der USA aufgebaut. Hier wurde erfunden: Die Schreibmaschiene, deren Belegexemplar aus dem Museum der techn. Hochschule in Wien einmal gegen 5 G. Trinkgeld von einem USA Geschäftsmann entwendet wurde. Eine ungeheure Industrie war die Folge.

: Die Nähmaschiene. Madersbergers Werk. Machte ebenfalls die USA gross. Drittens wurde 1750 in Innsbruck die erste Füllfeder hergestellt. Ferner wurde ebendort zuerst die Synthese eines organischen Produktes durchgeführt. die Salyzilsäure.

Reichtum ist das Wirken der Afrodite.

Bevor das Christentum kam gab es in Tyrol nur eine androgynweibl Priesterschaft. Unter 1 000 Gitschen war etwa EINE geeignet effektiv magisch zu wirken. Die Mädchen wurden in Kameraten erzogen – Daher nach diesen Sälen benannte man die Salige Fräulein.

Die sog. Freimaurer nennen daher den zweiten Grad Gesellen.

Später als die röm. Kirche entstand kopierte man diese Heilsmädchen und zog den geischtlichen Herren Rockerln an.

Aber darunter gab es scheussliche Dessus und etwas ganz wichtiges fehlte. Alle magisch begabten Mädchen verbrannte man als Hexen. Nur machtvolle Gruppen retteten sich in Burgen.

Eva Hesse
Ezra Pound
1987

Der Rest ist Schweigen.
Tod in Venedig 1958-1972

Als Ezra Pound mit seiner Frau Dorothy und seiner Sekretärin Marcella Spann am 10. Juli 1958 in Genua eintraf, wurde er von einer großen Menschenmenge begrüßt. Auch die Weltpresse war wieder da. In Verona holte ihn seine Tochter im Taxi ab, und auf dem abschüssigen Pfad, der von Dorf Tirol zur Brunnenburg hinabführt, kam ihm der Schwiegersohn Boris de Rachewiltz mit den beiden Enkeln entgegen, die er jetzt zum erstenmal sah. Nun sollte das Leben in der Geborgenheit der Familie beginnen. Pound gedachte, das Familienleben, in dem er sich gerecht zwischen Frau und Nebenfrau verteilt hatte, genau dort wieder aufzunehmen, wo es vor dreizehn Jahren abgebrochen war, nur in anderer Besetzung. Und so kam es zu gewissen Komplikationen, die Pound nach sieben Monaten auf der Brunnenburg bewogen, mit Dorothy und Marcella Spann nach Rapallo zu übersiedeln, wo sie zu dritt in einem modernen Häuserblock ein Apartment bezogen.

Was Pound zu dieser Zeit am meisten zu schaffen machte, war die Abhängigkeit von seiner Frau, die infolge seiner Entmündigung als »Committee for Ezra Pound« die alleinige Verfügungsgewalt über seine Mittel hatte – und das gerade zu einer Zeit, da er erstmals in seinem Leben sich und (s)eine Frau aus den Tantiemen der *Cantos* hätte ernähren können. Eine Anzahl von Briefen und Einladungen gingen in dieser Sache an Hemingway, der in Pounds Augen eine Autorität in Scheidungsangelegenheiten war. Ende September berichtete er ihm von »Komplikationen von wegen Committee«. Weder seine Frau noch seine Ex-Neben-frau wollten zu diesem späten Zeitpunkt etwas von einer Scheidung wissen. Gegen Ende September wurde die Muse nach Amerika zurückgeschickt. Die Anthologie der Welt-dichtung *Confucius to Cummings,* die Pound mit Marcella Spann zusammengestellt hatte, war bereits im Juli 1959 im Manuskript »fertig« geworden, sie konnte erst fünf Jahre später nach mühsamen anonymen Überarbeitungen in Druck erscheinen. Im Sommer 1959 waren die *Thrones*-Can-tos erschienen. Insgesamt würden es 120 Cantos werden, äußerte Pound zu diesem Zeitpunkt gegenüber Donald Hall. »Sie müssen fast am Ende sein«, sagte Donald Hall zu Pound. »Können Sie schon sagen, was Sie in den restlichen Cantos anfangen wollen?« Pound: »Es ist schwer, ein ›Para-diso‹ zu schreiben, wenn alle äußeren Anzeichen auf eine Apokalypse verweisen.« Donald Hall: »Sind Sie mehr oder minder festgefahren?« Pound: »Wenn Sie wollen, so bin ich festgefahren. Die eigentliche Frage ist aber, ob ich tot bin, wie es manche gerne möchten.«

Dieses Interview war in Rom zustande gekommen, nach-dem Pound und Dorothy das Apartment in Rapallo aufge-geben hatten und wieder in der Brunnenburg eingezogen waren. Im Januar 1959 war Pound, von innerer Unruhe getrieben, nach Rom gefahren, wo er bei Freunden wohnte. Hier übergab er dem Interviewer, Donald Hall, das Manu-skript seiner letzten *Cantos 110-117,* der zwei davon, zusam-men mit dem Interview, in der *Paris Review* (März 1960) abdruckte. Es sind die letzten Cantos, die Pound in seinem Leben geschrieben hat.

Wieder auf der Brunnenburg, erlitt Pound im selben Sommer eine psychische Krise und verweigerte alle Nahrung. Seine Tochter brachte ihn in der Klinik Martinsbrunn unterhalb der Brunnenburg unter, wo er künstlich ernährt wurde, bis er sich, nach vielen Monaten, einigermaßen erholt hatte. Im Mai 1961, wieder in Rom, erlitt er einen schweren psychischen Zusammenbruch und wurde von seiner Tochter und Olga Rudge nach Martinsbrunn zurückgebracht. Gegen Ende des Jahres holte Olga Rudge den alten Dichter, der nur noch ein Schatten seiner selbst war, endlich zurück nach Sant'Ambrogio. Von nun an lebte er, heldenmütig von Olga Rudge betreut, teils dort, teils in seiner Schicksalsstadt Venedig. Immer noch kam »die Welt« zu ihm, starrte ihn an, filmte ihn, schrieb Artikel über die gelegentlichen »Interviews«, zu denen er sich widerwillig hergab. Olga Rudge führte ihn der Öffentlichkeit vor: Er tauchte als Gespenst auf bei Menottis Festival Zweier Welten in Spoleto, in Paris anläßlich des Erscheinens eines zweibändigen französischen Symposions über seine Werke, in Westminster Abbey anläßlich der Totenmesse für T. S. Eliot, sogar in den Vereinigten Staaten, um das im Nachlaß von John Quinn wiedergefundene Manuskript des *Waste Land* mit seinen eigenen Korrekturen zu besichtigen – scheinbar willenlos nahm er an dem teil, verkapselt in ein beinah totales Schweigen, das allen Betroffenen in den Ohren brüllte. So existierte er nach seiner Entlassung aus der Anstalt noch dreizehn lange Jahre, bis er am 1. November 1972, zwei Tage nach seinem 87. Geburtstag, den Tod in Venedig fand. Bestattet liegt er auf der Friedhofsinsel San Michele mit ihren Grabstätten für die Andersgläubigen – Protestanten und Orthodoxe.

Siegfried W. de Rachewiltz
Cantos aus dem Bauernland
1987

Für Pound war Südtirol nicht nur das Durchzugsland wie
für Goethe und manch anderen nach Süden drängenden
Dichter: Es war für ihn auch Heimat, denn in diesem neu-
entdeckten Idaho – sein Geburtsstaat im Nordwesten Ame-
rikas – siedelte er seine Familie an. Wenn wir die Bedeutung
der Baum-Bildersprache in den Cantos richtig verstehen, so
wird es uns nicht sonderlich wundern, daß Pound seine
Tochter dem lebenskräftigen Ast einer armen, doch an
Menschlichkeit reichen Bauernfamilie »aufpelzte«: Als No-
made literarischer Salons und als Missionar in der kanniba-
lischen Kulturwelt Europas wußte er, daß er seinem Kind
nicht die Ruhe und den Zugang zur Natur, die für ein
gesundes Wachstum notwendig sind, bieten konnte. So
kehrte er immer wieder zurück nach Gais, dem kleinen Dorf
im Pustertal, und fand hier, was er in Konfuzius und in der
Geschichte Chinas gefunden hatte: gesunden Menschenver-
stand, Frömmigkeit und tief empfundene Ehrfurcht für die
lebende Natur, die Grundlage, ohne die keine Ordnung im
Staat – so Konfuzius – möglich ist. Die Briefe, die ihm seine
kleine Tochter schrieb, fanden ihren Platz in seinem Werk;
durch sie hielt er einige der schönsten Tiroler Bräuche in
den Cantos fest, so den Umzug bei einer Priesterweihe in
Gais:

> *Mir gefiel es,*
> *Alle Häuser waren voller Lichter und*
> *Laubzweige an den Fenstern, die waren besteckt*
> *Mit handgemachten Blumen und*
> *Am nächsten Tag war die Messe und eine Prozession*
> (Canto 48)

Die Weihe der Blumen – die sogenannten Weihbuschen – am
Hohen-Frauen-Tage erscheint in Canto 106:

> Die Blumen gefeit gegen Donnerkeil
>> »help me to neode«.
> Die große Lichteichel wölbt sich heraus

Im Pustertaler Weihbuschen werden folgende Pflanzen ein-
geflochten: Haselzweige, Himmelbrand, Hexenkraut, Him-
beerlaub, Schafgarbe, Wermut, Johanniskraut, Traubenkir-
sche, Kirschlaub, Mutterkraut, Kornrade, Baldrian, Farn-
kraut und andere. Von jedem Hof kommt ein Strauß auf den
Altar. Nach der Weihe tragen die Bauernmädchen den
Strauß heim und hängen ihn im Hauseingang oder in der
Stube auf. Bei Gewittern verbrennen sie einige der dürren
Blumen. Auch das Nikolausspiel, die »Raanacht-Bräuche«
und die winterliche Vertreibung der bösen Geister werden
im ersten Pisaner Canto heraufbeschworen:

> dort wo die Perchten herkommen im Tirolerland
> zur Winterzeit
> ein jedes Haus durchstöbernd um Unholde auszutreiben
> (Canto 74)

Südtirol erscheint also, wie auch das Königreich der Na-khi,
in den Cantos hauptsächlich als Land heiliger Bräuche, ein
Land, in dem

> der Tempel heilig ist
>> weil er nicht in Verkauf steht
> (Canto 97)

Doch auch das historische Tirol erscheint in den Cantos,
und zwar als Beispiel eines universalen menschlichen Dra-
mas. So ist das tragische Schicksal eines jungen Bauernbur-
schen aus Kiens, der als Soldat in der Wehrmacht beide
Augen verlor, ein Echo jener ewigen Klage, die Pound schon
in seinem frühen Gedicht »Klage des Grenzpostens« ausgedrückt hatte:

> *beide Augen (verloren) und eine zu finden*
> *die seine Mundart sprach. Wir*
> *sprachen über jeden Burschen, jedes Mädel im Tal*
> *doch als er vom Urlaub zurückkam*
> *war er betrübt, weil er bei seiner Kuh*
> *die Rippen zählen konnte ...*

(Canto 76)

Wiederum ist es Pounds Tochter, die ihm berichtet, wie sie im Kriegslazarett von Cortina einen Pustertaler Spielge- fährten aus früheren Tagen wiedererkannt hatte, und wie sie versuchte, ihn im »Puschtra«-Dialekt aufzumuntern.

Pounds Unterhaltungen mit den Bauern in Gais ließen ihn die unglückliche Lage Südtirols unter der italienischen Herrschaft erkennen; er nahm kein Blatt vor den Mund und prangerte die Unredlichkeit der italienischen Bürokratie an:

> *Verkauften das Schulhaus in Gais,*
> *holzten die Wälder ab, deren Laub dem Vieh zur Streu diente,*
> *so daß es an Dung zu fehlen begann ...*
> *weil das Gebot von Dschung Ni verloren ging*
> *deshalb der Koffer neben dem Alpino-Standbild in Bruneck*

(Canto 77)

Das Alpini-Denkmal in Bruneck war und ist für die Puster- taler das Symbol verhaßter Unterdrückung; der Koffer, den man beim Zusammenbruch vom 8. September 1944 neben die Statue stellte, war eine offene Einladung an die italieni- schen Behörden, ihre Koffer zu packen. Das Denkmal wurde einige Male in die Luft gesprengt, heute steht der »Kapuzinerwaschtl« in neuer Häßlichkeit wieder da.

Auch in Bozen war Pound Augenzeuge der Südtiroler Rebellion gegen die mutwillige Italienisierung der Ortsna- men. So behauptet in Canto 83 ein Bozner Bürger energisch vom Namen des Stadtzentrums: *Das heiß' Waltherplatz.*

Mehrmals erscheint in den Cantos die Stadt Wörgl: Dort hatte 1932 ein waghalsiger Bürgermeister den Versuch unternommen, »Schwundgeld« einzuführen, eine Währung, die monatlich mit einer Marke im Wert von einem Prozent des Geldscheins frankiert werden mußte. Die jährlichen zwölf Prozent kamen der Gemeinde zugute, die damit ihre Lehrer bezahlte und Brücken baute. Obwohl der Versuch scheiterte,

> als ein Schein der
> Kleinstadt Wörgl
> über die Theke wanderte in Innsbruck

und *der Geldklüngel Europas aus dem Häuschen geriet* (Canto 74), blieb für Pound das Beispiel von Wörgl ein Beweis, daß die Menschheit nicht machtlos ist gegen die Tyrannei derjenigen Minderheit, die den Finanzkredit beherrscht: *der Feind ist Unwissenheit*. Pound meinte damit besonders die Unkenntnis in ökonomischen Dingen.

Er stattete dem Bürgermeister von Wörgl einen Besuch ab und erinnert sich in Canto 74:

> *in der Tat liegt hier der Hase im Pfeffer*
> *der Staat braucht nicht borgen*
> *wie Wörgls Bürgermeister nachwies,*
> *auf dessen Bücherbord Henry Fords Leben stand*
> *und eine Ausgabe der Göttlichen Komödie*
> *und die Gedichte von Heine*

Bildhauer spielten in Pounds Leben eine große Rolle; unter seinen Freunden waren viele Bildhauer, und immer wieder griff er in seiner Poetik auf die *Sprache des Bildhauers* zurück. In Gais entdeckte er die Bildhauerfamilie Bacher:

> *Aber Herrn Bachers Vater schnitzte noch Madonnen*
> *wie von altersher*
> *Holzmadonnen die du in jedem Dom hättest finden*
> *können*

und ein andrer Bacher schnitt noch Intaglios
wie die Sallustios zu Isottas Zeiten (Canto 74)

Eigentlich war es Heinrich Bacher, der Pound entdeckte, denn Bacher hatte als damaliger SOD-Mann den Befehl erhalten, den verdächtigen Amerikaner aufzusuchen; doch der Künstler siegte über die Amtsperson, und was eine Verhaftung hätte werden sollen, entwickelte sich zu einer lebhaften Diskussion über Kunst – wobei Bacher immer wieder seine Augen auf dem »interessanten Kopf« des Dichters ruhen ließ.

Die gegenseitige Sympathie fand ihren Niederschlag in Pounds Auftrag an Bacher, eine Gedenktafel für das Grab seiner Mutter in Gais zu schnitzen (1947), und im Lob des Bildhauers in den Pisaner Cantos; viele Jahre später, 1968, schuf Bacher ein Porträt des Dichters. Heinrich Bacher ist 1972 gestorben, und seine Werke sind auch in seiner Heimat noch wenig bekannt. Sollte sich das Schicksal so mancher von Pounds Entdeckungen wiederholen, wird man diesem Bildhauer in Zukunft mehr Anerkennung zollen. Der letzte der Familie, Franz Bacher, lebt und arbeitet in Innsbruck.

Als unser Großvater nach 13jähriger Inhaftierung freigelassen wurde, kehrte er zurück nach Südtirol, auf die Brunnenburg, wo sich inzwischen seine Familie niedergelassen hatte. Die Freude war groß: Er ließ am Schloßhang neue Reben pflanzen, die heute einen vorzüglichen Tropfen, den »Brunnenburger«, ergeben. Schon 1956 hatte er 200 Zukker-Ahornbäume aus Amerika geschickt, doch diese gediehen im Tiroler Klima nicht, nur einer steht heute noch. Er durchreiste das Land, wobei das Pustertal und der Vinschgau seine Lieblingstäler blieben; er besichtigte die Fresken in St. Prokulus bei Naturns und sah sich die Marmorblöcke in Laas an, denn er spielte mit dem Gedanken, auf der Muth, dem Berg, der über Schloß Tirol aufragt, einen Tem-

Ezra Pound mit seinen Enkeln

pel mit drei Säulen zu errichten. Doch er gab diesen Plan auf, wahrscheinlich erriet er die Befürchtungen der Einheimischen, der »heidnische« Tempel könnte die Wetterhexen auf die Muth zurücklocken.

Abends las er seiner Familie aus den Cantos vor; es war, als sänge Odysseus von den wunderbaren und oft schrecklichen Abenteuern seiner Reise. Uns Kindern las er die Geschichte von Brear Rabbit vor, und wir freuten uns an dem »slang«, den er so gut nachzuahmen wußte. Die Cantos sind ein Füllhorn von volkstümlichen Redensarten und zeugen davon, wie hoch Pound den unübersetzbaren Wohlklang der Mundarten schätzte.

Auf der Brunnenburg dichtete er seine letzten Cantos: Abermals verschmolz die Landschaft der Tiroler Berge mit den heiligen Bergen von Yün-nan, Hsi-K'ang und Tibet.

Fünfzehn Jahre später entsteht nun auf der Brunnenburg, mit Hilfe des Freistaats Bayern, ein landwirtschaftliches Museum; es soll ein Denkmal sein für den Mann, der

> *Die ungeheure Tragik des Traums im gebeugten*
> *Rücken des Bauern*

verstanden hatte.

Max Tosi
Pruzescion a Lana*
1975

N tof sutil de ncëns via se piërd,
se desfantan sun la fola jnudleda,
y te n raië de cëiresc che verd,
cumparësc la Madona sun streda.

La lascia ndëur si dlieja mpue scura
y śën se sciaud-la al tiebe dl autonn;
per si abundanzia de fruc, la Natura
la unerea cun si gra y devuzion.

L Cigat à bel' l guant nviernel,
y vënta cà n' aria frëscia y fina,
ch', zartiëula, fesc ondla al gurmel
dla dunseles dla casta regina.

---

* Prozession in Lana
  Ein zarter Weihrauchduft verbreitet sich / verschwebend über der knienden Menge / und zwischen den Strahlen der brennenden Kerzen / erscheint die Madonna auf der Straße.
  Man verläßt die Kirche, die schon etwas finster wird / und wärmt sich nun an der lauen Sonne des Herbstes. / Dankbar ist man ihr für die Fülle der Früchte und das Wirken der Natur / ergeben preist man sie.

Ie mire, l cuer bat, ie ne sé,
n' imagin me s' ie prejenteda,
chëla de l' oma: tosc auz-i l cë,
ma la Madona, dejà, ie passeda.

Lana, ai 8 de Setëmber 1935
(ladin de Gherdëina)

Processione a Lana*

Un odore sottile d'incenso si spande,
svanendo sopra la folla inginocchiata,
e tra i raggi dei ceri che ardono
appare la Madonna sulla strada.

Si lascia dietro la chiesa un poco buia,
e si scalda ora al tepore dell'autunno.
Per la prodigalità di frutti, la Natura
le è grata, e devota la onora.

Il Cigat ha già il suo manto invernale,
e qui spira un'aria fresca e fina,
che, carezzevole, increspa le vesti
delle damigelle della casta regina.

Osservo. Il cuore batte. Non so.
Un'immagine mi si è presentata:

Der Tschigat hat schon seinen winterlichen Mantel / und hier herunter weht eine frische und feine Brise / die einschmeichelnd die Kleider
fältelt / der Trägerinnen der Königin Jungfrau.
Ich schaue hin. Das Herz schlägt. Ich weiß nicht. / Ein Bild hat sich
vor mich hingestellt: / meine Mutter. Ich hebe den Kopf ohne Zögern /
doch die Madonna ist nunmehr vorbei.   D. J.

di mia madre. Sollevo il capo, sùbito,
ma la Madonna, oramai, è passata.

Konrad Rabensteiner
Meran '86
1988

O Passerstadt, seit 150 Jahren Kurstadt
mit radioaktiven Bädern und Pferderennplatz,
von der Apfelblüte bis zum Ende der Traubenkur
Sehnsucht und Tummelplatz Tausender von Touristen.
Garten- und Promenadenstadt mit den Denkmälern
für Andreas Hofer und Kaiserin Sissi,
Geheimtip für feurige Nachsommeridyllen,
einstige Hauptstadt Tirols und Residenzstadt,
zeitweise Paradies für Schlafmützen und Siebenschläfer,
heute als Kongreßstadt gepriesen bei Zahnärzten,
                                    Philologen
und Ähnlichem. Wallfahrtsort für schwindsüchtige
Brüste und Tbc-Lungen und Erbadelsprößlinge,
ideales Klima für Heimatdichtung und Trachtenumzüge,
für trinkfeste Clubmitglieder und Souvenirkrämer,
Schulstadt und Stadt der Köche und Kellner,
der Traubenpresser und Eisspezialisten, der Gärtner,
Kanuten und Sonnenanbeter, o du ruhebedürftige Stadt
mit geschlossenen Hotels und Bars von November bis März.
O greise Jubilarin du, heuer zu Briefmarkenehren erhoben,
du lächelst so plakatreif, auch wenn deine Kosmetiker
die vielen Arbeiten noch nicht abgeschlossen haben
und noch lange dabei sein werden, gegen hohe Honorare
die unschönen Falten zu glätten.
Und du bist unter tausend Konkurrenten

Kurhaus Meran

trotz Schützenputsch und Hetzkampagne für würdig
befunden worden, glitzernder Rahmen zu sein
für das Endziel des Giro d'Italia.
Ist das nicht großartigste Werbung um den Gast
aus Übersee und den aus dem italischen Süden?
Stolz sei, du Perle Tirols und der Alpen,
auf deine Bürgerschaft, sie hat, wie sie sagt,
die Weichen gestellt schon für die Fahrt
ins dritte Jahrtausend. Dort wirst du
die weiteren Jubiläen feiern als eine
der Städte von wahrem Weltrang und -duft,
und der Küchlberg wird jeweils dabei sein
und seinen feurigsten Wein dir kredenzen.

Georg Paulmichl
Meran – Merano
1987

Die Stadt Meran hat schon eine alte Geschichte auf
ihrem Buckel.
Heuer feiert Meran ihr traditionelles Altersjubiläum.
Meran wird von allen Gästeströmungen übervölkert.
Den Gästen wird ein reichhaltiges Kulturabkommen
serviert.
Auf der Kurpromenade läßt es sich nach frischer Luft
riechen.
Auf dem Pferderennplatz galoppiert man um
des Sieges Gunst.
Umzüge und Trachtenvereinigungen geben Meran
die Ehre.
Für die Schüler ist Meran ein Umschlagsplatz.
Geschäfte reihen sich in Reih und Glied.
Die Passer fließt gemütlich durch Merans Flußmündungen.
Der Sport läßt sich in Meran nicht ins Irre führen.
Es wird gerudert, gepaddelt und dem Ball nachgeschossen,
wo immer sich die Sportler einfinden.
Die Alleen werden in Meran von Bäumen überwuchert.
Auch die Kirchen haben in Meran ihre Plätze.
Für die katholische Vielfalt ist in Meran gesorgt.
Nur die hohe Politik wurde aus Meran weggezerrt.
Die hohe Politik hat in Bozen ihren Stammplatz.
Die Sonne scheint auf Merans klimatisches Klima voll
Entzücken herunter.
Noch lange soll Meran seinen Reiz entfachen.

Kuno Seyr
Nacht bei Meran
1970

Der weiße Mond geht von Haus zu Haus.
Unter Reblauben träumen zerbrechliche
Vögel schwere Träume. Das Glas
ihrer Flügel zittert und trägt
einen leisen Ton die Hügel aus.
Fern schlägt ein Hund an und weint
grüne Splitter in die Nacht.
Ich gehe vors Haus, es pendeln mir
sanft die Arme im Abendwind.
Im Feigenbaum schlagen die blaugrünen
Früchte gegen das Holz.

Franz Tumler
Die Töll bei Meran
1982

Nie mehr die überwundene Talstufe der Töll zu sehen
die plötzlich zierlichen Gebäude der Kalköfen
das vom Flugkalk bestaubte Laub
die Gebäude: Hüttchen bestrichen beflogen von Kalk
das Laub: rostig zähnig verfault von Kalk
Milch Vorahnung von Eis und
scharfer Wind biegt die Gräser

nie mehr gegen den Wind den Hut halten
Kalkstaub von hinten von der Töll
vom Hutrand bläst ihn der Wind

nicht zu vergessen das Flußaufrauschen Etsch
ein Steinekollern weil schnellziehender grüner Fluß.

Anja Höller
Weißt du noch gestern
1984

Weißt du noch gestern
als der schatten des berges
uns noch umfing
uns fröstelnde und unsichere

Nur langsam beruhigten sich
unsere schritte
wir gingen aufeinander zu
im gleichschritt wurden
unsere hände sonnen

Gemeinsam fühlten wir
die erhabenheit des berges
die dächer der stadt
lagen tief unter uns
in dunstigem schleier

Um uns jedoch lag der horizont
in maßlosem spitzenkleide

7. Um den Vinschgau

Eduard Dietl
Vom Reschen nach Meran
1979

Wer lange genug das Vinschgauer Brot gegessen hat, der
kann nicht mehr objektiv von diesem Tal zwischen Reschen
und der Töll berichten. Was soll schon ein Außenstehender
damit anfangen, wenn er erfährt, daß hier der Wind und die
Sonne etwas Besonderes seien oder wenn ihm einer vor-
schwärmt von unaussprechlichen Namen und kantigen
Leuten, die man selbst im übrigen Südtirol noch nie so recht
verstanden hat. Aber gerade dies alles ist der Vinschgau. Da
ist also zunächst der Wind, um genau zu sein, der Nord-
wind, der in der Silvretta einen mächtigen Anlauf nimmt,
über den Sattel des Reschenpasses fegt, an die Fensterläden
der Malser poltert und durch das Steppengras der Haide
pfeift, daß die braven, krummen Lärchen nur noch die
Köpfe schütteln können über den närrischen Kerl. Dann die
Sonne. Sie streichelt ihren Lieblingsturm, den romanischen
Kirchturm von St. Martin in Mals und formt tiefe Schatten
in das abstrakte Spiel der Bogen und Rechtecke, damit alle,
die es sehen, dieses Kunststück nie mehr vergessen sollen.
Sie kriecht in die Winkel des rätischen Weilers Monteplair,
und plötzlich wird uns die fremdartige Bauweise vertraut
und anheimelnd. Im unteren Vinschgau jedoch, wo nüchtern rechnende Leute wohnen, da hat auch die Sonne ernst-
haft zu arbeiten, Obst reifen zu lassen; in Kortsch beginnt
der Weinbau, da ist bis in den Herbst hinein viel zu tun.
Aber sie läßt es sich nicht nehmen, die Wasserwaale silbrig
auszuleuchten. Dem Ortler steckt sie lächelnd einen Heili-
genschein auf, daß er aussieht wie der heilige Prokulus in

Seite 267: Gasse in Glurns

Naturns. Womit wir bei den Vinschgauern wären. Sie haben ihrem Viehpatron, dem heiligen Prokulus in Naturns ein Kirchlein gebaut, und weil die Sache sehr wichtig war, entstand das Kirchlein so frühzeitig, daß die Kunstgeschichtler darüber in helle Begeisterung ausbrechen. Die Vinschgauer kamen mit Existenzsorgen um ihr Vieh zu dem Heiligen und erinnerten ihn daran, wie es ist, wenn man in ganz gemeinen Schwierigkeiten steckt. Der mußte nämlich einmal aus seiner Bischofstadt Verona Hals über Kopf fliehen und mit Stricken die Stadtmauer herabgelassen werden, sonst wäre es ihm schlecht ergangen. Das malten sie ihm an die Wand. Wenn man genau hinsieht, dann merkt man, wie ein höchst irdisches, verschmitztes Lächeln um den Mund des Heiligen spielt, und – ich kann mir nicht helfen – dieses Lächeln aus dem 8. Jahrhundert ist so geschickt mit drei Strichen hingezaubert, daß es von dem Paul Flora aus Glurns stammen könnte.

Als dieses Bild entstand, sprach man im Vinschgau rätoromanisch. Aus dieser Zeit sind die Orts- und Flurnamen geblieben, dunkel und kaum erklärbar, im Zusammenhang laut gelesen, wirken sie wie alte, heidnische Zaubersprüche oder wie ein sehr modernes Gedicht:

> Matsch, Mals, Monteplair.
> Glurns, Gomagoi und Tannas.
> Plantapatsch, Cavalatsch, Monpitsch, Latsch,
> Tschars, Tarsch, Tartsch.

Seitdem ist viel passiert. Man hatte seine Sorgen mit dem Vieh, dem Wetter und mit Überschwemmungen. Wenn es nur das gewesen wäre! Kriege, Feldzüge, feindliche Heere und – fast genau so schlimm – befreundete Heere, Schlachten zwischen Leuten, die einen allesamt nichts angingen, auf dem Rücken der Vinschgauer ausgetragen, das brachte Not und Elend. Da können einem schon einmal die Gedanken verquer durch den quadratischen Schädel gehen wie den Burschen von Laatsch. Hier, an der Calvenbrücke, schlugen sich 1499 die Österreicher mit den Graubündnern. Viele Tote blieben zurück und wurden im Laatscher Friedhof ins Grab gelegt. Seitdem gilt dieser Ort als unheimlich. Wer unter den Burschen des Dorfes etwas gelten wollte, so erzählt Josef Rampold, der ging nachts zum Friedhof, schlug den Türklopfer des Totenkirchleins an und mußte laut den lästerlichen Vers rufen:

> Ich klopfe hier mit diesem Ring,
> steht auf, ihr toten Tatterling!

Sicherlich hat der Wein Pate gestanden bei diesem frevelhaften Treiben. Aber ist es nicht auch ein trotziges Aufbegehren gegen das Schicksal und die Mächte, die Mächte hier auf Erden und die hinter dem dunklen Tor?

Oder soll man immer das Unglück so poesievoll sublimieren, wie es der schöne Kindervers aus Schlanders tut, der

Maria mit Kind, Latsch

den Kriegszug des Franzosenkaisers Napoleon durch den Vinschgau mit ein paar Zeilen ergreifend schildert:

> Rumpedibum
> Der Kaiser schlagt um
> Mit Händ und mit Füß
> Mit eiserne Spieß.
> Hat Fenster eingschlagn
> Und Blei davontragn
> Hat Kugeln draus gossen
> Und Bauern derschossen.
> Bum!

Wer heute durch den oberen Vinschgau fährt, der merkt nicht mehr, daß hier vor nicht allzu langer Zeit bittere Armut geherrscht hat. Die »Vinschger Karrner« erlebten noch das Elend. Sie waren Bauern, Kleinhäusler und Knechte, die notgedrungen ihr Leben als herumziehende Händler, Korbflechter und Besenbinder fristen mußten. Es sei nicht verschwiegen, daß mancher unter die Räder kam und den Vinschgau in der Fremde in kein gutes Licht brachte. Bitterer noch war das Los der »Schwabenkinder«. Bis in unser Jahrhundert herein zogen im Frühjahr Hunderte von Vinschgauer Kindern, sie waren oft erst sechs oder sieben Jahre alt, über den Reschen nach Schwaben und verdingten sich dort zur Arbeit. In Ravensburg beispielsweise war ein regelrechter Kinder-Arbeitsmarkt, der manchen Zeitgenossen an den Sklavenhandel erinnert hat.

Es entspricht nicht dem aufgeschlossenen Naturell der Vinschgauer, sich schmollend in einen Winkel zu verkriechen, wenn einem der Wind ins Gesicht bläst. Ihr heiterer Sinn läßt keine Verbitterung zu. Sie rackern und tüfteln und kommen immer wieder auf neue Ideen, um ihre Einkünfte zu verbessern. Das komplizierte Bewässerungssystem der »Waale«, vielleicht schon von den Venosten, den vorrömischen »Vinschgauern« begonnen, sicherlich von den Römern betrieben, im Mittelalter perfektioniert, bewahrte das Tal vor der schlimmsten Armut. Man rackerte dem undankbaren Boden jeden möglichen Ertrag ab und gab nie auf, nachzusinnieren, was man noch verbessern könnte.

Der Schulleiter Weithaler von Kastelbell hatte aus seinen Büchern herausgelesen, daß die Mirabelle als Steppenfrucht in trockenem Klima gedeiht. Es fiel ihm nicht schwer, die Vinschgauer zu überzeugen, daß dies für sie eine Chance sei, und Weithaler wurde zum Anreger eines heute blühenden Wirtschaftszweiges im Vinschgau. Nicht so gut hatte es der Zimmermann, Instrumentenbauer und weitgereiste Wandergeselle Peter Mitterhofer aus Partschins. Wenn es in der Welt gerecht und vernünftig zuginge, hätte er sehr reich werden müssen, denn er erfand die Schreibmaschine. Er starb aber in bitterer Armut. Vier brauchbare Modelle sei-

Peter Mitterhofer

ner Maschine hatte er aus Holz gebaut, eines trug er im Rucksack auf seinem Fußmarsch nach Wien. Vom Polytechnischen Institut bekam er 150 Gulden, und der Kaiser ließ ihm 200 Gulden als Forschungsbeitrag aushändigen. Das war alles. Die Maschine Mitterhofers verstaubte in Wien, und in Amerika baute Remington die erste Schreibmaschine, die eine Weltsensation wurde. Viele Leute behaupten, daß sie der von Peter Mitterhofer verdächtig ähnlich sieht.

Um aus sich etwas zu machen, um sich vorzudrängen, da haben die Vinschgauer oft zu viel Hemmungen, da sind sie zu maulfaul, und manchmal haben sie auch zu viel Geschmack dazu. Am besten ist's, man kommt zu ihnen. Kehrt man wieder, ein zweites oder drittes Mal, und sieht das freudige, gutmütige Aufleuchten im Gesicht seiner Gastgeber, dann weiß man, im Vinschgau kann man zuhause sein.

Johann Nepomuk von Alpenburg
Mäuse in Glurns
1861

Bei Glurns geht eine uralte Sage von Mäusen, welche ins Vintschgau gekommen seien und Hab und Gut der Bauern aufzehrten. Da sei ein fahlender oder fahrender Schüler nach Glurns gekommen, der durch einen Bannspruch alle Mäuse – viele Millionen an der Zahl – ins Tal gerufen und zum Auswandern gezwungen habe. Die Mäuse stellten sich, marschierten kolonnenweise wie das Militär aus dem Vintschgau, hielten Rasttage und waren gar bald verschwunden.

Der Bannmeister verschwand leider mit ihnen, die dankbaren Bewohner konnten ihm daher den bedungenen Lohn nicht auszahlen. Der Mäuse Bannspruch ist nicht mehr zu erfragen, überhaupt die ganze Sage sehr verwischt und dunkel; dieses mag wohl die Ursache sein, daß sie zu einem gewöhnlichen Dorfschwank, deren viele im Lande sind, umgearbeitet wurde und auf folgende Weise erzählt wird:

Mäuseprozeß und Auswanderung

Zu einer Zeit gab es in der Feldflur von Glurns im Vintschgau Unmassen viele Mäuse, zu deren Vertilgung sich kein Mittel fand, denn alle Katzen ganz Tirols, ja ganz Deutschlands hätten sie nicht vertilgt, und der Phosphor war noch nicht erfunden. Lange beratschlagte der weise Stadtrat von Glurns, was in dieser Not zu beginnen und wie den zahllosen kleinen Kornräubern beizukommen sei, und fand endlich keinen andern Ausweg, als die Mäuse zu verklagen und ihnen in optima forma den Prozeß zu machen. Da die Mäuse sich nicht selbst verteidigen konnten, so wurde ihnen von Gerichts wegen ein Anwalt zugeteilt, und der Prozeß begann. Die Anklage lautete auf unbefugten Feld- und Gartenfrevel, Minderung der bürgerlichen Nahrung, heimliche Unterschleife (weil die Mäuse die Getreidekörner unter die Erde in ihre Löcher schleiften), ferner auf wilde Ehen, Wühlerei, Aufwiegelung (des Erdbodens) etc. Der Anwalt brachte in seiner Verteidigung vor, daß es Sache der Feldpolizei sei, dem Feld- und Gartenfrevel zu steuern, durch gute Aufsicht und weniger Weintrinken im Wirtshause; was die Minderung der Nahrung betreffe, so sei diese Klage allerdings scheinbar begründet, allein wenn man den Mäusen alles Korn mißgönnen wollte, so könnten sie auch über Minderung der Nahrung gegen die Menschen klagen, denn sie wollten und müßten doch als Gottes Geschöpfe auch leben. Betreffs der wilden Ehen müsse der Anwalt zu bedenken geben, daß die Mäuse nur Beispielen folgten, die näher zu bezeichnen er Bedenken trage, sintemalen und alldieweilen exempla essent odiosa*. Die Wühlerei sei auch keine Todsünde, alle Wesen wühlten: einer im Gelde, einer in Büchern oder Pergamenten, einer im Kornhaufen, einer im Mist, einer in schönen Frauenreizen usw. Das Mäuslein müsse auch wühlen, es folge nur seinem Naturtrieb. Trotz dieser glänzenden Verteidigung drang der Anwalt nicht durch, das einzige, was ihm gelang, war, die vom Gericht über die Mäuse verhängte Todesstrafe in Ausweisung zu verwandeln, wobei ihnen jede Rückkehr in ihr Mutterland auf ewige Zeiten untersagt wurde. Hierzu wurde ihnen großmütigerweise ein Auswanderungstermin von 14 Tagen anberaumt, und da der Anwalt wiederum anführte, es seien in der Mäuserepublik dermalen gar viele blutjunge Kindlein, so noch nicht gehen könnten, auch viele Weiblein, die so gerne ihr Wochenbett in der geliebten Flur von Glurns halten wollten, so tat der weise und einsichtsvolle Rat ein übriges und gab noch eine zweite Frist von abermals 14 Tagen.

Hierauf erfolgte die Auswanderung, doch machten es die Mäuslein wie andere Ausgewiesene neuerer Zeit, sie kommen nach und nach alle wieder, um unter Umständen noch ärger zu wühlen wie zuvor.

* Beispiele seien widerwärtig.

Ludwig Steub
Die Ortlerspitze – die Aussicht unermeßlich
1871

Nicht so schnell können wir den Ortler aus den Augen
lassen, den prachtvollen Berg, der das ganze obere Vinschgau mit seiner Majestät erfüllt. Die Ortlerspitze ist im Anfange dieses Jahrhunderts zum erstenmale erstiegen worden
und die Nachricht davon im dritten Bande des tirolischen
Sammlers niedergelegt. Erzherzog Johann machte dazumal
seine erste Reise in Tirol und war, als er des ungeheuern
Kegels ansichtig wurde, der Meinung, daß derselbe den
höchsten Bergen von Savoyen und der Schweiz wenig nach-
stehen dürfte. Es war niemand zur Hand, der diese Meinung
bestätigen oder widerlegen konnte; denn noch lag auf dem
erhabenen Felsen unbetreten der vieltausendjährige Schnee.
Der Bergoffizier Gebhard erhielt sofort den Auftrag, von
Mals aus alles einzuleiten, was die Ersteigung ermöglichen
könnte. Manche Nachbarsleute versuchten nun, durch die
versprochene Belohnung gereizt, ihr Glück, kehrten aber
wieder zurück, ohne etwas ausgerichtet zu haben. Jede Hoffnung schien verloren, als am 26. September 1804 ein kurzge-
wachsener Jäger aus Passeier, namens Josef Pichler, insge-
mein Josele geheißen, sich bereit erklärte, das Wagstück zu
unternehmen. Es wurden ihm zwei Zillertaler mitgegeben,
und sie kamen selbdritt, der kleine verwegene Gemsenjäger
an der Spitze, am nächsten Tage wirklich auf den Gipfel des
Ortler, wo sie aber nur vier Minuten aushielten. Tags darauf
fanden sie glücklich wieder nach Trafoi und hatten begreif-
licherweise viel zu erzählen von den Schrecknissen, die sie
überstanden. Auch war ihr Aussehen ganz darnach, um ihre
Berichte zu unterstützen. Ungerechnet der erfrorenen Finger und Zehen waren sie mit einer Schneekruste überzogen

Der Ortler

und der Sprache beraubt, da ein heftiger Wind den losen
Schnee gegen sie geblasen hatte. Im darauffolgenden Jahre
stieg der kühne Gebhard selbst zweimal auf die Spitze und
ließ einmal, um die hartgläubigen Malser zu überzeugen,
auf der Kuppe zur Nachtzeit einen Holzstoß anzünden, was
den bekehrten Zweiflern ein prachtvolles Schauspiel ge-
währte. Darnach wurde der Berg zum erstenmale wieder
1826 von dem Genieoffizier Schebelka aus Wien bestiegen,
und zwar unter großen Beschwerden. Endlich 1834 warf
auch Professor Thurwieser zu Salzburg, der König der rätischen Bergsteiger, sein Auge auf ihn und fand sich am
zehnten August zu Churburg ein, wo er Josele, den Passeierer, der zum erstenmal die Ortlerspitz erklommen, noch am
Leben traf. Freilich war der Jäger unterdessen siebenzig
Jahre alt geworden, aber noch mutvoll, rüstig und behend.
Am eilften August begab sich der Professor mit ihm und
dessen Sohne Lex nach Trafoi, ins Posthaus an der neuen

Straße. Dort warben sie noch einen dritten Führer und begannen das Abenteuer. Die erste Nacht blieben sie auf dem Bergl, 6327 Pariser Fuß hoch, im Freien über Nacht. Andern Tages 36 Minuten nach zwölf Uhr war die Spitze erreicht, deren Höhe zu 12044 Pariser Fuß bestimmt wurde. Das Wetter war gut und die Aussicht unermeßlich – um so lohnender nach den Fährlichkeiten, deren Darstellung dem mit solchen Begegnissen minder vertrauten Leser manchen Schauer erregt. Man erblickt dort die Hochgebirge des größten Teils von Tirol und sieht gegen Salzburg und Kärnten hinein noch Kuppen, welche jenseits des Großglockners stehen. Der Spiegel des adriatischen Meeres, der doch in die Aussichtsweite fällt (?), war gleichwohl nicht mehr zu unterscheiden, bestimmt aber traten hervor die Gletscher von Piemont und Savoyen, die Hörner der Schweiz, und über diese und die Ferner des Ötztales hinaus ging der Blick bis in die Ebenen von Bayern und Schwaben.

Ignaz Zingerle
Welch buntes Leben mag bei Festen und Hochgezîten sich hier entfaltet haben!
1877

Am alten Dorfe Eiers vorüber gelangen wir nach dem Dorfe Laas, das fruchtbare Kornfelder und reiche Marmorbrüche besitzt. Da der hiesige Marmor an Güte und Feinheit mit dem carrarischen wetteifert, wird er bis nach Berlin und Rom versandt.

In dies lachende grüne Tal glänzen die blinkenden Laaserferner nieder. Nun steigt die Straße zur Laaserhöhe, um bald sich wieder zu senken, und vor Kortsch begrüßen uns die glänzenden Kronen echter Kastanienbäume. Wir durcheilen das altertümliche Dorf, und bald liegt die Ebene von Schlanders vor uns. Da ruht der stattliche Ort mit dem gotischen Spitzturme, links am Berge ziehen sich Weinberge und Kastanienhaine empor, rechts schmiegt sich das marmorreiche Göflan mit seinem zierlichen altdeutschen Kirchlein ans Gebirge. Obstgärten und riesige Weidenbäume beleben die Talsohle, an deren Ende das stadtähnliche Latsch sich ausbreitet. Rechts und links grüßen graue Burgen von den Höhen. Links thront auf einem Felsenkopfe die zerfallende Feste Schlandersberg, weiter östlich zeigt sich mitten in Obst- und Weingärten das türmereiche Schloß Goldrain, umgeben vom Dorfe gleichen Namens. Darüber in der Höhe graut das schöne weitblickende Annaberg. Die Burg ist sehr regelmäßig angelegt und mit einer zierlichen gotischen Kirche geschmückt. Hier saß im 15. Jahrhundert der am Rheine gebildete Anton von Annaberg, der sich eine kostbare Bibliothek anlegte und allen schönen Künsten hold war. Als im Jahre 1658 mit Leopold von Annenberg das berühmte Geschlecht erloschen war, fiel die Burg mit andern an die Grafen von Mohr. Jetzt sitzt ein Bauer auf dem zerfallenden Schlosse, die Bibliothek ist bis auf wenige Reste, die in Innsbruck und Berlin sich befinden, verschwunden, die Kirche ihres kostbaren Chorstuhles und des wertvollen Altares beraubt. Letztere Kunstwerke hat das Museum in Innsbruck erworben.

Goldrain gegenüber ragen am rechten Etschufer die Festen Ober- und Untermontan am Eingange in das holz- und weidenreiche Tal Martell. Der Reiz dieser stolzen Burgen lockt gerne den Touristen von der Heerstraße ab, und bei dem Weiler Scharzen steigt man zum alten Dorfe Morter und den beiden Burgen empor. Obermontan wurde im Jahre 1228 von Albrecht Grafen von Tirol erbaut und ist eine geräumige Höhenburg mit Warthaus, bezinntem Turm und vielen Gemächern. Die Hauptzierde bildet aber der Schloßhof; aus ihm tritt man rechts in eine gotische Halle, die uns als schönes Werk längstvergangener Zeit wunderbar anmutet. Welch buntes Leben mag bei Festen und Hochgezîten sich hier entfaltet haben! Nun herrscht Stille und Öde in den Sälen und einstigen Prunkgemächern. Unsere Burgen kamen wie Annaberg 1647 in den Besitz Maximilians, des Freiherrn von Mohr, der die Annaberger Bibliothek hieher übertragen ließ und sich da historischen Studien widmete. Die Burg blieb im Besitze der Grafen von Mohr bis in die jüngste Zeit; nun schaltet auch hier ein Bauer als »Schloßgraf«.

Nach dem Tode des Grafen Josef von Mohr 1833 entdeckte hier Beda Weber unter Makulaturpapieren, die für einen Krämerladen in Latsch bestimmt waren, die Nibelungenhandschrift, die nun in Berlin sich befindet, und Fragmente des Parzival – die letzten Reste der verschleuderten kostbaren Büchersammlung von Annaberg-Montan. Die Burg bietet eine entzückende Aussicht über das wiesengrüne Tal von Kortsch bis Latsch und in die Schluchten von Martell. Nahe am Schlosse steht die romanische Stefanskapelle mit Wandgemälden aus dem 14. Jahrhundert.

Beda Weber
Weithalerhöfe, Kartause Allerengelsberg
1838

Eine Viertelstunde tiefer erhebt der stolze Katharinaberg mehr als 400 Klafter sein Haupt in die Luft empor. Auf seinem Gipfel stand einst ein trutziges Schloß, Schnaltse oder Schnalsburg geheißen, von einem Mächtigen zur Bändigung des freien Alpenvolkes erbaut, ein Lehengut der

Grafen von Tirol. Nach dem Aussterben der Herren von Schnals, die es ursprünglich bewohnt, benützte es König Heinrich von Böhmen selbst zu seiner Sommerfrische und zog von demselben auf die Jagd des Edelwildes aus. In demselben befand sich schon vor 1326 eine Kapelle der heiligen Katharina. Als jedoch Schnalsburg in diesem Jahre ein Eigentum der neugestifteten Kartause wurde, so rissen die Mönche mit eifernden Händen das Raubnest mit der Kapelle nieder, um ihre eigene Ansiedlung zu sichern; nur ein Turm blieb übrig, jetzt in einen Kornspeicher verwandelt. Mehr als 150 Jahre lagen Schloß und Kapelle in Schutt und Moder, bis der Bauer Christian Weithaler die Kirche der heiligen Katharina im Jahre 1502 wieder erbaute. Um dieselbe sammelte sich auf den benachbarten Bergen allmählich eine christliche Gemeinde, die im Jahre 1735 einen selbständigen Seelsorger erhielt. [...] Der Turm gewährt eine furchtbar erhabene Aussicht. Zu seinen Füßen klafft ein Abgrund von 500 Klaftern mit dem trübseligen Rauschen des Talbaches, ringsum starren steil abschüssige Felsenwände, nur bisweilen von fruchtbaren Acker- und Wiesenstrecken bedeckt, durch überall abstürzende Bergwasser ausgefurcht, und von den Gipfeln der Alpen schallt das Pfeifen der Bergmaus und des Schneehuhns schaurig ans Menschenohr. [...] Dahinter strecken sich die Bethaler oder Weitthaler Bergmähder über die steilsten Gebirgsmassen empor, und mit kecker Todesverachtung klettert der Knabe von Katharinaberg in dieselben hinauf, um das wenige Heu handvollweise aus den Klippen für die Kühe seines Vaters zu holen. Nicht selten büßt hier der rastlos Fleißige durch jähen Absturz oder durch fliegende Steine sein Leben ein. Auf dem ordentlichen Talwege kommt man von Ratteis durch öde waldige Gegenden in einer Stunde nach der Kartause Allerengelsberg, die auf einem ziemlich

Berghöfe in Schnals

hohen Abhange des westlichen Berges liegt, da wo das Tal
sich mehr westlich wendet, dem östlich auslaufenden Pfo-
sentale gegenüber.

Hier standen in uralter Zeit zwei Höfe, Korfe genannt, ein
Eigentum der Grafen von Tirol, von unermeßlicher Lär-
chenwaldung umfangen. Der fromme König Heinrich von
Böhmen, Landesfürst von Tirol, widmete dieselben der Stif-
tung einer Kartause am 25. Jänner 1326 und wies derselben
zum Unterhalte der Brüder weitläufige Besitzungen in und
außer dem Tale an. Das Kloster genoß das Recht des Asyls,
der Steuerfreiheit und der Gerichtsbarkeit über die Bauleute
des Stiftes. Der jedesmalige Prior war zugleich landesfürst-
licher Kaplan und Mitglied der Landstände Tirols. [...]

Ihm folgte Ambros von Winkler aus der Kartause Mauer-
bach, der Letzte des Büßervereins in Schnals. Denn am
5. Februar 1782 erschien der Gubernialrat von Schenk mit

dem kaiserlichen Befehle der Aufhebung. Jeder Mönch erhielt einen Kelch, Meßgewande zum eigenen notdürftigen Gebrauche, 100 Gulden Ausstattung und 325 Gulden jährlich zum Lebensunterhalte aus den Gefällen des aufgelösten Klosters. Einige von den Mönchen übersiedelten nun nach dem Schlosse Juval, in der Hoffnung, die baldige Wiederauflebung des Stiftes zu erwarten. Erst als dieselbe gänzlich verschwand, stiegen sie langsam ins ungewohnte Leben herunter, um eines frühzeitigen Todes zu sterben. Die Zahl der Ordensbrüder belief sich auf zehn bis zwölf Väter und zwei Laienbrüder und war selten vollständig. Der Prior und der Schaffner wohnten außerhalb des eigentlichen Klosterbezirkes, hatten alle Macht der Stiftsverwaltung in ihren Händen und durften allein mit der Welt verkehren. Im Klosterhofe zu Tschars stand der Reisewagen dieser beiden Herren.

Alfred Gruber
Schnalstal.
Impressionen in Haikuform
1990

Geruhsam weiden
weiße Schafe am satten
grünen Wiesenhang.

Schwarze Gehöfte,
üppige, bunte Wiesen,
Grün-Grau von Wald-Berg.

Berggipfel ringsum,
Waldgrün, Herdenglockenklang,
Himmel, Luft, Sonne.

Holzbrücke über
dem rauschenden Bach, umsäumt
von jungen Lärchen.

Wie getäfelte
Stube, holzwarm ist das Tal
in den Herbstfarben.

Klang der Kuhglocken,
Jubilieren der Vögel,
Rauschen der Bäche.

Frisch-fröhlich springt das
Bächlein knabengleich ins Tal
zum größern Bruder.

Wo einst Häuser und
Äcker und Wiesen, spiegeln
sich Wälder im See.

Das sanfte Glühen
gelbbrauner Lärchen erhellt
und erwärmt das Tal.

Tannen und Fichten,
alles Land hell glitzernd in
weißen Kristallen.

Gabriele von Pidoll
Vinschgau
1987

Rätisches Tal,
deine Gemarkung zieht
lässig vorüber an unzerstörbaren
Heiligtümern,
die sich von deinen
Hügeln stumm in die Augen sehn.
Die wie Schiffe
fernher von kühner Fahrt
in deinen Buchten vor Anker gehn,
Boten
aus ewigem Meer.
Und seine lautlose Brandung schlägt
an den Fuß deiner Hänge.
Im Schutt
erglänzt der Schiefer.
Aus grauen Spiegeln
sieht dein Himmel dich sinnend an.
Über dem jungen
Fluß erheben die Häupter
greiser Gebirge den Scheitel,
und der Wind
ohne Anfang und Ende
durchschauert dich.

Luis Stefan Stecher
Ich habe sonst zu niemandem davon gesprochen
1970

Ich habe sonst zu niemandem davon gesprochen,
ich weiß auch nicht, ob ich richtig anfange:
Ich habe sie damals nachmittagelange
in Küchenfenstern und Meldenhaufen gerochen.
Ich bin nämlich meiner Kindheit begegnet.
Sie war aus einem Kreideviereck am Gehsteig

ausgebrochen,
es hat geregnet,
und weil wir uns schon von früher kannten,
habe ich sie nachhause begleitet.
Sie wohnte etwas abseits vom Wege,
dort, wo sie früher Kalk brannten,
dort, wo der aufgeschüttete Kanal sich weitet,
und wo die Fleischfliegen summen und die Säge
mitten im Meldenkraut.
Dort habe ich ihr ein kleines, weißes Viereck gebaut.
Sie wollte gleich mit mir tempelhüpfen
und doktorspielen und die zehn Bitten,
da mußte mir unglücklicherweise entschlüpfen,
dazu brauchen wir einen Dritten,
und außerdem ist soetwas nur für die Kleinen,
und nun hatte ich den Dreck:
Sie begann zu weinen
und kroch in ihr Eck und spielte mit Steinen.
Wir sind dann noch bis gegen sieben
ohne ein Wort nebeneinander geblieben,
einfach still nebeneinander gesessen,
und dann mußte sie plötzlich gehn und gab mir die Hand

aus dem Kreideviereck am Gehsteigrand
und bat mich, sie zu vergessen.

Luis Stefan Stecher
Miar Korrnr sain ioo aa lai Lait*
1978

Miar Korrnr sain ioo aa lai Lait,
it lezzr untit pessr,
unz Wossr assn Punipoch
isch aanit wolta nessr,
assas Wossr assan waltschn Säa,
lai huamalaz holt mäa.

Unt Korrn isch Korrn, isch ollm lai Korrn,
it gräassr untit klianr,
unta Schnäabl afdr Molzr Hoad
isch aanit wolta schianr,
asswia int Waltsch dr nuie Schnäa,
lai huamalatr mäa.

* Wir Karrner sind auch nur Leute
  Wir Karrner sind auch nur Leute / nicht schlechter, nicht besser / und
  das Wasser aus dem Punibach / ist auch nicht nässer / als das Wasser
  aus einem welschen See / nur es ist eben Heimat.
  Und ein Karren ist ein Karren, ist immer nur ein Karren / nicht
  größer und nicht kleiner / und ein bißchen Schnee auf der Malser
  Heide / ist auch nicht schöner / als im Welschland der neue Schnee /
  nur er ist Heimat.
  Und Not ist Not, ist immer nur Not / nicht fetter und nicht ärmer / und
  der Oberwind im Welschland drunten / ist auch nicht wärmer / als der
  Heidwind, der tut einem weh / nur er ist Heimat.   L. St. St.

Unt Noat isch Noat, isch ollm lai Noat,
it foastr untit ermr,
unt dr Ouwrwint int Waltsch drniid
isch aanit wolta wermr,
assdr Hoadrwint, deer tuat uam wäa,
lai huamalatr mäa.

Aldo Gorfer
Die Erben der Einsamkeit
1987

Grub-Hof (Naturns), am 3. November 1971
Der mittelalterliche Weg, der von Naturns zum Grub-Hof
hinaufführt, wird Kirchweg genannt, weil er die Höfe mit
der Kuratialkirche und natürlich auch mit dem Dorf verbindet. Dieser Kirchweg zeugt in beeindruckender Weise von
den vielen Menschen, die im Verlaufe der Jahrhunderte
darüber hinweggeschritten sind: die in die Felsen einge-
hauenen Stufen oder auch die verschiedenen Raststellen mit
dem Ausblick auf das Tal, die sich manchmal unter dem
Schutz einer Gruppe von Lärchen oder kräftigen Eichen
befinden, zeugen davon. Besonders aber die holzüberdach-
ten Bildstöcke mit dem Kruzifix oder der Madonnenstatue
in der Nische. Man sagt, daß jeder Berghof ein solches
Bildstöckl hat, als frommer Weggeleiter für den Wanderer,
aber noch mehr: als äußerer Ausdruck tiefer Frömmigkeit,
eng verbunden mit dem Glauben und Wissen um die Feind-
lichkeit der Natur und die Härte des Lebens.
Weiter begegnet man Bildstöcken, die an plötzlichen Tod
erinnern. Sie sind wie die Kreuze auf Gräbern von Soldaten,
die auf fremder Erde gefallen sind. Wir verhalten den Schritt
und lesen die fromme Beschreibung vom tragischen Tod des

uns unbekannten Josef Pratzner, der 1904 im Wasserwaal ertrunken ist.

Die Toten werden in Tragbahren den schmalen Weg hinuntergetragen. Vier Träger lösen einander ab. Der Abstieg ist steil und der Weg so schwierig, daß der Tote manchmal in der Bahre fest- und diese auf den Rücken des Trägers gebunden werden muß.

Der Totenzug hält bei jedem Kruzifix an. Am Eingang der Kirche von Naturns wartet der Priester. Viele erinnern sich noch, wie vor nicht allzulanger Zeit die Toten auf eine Art Traggestell gebunden und unbedeckt bis zum unteren Ende des Weges getragen wurden. Dort warteten der Arzt und der Pfarrer – und der Sarg. Der Arzt untersuchte die Leiche und gab sie für die Beerdigung frei, der Pfarrer stand dabei, während die Leiche schnell in den Sarg gelegt und dieser zugenagelt wurde.

Dieser Brauch war besonders beeindruckend, aber in keiner Weise makaber. Er versinnbildlichte in liebevoller Weise die Abschiednahme vom irdischen Leben mitten in der freien Natur, unter den Augen der Gemeinschaft der Lebenden. Im Mittelalter war dieser Brauch weitverbreitet.

Die Wege, die die Höfe mit den Ortschaften verbinden, waren und sind von gleich großer Bedeutung wie heute die Seilbahnen (Pahndl). Und gleich wie die unwegsamen Steige im Winter bei Schnee, Eis und Lawinengefahr eine stete Bedrohung bergen, sind auch die Seilbahnen gefährlich. Es ist eines der vielen Abenteuer, das diese zur Einsamkeit verurteilten Menschen tagtäglich eingehen. [...]

Der Begriff des Hofes in Südtirol geht über die lateinische Bedeutung von mansio hinaus. Hof bedeutet hier, daß jede Einheit aus Wiesen, Feldern, Wald, Kühen, Schweinen, Schafen, Ziegen, Bienenstand, Mühle, Backofen, Käserei, Wasserquellen und Bewässerungsgräben besteht. Der Hof ist etwas Unabhängiges. Von auswärts braucht man nur Kaffee, Zucker, Salz, Tabak, Öl, den Tierarzt, den Arzt, Medizinen, den Priester, während die Außenwelt ihrerseits mit Steuerforderungen, bei Wahlen und bei der Einberufung der jungen Männer zum Militärdienst sich meldet. [...]

Der Bauer ist der »privilegierte Erbe«, er hat das *Ahnerbrecht*. Er ist der Mann, dem der Vater den Besitz übergibt mit der Verpflichtung, diesen als Ganzes der nächsten Generation weiterzugeben. Seine Brüder können als Knechte auf dem Hof bleiben oder den Hof mit einer kleinen Erbschaft verlassen.

Aus dieser Sicht beinhaltet der Begriff Hof (nicht nur jener auf dem Berg) auch den althergebrachten Begriff der Burg. Während aber der Burgadel schon längst untergegangen ist, hat der landwirtschaftliche Adel, der Bauernstand, standgehalten und die Tradition getreu fortgeführt, und das trotz der Erschütterungen, denen er ausgesetzt ist. Das alles mündet in das politische Ziel, eine ganz besondere Art von Südtiroler Heimat zu erhalten. Man muß sich fragen, ob das heute noch zeitgemäß ist. [...]

Zum Grub-Hof auf dem Naturnser Berg bin ich eigentlich nur durch Zufall gekommen, ich habe aber dort den echten Erbhof empfunden. Der Hof ist, wie übrigens auch die benachbarten Gehöfte, eine Oase inmitten der unfruchtbaren linken Vinschgauer Bergflanke.

Die Bewohner zeigten trotz aller Herzlichkeit eine gewisse Zurückhaltung, faßten allerdings nach dem ersten Mißtrauen mehr Zutrauen, was angesichts eines solch impertinenten Eindringens von Journalisten, die dann auch noch wunderliche Fragen stellten, wohl begreiflich war. Aber gerade darin zeigten sie auch die Einfachheit ihres Lebens.

Es war ein wunderschöner Herbsttag. Die lange Trockenheit hatte die Getreide- und Kartoffelernte beeinträchtigt. Und doch habe ich keinen Unmut gefunden, sondern den Eindruck, daß man sich innerlich damit abgefunden hatte.

Der Bauer Hans, in Hemdärmeln und breiten Hosenträgern, redete mit uns, während er mit einer langen Holzschaufel das Roggenbrot aus dem Backofen nahm. Aus der Stube reichten sie ihm durch eine Öffnung die ungebackenen Brotlaibe, und er schob sie mit der Holzschaufel in den Backofen. Die große, rußgeschwärzte Küche glich einer prähistorischen Arbeitsstätte. Auf dem Herdfeuer kochte das Essen für die Familie und das Futter für die Tiere.

Alles war eingehüllt in penetranten Geruch von Hefe, Mist, Rauch, Fett und Schafen. Die Bäuerin Anna und die Kinder gingen ein und aus und trugen Brot und Holz.

Acht Kinder waren es, das kleinste, Frieda, noch in der Wiege. Anna erwartet ein weiteres Kind. Sie stammt vom Innerforch-Hof jenseits des Trogltals. Sie schien über unseren Besuch etwas verlegen und lächelte nur, so, als ob sie das alles nicht verstehen würde.

Auf dem Gang (Lab) befinden sich die Türen zu den Zimmern. Die Decke ist schwarz von jahrhundertealtem Ruß.

Die Stubentür ist die erste rechts. Die Stube ist der eigentliche Gemeinschaftsraum. Das Stubenfenster ist gegen die Sonne gerichtet. Die Stube ist zur Gänze mit Holz getäfelt. In der Mitte der verzierten Oberdecke kann man das Datum 1838 lesen. Der große Ofen, von einem Holzgestell umgeben (Ofenbrücke), auf dem man fein warm schlafen kann, befindet sich auf der einen Seite. In der Ecke neben dem Fenster steht ein Tisch. Er steht so, daß er die Südsonne voll empfangen kann. Darüber hängt zwischen Efeu das Kruzifix. Darum herum hängen Heiligenbilder und Familienerinnerungen.

An diesem Tag herrschte in der Stube großes Durcheinander. Sie war voller Bretter mit ungebackenen Brotlaiben. Adolf, der halbblinde Bruder des Bauern, schob die Bretter durch die Öffnung in der Wand, durch die normalerweise das Essen aus der Küche durchgereicht wird. Weiter befand sich in der Stube der große Zuber, in dem der Brotteig zubereitet wurde.

Schon am Tag vorher hatten sie mit der Arbeit begonnen. Sie waren um zwei Uhr früh aufgestanden, um den Backofen auf die richtige Temperatur aufzuheizen. Jetzt verstanden wir auch, warum Anna so verlegen war. Bei dem großen Durcheinander in der Stube konnte sie die Gäste nicht gebührend empfangen.

Da war auch ein Mädchen vom Rofen-Hof, das heraufgekommen war, um zu helfen. Brot wird nur zwei- oder dreimal im Jahr gebacken. Was jetzt gebacken wird, muß für den ganzen langen Winter reichen. Das Brot ist ja auch die Grundnahrung der Bauern. [...]

Josef, der andere Bruder des Bauern, sagt uns, daß es unmöglich sei zu heiraten. »Wie und wo sollte ich leben?« sagt er. Er war in ein Mädchen verliebt, aber auf ihrem Hof konnte er nicht bleiben. Er und Adolf, der Gefahr läuft zu erblinden, sind keine »bevorzugten Erben«. Sie arbeiten für den Bauern. Sie haben nur ihre Hände und ein Dach über dem Kopf. Zwei Brüder des verstorbenen Vaters leben in Naturns. Sie müssen vom Hof erhalten werden, weil das Testament es so festgelegt hatte. Sie bekommen jährlich einen Zentner Weizen, einen Zentner Gerste, einen Zentner Kartoffel, anderthalb Zentner Roggen usw. Wenn infolge der Trockenheit die Ernte verloren geht, müssen sie die Lebensmittelvorräte kaufen.

Ich setzte mich auf den Rand des Brunnens, ein Holztrog. Der Hund legte seinen Kopf in meinen Schoß und wollte, daß ich ihn streichelte. Wenn ich aufhörte, hob er den Kopf und leckte mir das Gesicht. Deshalb mußte ich ihn streicheln oder meinen Kopf unter die Wasserrinne halten. Ich fragte Josef: »Wenn Sie eine Arbeit finden würden, würden Sie dann nach Naturns hinuntergehen?«

Josef: »Sofort.«

»Was macht ihr im Winter?«

»Wir arbeiten im Stall, dreschen das Korn, hacken Holz, machen Butter und Käse. Gegen sieben Uhr abends wird zu Abend gegessen. Dann lesen wir und plaudern. Um acht Uhr wird zu Bett gegangen. Und das jeden Tag. So ist es.«

»Fühlt ihr die Seele des Hofes? Ich meine, fühlt ihr in der Einsamkeit das Herumstreichen der vergangenen Generationen eurer Familie?«

Josef verstand nicht gleich, da fragte ich ihn:

»Seht ihr die Geister der Toten? Glaubt ihr an sie?«

»Das ist noch nie vorgekommen. In meinem Leben ist das nie passiert. Aber sie sagen, daß es vorkommt.«

»Aber Sie, glauben Sie daran?«

»Nicht viel.«

»Ja oder nein?«

»Mehr nein als ja.«

»Und die Bäurin Anna, glaubt sie daran?«

»Ja, weil die Leute vom Innerforch-Hof sie gesehen haben.«

Und jetzt endlich legt Josef die Verlegenheit und Teilnahmslosigkeit ab. Es brach aus ihm heraus und wurde die erste lange Rede, auf die er sich einließ. Er wandte sich gegen die Eschen hin und wies auf das abgründige Tal unter uns, eine enge Schlucht zwischen den gelben Wiesen, in Richtung Platzwies und Kirchgraben. Ein Geigenspieler, der von Rabland heraufgekommen war, um im Hof zum Tanz aufzuspielen, war in den Abgrund gestürzt. Als sie ihn fanden, atmete er noch, aber er war schon ganz schwarz. Josef einnert sich noch an das Jahr. Es war 1949. [...]

Die Angst liegt in der Einsamkeit. Sie läßt die Menschen vorzeitig verwelken, sie läßt sie auf besondere Weise gealtert erscheinen.

Josef oder Adolf kann man sich eigentlich auch in keinem anderen Ort vorstellen als dort, wo die Stube ist, das Brot, der Speck, der Hund, die Seilbahn. Denn sie können diese sogenannte Freiheit nicht verlassen. Vielleicht würden sie in die Fabrik gehen, aber sie würden wieder zurückkehren. Jeden Tag wagen sie in der Seilbahn ihr Leben, aber sie haben kein Recht auf Liebe. Es ist schwer, aus diesem Kreis mit seinem Zwang auszubrechen.

Hans, der Grubhof-Bauer, wollte uns zum Essen dabehalten. Aber wir glaubten, daß es nicht richtig sei, während des Brotbackens und bei all dem Durcheinander zu bleiben.

Wir ersuchten sie, mit der Seilbahn zum Rofen hinunterfahren zu dürfen. Ein Mädchen setzte die Seilbahn in Bewegung. Die zwölf Bewohner des Grub-Hofes standen oben auf der Stiege und grüßten uns. Der Hund war wieder in der vordersten Reihe. Die Seilbahnkiste löste sich von der Wiese, machte einige Sprünge und schoß in die Tiefe.

8. Um die Dolomiten

Unbekannter mittelhochdeutscher Erzähler
Zwergkönig Laurin

Mitte 13. Jahrhundert

Ausritten sie zum Jagen,
Zu ritterlichem Wagen:
Der eine Dietrich war von Bern,
Ein Fürst, dem aller Tadel fern;
Der andre war der schnelle
Herr Wittich, sein Geselle.
Den raschen Degen stand ihr Sinn
Nach Tirol zum Walde hin.
Als sie nun gekommen an,
Die Helden, in dem grünen Tann,
Da ritten sie sonder Weilen
Im Wald wohl sieben Meilen.
Drauf sind gekommen die Helden kühn
Hinaus auf einen Anger grün
Vor einen Rosengarten.
Da hatte mit güldnen Borten,
Mit Gold und mit Gesteine
König Laurin der Kleine
Die Rosen schön behangen.
Wer dorthin kam gegangen
Und schaute all die Herrlichkeit,
Den ließ gewiß sein Herzeleid.
Wie wonnig war die Gartenluft!
Die Rosen gaben süßen Duft
Und dazu so lichten Schein.
Das schuf den Helden große Pein.
   Da sprach von Bern Herr Dieterich,

Seite 295: Drei Zinnen-Hütte

Ehrenreich, untadelich:
»Wittich, lieber Geselle mein,
Das mag wohl der Garten sein,
Davon uns sagte Hildebrand.
Ich fürchte, wir werden angerannt,
So gut ich es verstehen kann.
Des Gartens pflegt ein wackrer Mann.
Er ist gar süßer Düfte voll:
Tag und Nacht ergötzt' ich wohl
Mich an den Rosen zart und hold,
Wenn der uns drinnen lassen wollt'.«

    Da sprach Wittich der Degen frei:
»Ihm stehe denn der Teufel bei
Mit sonderlicher List und Kraft,
So gibt er mir noch Rechenschaft
Für diese Hoffart, die er zeigt.
Schnell, Herr, von eurem Rosse steigt!«

    Da sprangen ab die Helden kühn
Nieder auf den Anger grün.
Wittich schlug, der Weigand,
Die Rosen ab mit wilder Hand
In dem Rosengarten.
Und auch die güldnen Borten
Trat er nieder in den Sand;
Der Steine lichter Schein verschwand.
Wir haben die Märe wohl gehört:
Die Wonne ward da ganz zerstört,
Die man im Garten fand zuvor.
Der Duft der Rosen sich verlor,
Und dazu ihr lichter Schein.
Das schuf den Helden große Pein.
Der Faden ward zerbrochen:
Das ward hernach gerochen.

Sie saßen nieder in das Gras,
Jedweder seines Leids vergaß.

Seht, da ritt in Zorn heran
Ein Gezwerg, ein kleiner Mann;
Laurin das Wesen war genannt.
Es stak ein Speer in seiner Hand,
Mit Gold umwunden und beschnürt,
Wie's einem Fürsten wohl gebührt.
Vorn an dem Speere flattern sah
Ein Banner man von Seide da,
Darauf ein schnelles Rüdenpaar
Mit Kunst also gebildet war,
Als ob es im Gefilde
Nachspüre einem Wilde.
Es schien, als ob sie lebten,
Wie sie auf dem Banner schwebten.
Es war gefleckter Haut sein Roß
Und war nur wie ein Reh so groß.
Drauf die Decke goldigfein
Gab in dem Walde lichten Schein
Von Gesteine wie der helle Tag.
Der Zaum, der auf dem Rosse lag,
Weithin von rotem Golde schien.
So trug der kleine Held Laurin
Ihn in seiner linken Hand,
Als er die zwei Fürsten fand.
Der Sattel auf dem Rosse sein,
Der war ganz von Elfenbein;
Vom Sattelbogen schienen
Viel funkelnde Rubinen;
Seine Bügel waren gut,
Drin stand er mit echtem Rittermut;
Sein Beingewand war rot wie Blut,

Und nirgends gab's ein Schwert so gut,
Dem es zu durchdringen
Mochte je gelingen.
Sein Panzer war so wundergut,
Gehärtet ganz in Drachenblut;
Von Golde gab er lichten Schein:
Es kann kein Schwert so schneidig sein,
Der Brünne obzusiegen,
Drin solche Kräfte liegen.
Darum lag noch ein Gürtelein,
Das mochte wohl verzaubert sein:
Es gab dem Zwerg Zwölfmännerkraft;
Drum kämpfte stets er heldenhaft,
Gewann zu allen Zeiten
Im Stürmen und im Streiten.
Ein Schwert an seiner Seite hing,
Damit er manchen Strauß anfing,
Spannenbreit und zierlichklein,
Doch fuhr's durch Stock und Stahl und Stein.
Der Griff daran war goldig fein,
Es gab der Knauf auch lichten Schein,
Es glänzte drin ein Diamant:
Das Schwert war besser als ein Land.
An seinem Rock von Seide
Blitzte manch Geschmeide
Und Schmuck und Schildereien
In zwei und siebzig Reihen.
Den führt' er zu allen Zeiten
Im Stürmen und im Streiten.
Sein Helm von rotem Golde schien
Mit manchem leuchtenden Rubin
Und spielenden Karfunkel.
Nie ward die Nacht so dunkel,

Daß dieses Helmes Steine nicht
Strahlten hell wie Tageslicht.
Drauf eine Krone saß von Gold,
Wie sie Gott sich selber wünschen sollt'.
Über dem Kronenkranze
Sangen Vögel im Glanze,
Als wäre ihnen gegeben
Atem, Blut und Leben.
Mit großer Kunst war das erdacht
Und mit Zauber hinaufgebracht.
Goldfarben war des Schildes Wehr,
Den noch verdarb nicht Schwert noch Speer,
Darauf von Gold ein Leopard,
Als ging' er auch mit auf die Fahrt:
Es schien, als ob er lebte
Und anderm Wild nachstrebte.
    So ritt Laurin in Zorn herbei,
Es harrten sein die Fürsten zwei.
Als das Gezwerg nun war so nah,
Daß beider Aug' es deutlich sah,
Da sprach Wittich, der Degen wert:
»Nun sei uns Gottes Huld gewährt;
Dietrich, lieber Geselle mein,
Das mag wohl ein Engel sein;
Wie Michael so reitet er,
Kommt aus dem Paradies wohl her.«
Da sprach der Vogt von Berne:
»Den Engel seh' ich gerne.
Deinen Stahlhelm fester bind,
Ich fürcht', er ist uns feindgesinnt.
Und ist sein Eigen dieser Plan,
So tut er wahrlich recht daran.«
    Als das Gezwerg nun nicht mehr weit,

Sie machten sich zum Empfang bereit;
Da hörten sie ein Grüßen schlimm,
Laut rief es da in Zorn und Grimm:
»Was habt ihr bösen Toren
Auf meinem Plan verloren?
Laßt eure Mähren weiden
Auf meiner grünen Heiden,
Die ich mir habe schön gepflegt,
Vor bösem Willen eingehegt,
Beschirmt vor manches Mannes Hand?
Des laßt ihr mir noch schweres Pfand.
Wer hat euch Esel hergebeten,
Daß ihr mir nieder habt getreten
Meine lieben Rosen rot?
Drum kommt ihr nun in große Not:
Jedweder gebe mir ein Pfand,
Den rechten Fuß, die linke Hand.«
   Antwort gab Herr Dieterich,
Ehrenreich, untadelich:
»Nein, du kleiner Mann, o nein,
Fahren laß den Zornmut dein.
Man soll nicht Fürsten pfänden
An Füßen und an Händen,
Die geben können reichen Sold,
Beides, Silber und rotes Gold.
Wenn der Mai uns wiederkehrt,
Und Gott uns Sommerlust beschert,
Erblühn uns andre Rosen viel.
In Wahrheit ich das sagen will:
Man soll nicht Fürsten pfänden
An Füßen und an Händen.
Ich habe Schätze reich und viel,
Daß ich das Pfand nicht geben will.«

Das Zwerglein sprach die Worte frei:
»Gold hab' ich mehr als deiner drei.«
So sprach Laurin mit Stolz darein.
»Was für Fürsten könnt ihr sein?
Und ist denn jeder ein Edelmann,
Unedel habt ihr doch getan.
Was wolltet ihr denn rächen,
Daß ihr mir mußtet zerbrechen,
Zerstören meinen Garten?
Und die güldnen Borten
Habt ihr getreten auf den Plan.
Hab' euch doch nie ein Leid getan.
Und hättet ihr ein Leid zu klagen,
So mußtet ihr mir widersagen,
Konntet darauf mich bestehn:
So wär's nach Fürstenart geschehn.«

Bruno Mahlknecht
König Laurin und sein Rosengarten
1981

Hoch oben in den grauen Felsen des Rosengartens, dort, wo sich heute nur mehr eine öde Geröllhalde, das »Gartl«, ausbreitet, lag einst König Laurins Rosengarten.

König Laurin war der Herrscher über ein zahlreiches Zwergenvolk, das dort in den Bergen nach edlem Gestein und wertvollen Erzen suchte, und besaß einen unterirdischen Palast aus funkelndem Bergkristall. Seine besondere Freude und sein Stolz aber war der große Garten vor dem Eingang zu seiner unterirdischen Kristallburg, in dem unzählige edle Rosen blühten und dufteten. Wehe aber dem, der es gewagt hätte, auch nur eine dieser Rosen zu pflücken:

ihm hätte Laurin die linke Hand und den rechten Fuß genommen! Dieselbe Strafe wäre auch dem widerfahren, der den Seidenfaden zerrissen hätte, der den ganzen Rosengarten anstatt eines Zaunes umspannte.

Im Kampfe vermochte es der Zwergenkönig mit jedermann, auch dem stärksten Recken, aufzunehmen. Denn er besaß nicht nur einen Zaubergürtel, der ihm die Kraft und Stärke von zwölf Männern verlieh, sondern auch eine geheimnisvolle Tarnkappe, die ihn unsichtbar machte, wenn er sie aufsetzte

So herrlich nun Garten und Palast des Zwergenkönigs auch gewesen sind, so fehlte ihm doch eines: eine Braut. Und als er darum hörte, daß der König an der Etsch gedenke, seine schöne Tochter Similde zu verheiraten, und eine Maifahrt ausrufen ließ, zu der sich alle Freier einfinden sollten, da freute sich Laurin und beschloß, die Einladung des Königs an der Etsch anzunehmen und auch um Similde zu werben.

Doch Tag um Tag verstrich, ohne daß ein Bote des Königs an der Etsch zu Laurin kam, um auch ihm die Einladung zu der großen Maifahrt zu überbringen. Das verdroß den Zwergenkönig, und so beschloß er denn, an dieser Maifahrt nur im geheimen teilzunehmen – indem er sich nämlich durch seine Tarnkappe unsichtbar machte.

Auf einem großen Rasenplatz vor dem Schloß des Königs an der Etsch fanden die Kampfspiele statt, an denen sich die Freier um Similde zu beteiligen hatten. Wer sich in diesen Wettspielen am meisten im Fechten und Reiten bewährt haben würde und also zuletzt als Sieger hervorging, dem wollte der König an der Etsch Similde als Maibraut anvermählen.

Sieben Tage lang dauerten die Kampfspiele, dann waren endlich die beiden Recken ermittelt, die in einem abschließenden und alles entscheidenden Wettspiel um die Hand der schönen Similde kämpfen sollten. Es waren dies Hartwig, der in seinem Schilde eine Lilie führte, und Wittich, der eine Schlange als Erkennungszeichen hatte.

Lange wogte der Kampf zwischen den beiden tapferen Recken hin und her, und es nahte schon der Sonnenuntergang, wo der Wettkampf beendet werden sollte. Doch ehe der König das Zeichen zum Aufhören geben und einen der beiden Recken zum Sieger erklären konnte, entstand auf einmal Lärm, und Stimmen schrien durcheinander: Similde ist verschwunden! Similde ist geraubt worden!

Aber als das Verschwinden der Königstochter bemerkt wurde, ritt Laurin mit Similde schon davon und konnte nicht mehr aufgehalten werden, zumal er seine Tarnkappe aufhatte und darum nicht nur er selbst, sondern auch sein Pferd und die geraubte Königstochter unsichtbar waren!

Laurin hatte im geheimen den Kampfspielen beigewohnt, und das holde Wesen der schönen Königstochter und ihr liebliches Antlitz hatten ihn je länger, desto mehr so gefangen, daß er endlich beschloß, den Ausgang des Kampfes nicht abzuwarten, wo Similde dem einen von beiden anvermählt würde, sondern die schöne Braut zu rauben und sie in sein Felsenreich zu entführen.

Hartwig und Wittich aber beschlossen, diese Schmach nicht hinzunehmen und dem Zwergenkönig Laurin – denn nur dieser konnte Similde geraubt haben, das wußte man sogleich – die entführte Königstochter wieder abzunehmen.

Doch sie wußten wohl, daß dies ein schweres Unterfangen sein werde, besaß ja Laurin einen Zwölfmännergürtel und eine Tarn- oder Nebelkappe und überdies viele tausend Zwerge, die gewiß für ihren König zu kämpfen bereit waren.

Und so wandten sie sich an den großen und berühmten Fürsten Dietrich von Bern und baten ihn um seine Hilfe.

Ritten mit Schlern

Dieser sagte zu, wiewohl sein alter Waffenmeister Hildebrand ihn warnte und auf die geheimnisvollen Kräfte des Zwergenkönigs hinwies.

So machten sie sich denn auf die Reise nach der Felsenburg des Zwergenfürsten: Dietrich von Bern, Hildebrand, Hartwig und Wittich, Wolfhart und noch andere tapfere Recken.

Als sie endlich vor dem herrlichen Rosengarten des Königs Laurin ankamen und die Fülle dieser Blütenpracht gewahrten, da staunten Dietrich und seine Gefährten – und sie beschlossen, den zarten Seidenfaden nicht zu zerreißen und den König herbeizurufen, um mit ihm gütlich zu unterhandeln, daß er ihnen Similde herausgeben solle, die er geraubt hatte.

Doch Wittich, der Ritter mit der Schlange im Schilde, sprang, von Ungeduld gepackt, vorwärts, zerriß den Seidenfaden und zertrat die nächsten Rosen.

Da ritt schon König Laurin auf seinem Schimmelpferdchen daher, eine kleine goldene Krone auf dem Haupte und ein glänzendes Schwert in der Rechten, kam auf Wittich zu und forderte seine Hand und seinen Fuß. Doch Wittich höhnte nur, als er den kleinen Reiter sah, und sagte:»Komm nur her, Zwerglein, ich nehme dich gleich bei den Füßen und werfe dich an die Felsenwand!«

Aber ehe er sich's versah, hatte ihn Laurin, der den Zwölfmännergürtel trug, überwältigt und wollte ihm alsogleich Hand und Fuß abhacken! Dies aber konnte Dietrich von Bern nicht zulassen und eilte darum auf Laurin zu, um ihn an der Ausführung dieser furchtbaren Strafe zu hindern.

Laurin aber stieß Dietrich weg. So nahmen die beiden Könige den Zweikampf auf – der kleine Fürst des Zwergenreiches und der hünenhafte Recke aus Bern!

Mit der ganzen Zwölfmännerkraft, die ihm sein Zaubergürtel verlieh, hieb der Zwergenkönig auf den Berner ein und verwundete ihn mehrmals. Dies reizte den starken Berner, und er begann auch Laurin mit seinen Schwertstreichen nicht mehr zu schonen.

So kämpften die beiden Könige eine Weile wacker miteinander, und die Begleiter Dietrichs staunten über die Kraft und Behendigkeit des kleinen Fürsten, der sich von Dietrich nicht überwinden lassen wollte.

Da aber setzte sich Laurin auf einmal die Tarnkappe auf und war nun unsichtbar geworden! Damit war er im Vorteil: Er traf seinen Gegner mit jedem Hiebe, Dietrich von Bern aber konnte nur mehr blindlings um sich schlagen.

Da rief Hildebrand, der alte Waffenmeister:»Zerreiß ihm den Gürtel!« Dies aber war leichter gesagt als getan, denn

Dietrich konnte ja den Zwergenkönig nicht sehen und also ergreifen.

Da kam Hildebrand der rettende Gedanke: »Achte auf die Bewegungen des Grases, dann wirst du sehen, wo der Zwerg steht!«

Als Dietrich von Bern dies tat, konnte er sehen, wo Laurin gerade stand, er eilte auf ihn zu, packte ihn um die Mitte und zerbrach ihm den Gürtel. Dieser fiel zu Boden, und Hildebrand nahm ihn an sich.

Nun war der Kampf rasch entschieden, und die Zwerge begannen zu heulen, als sie ihren König besiegt und in der Gewalt des Berners sahen, der ihm auch die Tarnkappe und alle Waffen abnahm.

Ehe aber Dietrich und seine Begleiter beschließen konnten, was mit dem besiegten Zwergenkönig zu geschehen habe, da öffnete sich im Felsen ein Tor, das vorher niemand bemerkt hatte, und Similde trat heraus mit einer Schar von Dienerinnen. Sie dankte Dietrich und den anderen Herren für ihre Befreiung, bemerkte aber auch zugleich, daß Laurin sie immer gut behandelt und wie eine Königin geehrt habe. Die Herren sollten ihm darum nicht gram sein und ihn nicht weiter befehden, sondern mit ihm Frieden und Freundschaft schließen.

Diese Rede gefiel dem starken Dietrich, und er reichte Laurin die Hand zum Frieden. Laurin nahm die Hand an und lud Dietrich und alle seine Begleiter in sein unterirdisches Felsenschloß: »Ich will euch meine Schätze zeigen und euch wohl bewirten.«

Die Recken nahmen die Einladung an und betraten den hohlen Berg. Wie staunten sie, als sie die reichen Schätze des Zwergenfürsten sahen! Endlich gelangten sie in einen großen Saal, wo sich Laurin mit seinen Gästen an einer reich geschmückten Tafel zum Mahle niederließ.

Da wurden sie nun von den Zwergen aufs beste bewirtet und mit Gesang und Spiel erfreut. Doch zu vorgerückter Stunde, als sie sich etwas Derartiges nicht mehr erwarteten, wurden die Recken plötzlich von den Zwergen überfallen, in Ketten gelegt und in ein festes Gewölbe geschleppt und dort eingeschlossen.

Dieser Verrat ergrimmte Dietrich und seine Begleiter, und sie schworen dem hinterlistigen Zwergenkönig Rache. Der Zorn gab dem Berner doppelte Kräfte, und so gelang es ihm endlich, die Ketten zu zerreißen und sich und seine Gefährten zu befreien. Sie zerbrachen die Türen ihres Gefängnisses, überwanden die anstürmenden Zwerge und nahmen endlich auch den König Laurin gefangen.

Hartwig, der Ritter mit der Lilie, brachte Similde aus dem Berg, holte sein Roß herbei, setzte die Königstochter zu sich in den Sattel und ritt mit ihr heimzu, zur Burg ihres Vaters, des Königs an der Etsch. Dieser freute sich über die Rückkehr seiner entführten Tochter und ging den beiden, die da Hand in Hand auf ihn zukamen, entgegen und vermählte sie. Dietrich und die anderen Recken aber ritten wieder nach Bern zurück. Doch den heimtückischen Zwergenkönig, der sein Friedenswort gebrochen hatte, nahmen sie mit, um ihn am Hof zu Bern gefangenzuhalten.

Er sollte nie wieder seine Felsenburg sehen können. Als er, gekettet und als Gefangener, sein Felsenreich verlassen mußte, da sprach er: »Diese Rosen haben mich verraten; hätten die Recken nicht die Rosen gesehen, so wären sie nie auf meinen Berg gekommen!« Und er verfluchte den ganzen Rosengarten und die Rosen und sprach einen Zauberbann über sie, daß sie fortan keiner mehr sehen solle, weder bei Tag noch bei Nacht. Dann verließ Laurin bitteren Herzens sein Felsenreich und zog mit den Recken nach Bern, um dort sein Leben als Gefangener zu beschließen.

Doch er hatte bei seinem Fluche die Dämmerung vergessen! Und so kommt es, daß der verzauberte Rosengarten noch oft in der Dämmerung seine Rosenpracht zeigt und daß der ganze Berg über und über im Rosenschimmer erstrahlt und so die Erinnerung wachhält an den unglücklichen König Laurin und seinen Rosengarten.

Peter Lloyd
Wo bleibst du Laurin
1970

Kumet mit mir in den berc
sô dienet iu manec getwerc
und manec getwerginne
mit golde und mit gimme
»Laurin« 831-834

wo bleibst du Laurin –
dein rosengarten am abend
hat seinen duft vergessen
sein glanz erhellt nicht
deinen verstohlenen reigen
und die scharen deiner krieger
schreiten nimmermehr
im blau ihrer rüstungen;
das gleißende seidenband
zeugt nimmermehr von deiner fabelwelt –
auf den steinhalden
nicht einmal eine
geknickte rose.

Konrad Rabensteiner
Laurin 80
1982

Er sitzt steil überm Land.
Die Zeitfahne knattert
verwirrende Sprüche
um seinen Steinrosentraum,
während sein Zwergheer
auf andren Planeten sich tummelt.

In seine Mantelfalten
schlagen Freunde und Feinde
eiserne Haken
und ziehen sich hoch
bis in die Krone.

Es hat die Sage
zum Glück
die Schmucksteine versteckt
und ihnen die Augen verhext
bis zum Anbruch
der nächsten Rosenzeit.

Hermann Senoner
Die Geschichte der Grafen von St. Jakob
1969

Die Grafenfamilie derer von St. Jakob – es handelt sich um
Gerhard II. von Stetteneck – machte sich mit ihrem Sohn
Jakob auf den Weg nach Santiago de Campostella in Spa-
nien, wo sich die große Kirche des hl. Jakob befindet mit der

Leiche des heiligen Apostels. Der Grund dieser Wallfahrt ist ein Gelübde gewesen.

Auf dem Weg nach Spanien wollten sie auch Bekannte besuchen, die auch Grafen waren und als Herzöge über jene Gebiete herrschten. In Galicien angekommen, kehrten sie nun bei diesen Bekannten ein, um zu rasten. Die Tochter des galicianischen Grafen war ein sehr schönes Mädchen, das sich sofort in den Sohn der Grödner Grafenleute verliebte, und dieser Sohn hieß Jakob, Graf von Balést. Nun wollte dieser Jakob aber von einer Heirat mit der Schönen nichts wissen. Beleidigt, wie das Mädchen nun war, wollte es sich auf gemeine Weise rächen. Und so legte sie heimlich eine goldene Schale ihres Vaters in das Reisegepäck der Leute aus Gröden.

Als der Vater des Mädchens bemerkte, daß ihm die goldene Schale fehlte, beauftragte er zwei Soldaten, die inzwischen abgereisten Gäste zu verfolgen. Den Gedanken, dies zu tun, hatte ihm seine Tochter eingegeben.

Als die Soldaten die Grödner Grafenfamilie einholten und ihr Gepäck untersuchten, fanden sie tatsächlich die goldene Schale des galicianischen Grafen. Die Grödner wußten sich aber nicht schuldig, und so sagte der Sohn zu seinen Eltern, sie sollten nur weiterreisen, er werde sicher bald nachfolgen.

Leider kam es nicht so. Denn der galicianische Graf ließ den jungen Mann nach Landesgesetz aufhängen. Als die Eltern, die voller Sorge um ihren Sohn waren, schließlich feststellen mußten, daß dieser nicht mehr kam, machten sie sofort kehrt, nicht aber ohne zuvor in der Wallfahrtskirche zum hl. Jakob fleißig gebetet zu haben. Als sie wieder in die Gegend kamen, wo sie Tage zuvor zu Gast gewesen waren, sahen sie ihren Sohn am Weg an einem Galgen hängen, doch glücklicherweise lebte er noch. Und er sagte:

»Geht hin und meldet, man möge mich herunterholen; ich kann nämlich nicht sterben.«

Die Eltern gingen hin und trafen den galicianischen Grafen gerade beim Essen an. Als dieser hörte, daß der Junge noch lebte, sagte er spöttisch: »Euer Sohn wird ungefähr so lebendig sein wie dieses Brathuhn auf meinem Teller.«

Im selben Augenblick flog aber das gebratene Huhn auf, gackerte und flog zum Fenster hinaus. Alle erschraken, gingen nachzuschauen und ... wahrhaftig! ... der junge Mann am Galgen lebte noch! Also löste man ihn frei, und da er nun gerettet war, gestand auch die Tochter des galicianischen Grafen ihre Untat ein. Der junge Graf Jakob von Balést verzieh alles, kehrte heim nach Gröden und erbaute aus Dank für seine Errettung die Kirche zum hl. Jakob hoch über dem Tal. In dieser Kirche kann man noch heute ein Gemälde sehen, auf dem die Reise der Grödner Grafenfamilie nach Spanien dargestellt ist.

Reinhold Messner
Villnöß

Kinderjahre in den Dolomiten,
mein erster Dreitausender
1989

Unser Haus lag an der Dorfstraße. Ein Haus wie viele andere, mit roten Ziegeln am Dach, einem Kamin, einer Treppe aus Porphyrquadern und einer wilden Weinrebe, die im Sommer die Ostseite völlig überwucherte. Die Steinmauer unter der Treppe war kaum vier Meter hoch, und doch schimpfte der Vater immer, wenn wir an ihr herumkletterten.

Zum Spielen gingen wir deshalb in die Stadel der umliegenden Bauernhöfe, versteckten uns in Baumkronen oder stiegen hinauf bis zum Glockenstuhl, wenn die Kirchturmtür zufällig offenstand. Von dort konnten wir St. Magdalena sehen, die letzte Ortschaft im Tal, wo die Großeltern wohnten, bei denen wir die Sommermonate verbrachten. Wenn jeder von uns tief in seinem Herzen an eine Heimat als eine Art von Paradies glaubt, hier war sie.

Die mächtige Kette der Geislerspitzen war so nah und kam einer Herausforderung gleich. Sie ließ jene Harmonie in uns erwachen, die heute zwischen Hochhäusern und Autobahnen nicht entstehen kann. Es war alles friedlich und einfach und doch so reich, daß ich zufrieden war.

Der Vater pachtete für die Sommermonate eine Almhütte auf Gschmagenhart und war jedes Jahr ein paar Wochen lang mit der Mutter oben. Im Herbst brachten sie einen großen Sack mit Zirbelnüssen mit und erzählten von der Geislerspitzen, von der Mittagsscharte, von den Gemsen im Puezkar.

Oft saß ich zwischen den Hühner- und Kaninchenställen, in denen mein Vater Kleingetier züchtete, und schaute den Wolken zu, wie sie über den schmalen Streifen Himmel zogen, der zwischen hohen Waldrücken und düsteren Bergen zu sehen war. Sie kamen und gingen, oft dauerte ihr Spiel nur einige Minuten. So eingezwängt im Tal liegt dieser Ort, Pitzack, wo wir wohnten.

Jahrelang war Villnöß, das Tal, in dem ich aufwuchs, die ganze Welt für mich. Kindergarten gab es keinen, und so spielten wir Dorfkinder gemeinsam von früh bis spät. Als ich vier oder fünf Jahre alt war, wurde ich neugierig und wollte wissen, wohin die Wolken verschwanden. Was lag hinter diesen Bergen, die um mein Tal herum wie ein unüberschreitbarer Schutzwall standen? Die Bauern hatten kein Verständnis für so viel Neugierde. Nur selten fuhren sie mit dem Linienbus in die Stadt oder zum nächstgelegenen Markt. Im Ort gingen alle zu Fuß. Autos gab es nur einige wenige.

Die Bauern im Tal waren fleißige Leute, zäh und bei der Feldarbeit auf zwei Pferde und ihre Kinder angewiesen. Große stattliche Höfe gab es nicht. Am Sonnenhang wirtschafteten kleine und mittlere Bauern, in der Talsohle einige Häusler. Die Felder zogen weit hinauf, und es überwogen die trockenen und kargen Böden. Die Almen reichten weit über die Waldgrenze, unmittelbar darüber standen die Dolomiten, die dem Talschluß einen wilden und zugleich harmonischen Abschluß verliehen.

Unser Vater war Lehrer in St. Peter. In seiner Jugend, kurz vor dem Zweiten Weltkrieg, war er in den Geislerspitzen geklettert. Nun, da seine Kletterpartner ausgewandert waren, wollte er uns Buben mitnehmen auf die Große Fer-

Dreigesichtiger Christuskopf in Villnöß

meda, die Furchetta, uns die Welt seiner Jugenderinnerungen zeigen.

Die Gespräche der Bauern verrieten, daß sie sich mehr mit Feld und Vieh beschäftigten als mit der Landschaft. Sie verstanden die Städter nicht, die zum Wandern und Bergsteigen nach Vilnöß kamen. Sie hatten ihr Auskommen und begnügten sich damit. Wenn einer im Tal Geld ausgab für Urlaub, fuhr er in die Stadt oder ans Meer.

Ich ging noch nicht zur Schule, als mich die Eltern erstmals auf die Gschmagenhartalm mitnahmen. Mein älterer Bruder Helmut und ich stapften hinter dem Vater her. Dort, wo der Fahrweg aufhörte und ein schmaler, steiler Steig begann, rasteten wir zum erstenmal. Während der Vater Himbeeren pflückte, fragte ich die Mutter, wie weit es noch wäre, so müde war ich schon. Im Zickzack führte der Steig dann durch einen großen Kahlschlag, weiter oben querten wir andere Wege, stiegen über Wurzeln und Steinblöcke. Vereinzelt nur mehr standen Fichten zwischen den Zirbeln, und ganz oben blühten die Alpenrosen.

Als wir auf die freie Almwiese traten, standen die Geislerspitzen so unmittelbar über uns, daß sie mir wie mit dem Fernglas hergeholt erschienen; aus dem fahlen Kar wuchsen sie erschreckend groß und bedrückend empor. So etwas Gewaltiges hatte ich nie zuvor gesehen.

Die Hütte stand zwischen Felsklötzen und einer Gruppe von Zirbeln. Der Vater machte die Läden auf und ging dann weg, um Wasser zu holen. Eigentlich hätten Helmut und ich noch am gleichen Tag zurück zu den Großeltern gehen sollen. Als sich aber herausstellte, daß wir die Petroleumlampe beim ersten Rastplatz vergessen hatten, kam für uns die Gelegenheit, mit der wir uns einige Ferientage auf Gschmagenhart verdienen konnten.

»Ihr dürft dableiben, wenn ihr die Lampe bringt!« sagte

St. Johann in Villnöß

der Vater, und in der Türschwelle noch: »Paßt auf, es sind vier Quersteige, und beeilt euch, es wird bald Nacht!« Schon liefen wir über die Wiese hinunter. Alle Anstrengung war vergessen, alle Müdigkeit vorbei.

Im Wald war es schlüpfrig, und der Steig war oft nicht zu erkennen. Der einfache, klar vorgezeichnete Weg, auf dem wir hinter dem Vater hergestiegen waren, erschien jetzt geheimnisvoll. Die vorherige Gewißheit war eine Falle, die sich jetzt, da wir allein gingen, in jeder Abzweigung auftat. Ein erfahrener Bergsteiger oder Jäger findet sich im Wald immer zurecht. Wir aber suchten erstmals den Weg selbst und vermuteten hinter jedem Geräusch ein Reh. Bei jeder Wegbiegung standen wir vor einem Rätsel.

Von Schneise zu Schneise, von Baum zu Baum tasteten wir uns abwärts. Als wir die Lampe tatsächlich gefunden hatten, packte uns ein kindlicher Stolz. Wir durften also ein paar Tage auf Gschmagenhart bleiben!

Bald kannten wir die Namen der Geislerspitzen: die Kleine Fermeda ganz rechts, die Große Fermeda, der Villnösser Turm, die Odla ... das sind die kleinen Geisler, die Mittagsscharte trennt sie von der Hauptgruppe. Dort steht der breite Saß Rigais, mehr als 3000 Meter hoch, und links davon die schöne und schmale Furchetta, die fast gleich hoch ist. Dann kommen noch der Wasserkofel, die Valdussa-Odla, der Wasserstuhl und der Kampiller Turm. Ich erinnerte mich an die Erzählungen des Vaters, der auf allen Gipfeln, die wir sahen, schon gestanden hatte. Vielleicht entstand damals der Wunsch, einmal alle diese Zacken zu erklettern.

Endlich kam der Tag, an dem auch wir mitgehen durften. Um fünf Uhr früh wurden wir geweckt. Ich kroch aus dem warmen Heu, schob die dicke Stadeltür zurück, sah, daß noch Sterne am Himmel waren, und zog mich zähneklappernd an. Ich war nicht aufgeregt, ich war voller Erwartung.

Eine halbe Stunde später gingen wir über die Wiese hinauf zum Waldrand. Reif hing am vergilbten Gras, und die Zirbelbäume hoben sich wie schwarze Ungeheuer gegen das helle Kar ab. Ein roter Farbfleck verriet den Beginn des Steiges, der zum Munkelweg hinabführt, am Nordfuß der Geislerspitzen entlang von Bogles bis St. Zenon. Eben war die Sonne aufgegangen und streifte die Nordkante der Furchetta. Das erweckte den Eindruck, oben sei ein Hauch von Wärme, in dieser unerreichbaren Welt – als ob die Geislerspitzen ein riesiger Vorhang wären, eine Trennwand zwischen zwei Welten. Die Luft war klar, durchsichtig vor

Kälte. Sie trug jedes Geräusch weithin, so daß wir unwillkürlich flüsterten.

In Weißbrunn füllte der Vater die Wasserflasche. Der Steig führte durch ein Latschendickicht, dann im Zickzack durch die letzten Grasflecken und vorbei an verwitterten Zirbeln. Endlos erschien mir der Aufstieg im Kar hinauf bis zur Mittagsscharte. Im Morgenlicht schienen die Geislerspitzen jede Vorstellung von Höhe zu übertreffen. Dahinter ahnte ich ungezählte, noch unberührte Geheimnisse.

Am letzten Baum, einer krummen Zirbel, die kaum zwei Mann hoch gewachsen war, rasteten wir. Ich erinnere mich an eine Episode, die ohne Bedeutung war: Der Vater versteckte seine Zigarettendose in ihrem hohlen Stamm. Er legte einen platten Stein darauf und mahnte zum Aufbruch. Damit wurde mir bewußt, daß mein Vater rauchte.

Das Steigen im Kar war anstrengender, als ich es mir nach den Erzählungen der Eltern ausgemalt hatte. Je höher wir kamen, desto feiner wurde der Schotter, desto mehr rutschte ich bei jedem Schritt zurück. Dabei lernte ich, daß man beim Steigen die ganze Schuhsohle aufsetzt und besser große Steinblöcke als Tritte ausnutzt. »Man muß langsam und gleichmäßig steigen, wenn man ans Ziel kommen will«, wußte mein Vater.

In der Mittagsscharte lag der erste Schnee. Und dahinter ein Meer von Gipfeln! Auf der anderen Seite liefen wir durch das Kar bis zur dritten Schluchtmündung hinunter. Wir suchten jeweils die Rinnen mit dem feinsten Schotter aus und sprangen mit Rücklage hinunter. Entschlossen mit den Fersen voraus, so daß die Steine spritzten.

»Das ist der Einstieg«, rief mein Vater. Wir blieben stehen. Ein feines Plätschern drang durch die Stille. Ab und zu fiel ein Stein. »Die Sonne löst das Eis, das sich in der Nacht gebildet hat«, sagte der Vater und zog das Hanfseil aus dem

Rucksack. Mein Herz begann zu klopfen: die Kletterei fing an!

Wir standen am Beginn einer steilen Felsschlucht. Die Wände links und rechts waren gelb, zum Teil überhängend. Mir fehlte das rechte Selbstvertrauen, wenn ich so hinaufschaute. Hausgroße Klemmblöcke sperrten die Schlucht über mir, und an allen Schattenstellen glänzte das Eis.

Die Mutter stieg voraus, der Vater dicht hinter Helmut und mir her. Noch sicherte er uns nicht mit dem Seil. Die Kletterei war weit einfacher, als ich erwartet hatte. Immer gab es ein Band, einen Durchschlupf. Wir konnten bis unterm Gipfel auf das Seil verzichten. Kein einziges Stück war auch nur annähernd so schwierig zu überwinden wie die Stiegenmauer daheim. Zudem war an den steilsten Stellen ein Drahtseil fixiert.

Ich war müde, und nach jedem Felsaufbau suchte ich mit den Augen nach dem Gipfel. Ich wartete auf den Grat oder einen großen Steinmann. Bis heute weiß ich nicht, was dem Aufstieg eine solche Spannung gab, daß ich mit meinen fünf Jahren durchhielt. Ich hätte ja auch sitzen bleiben können, aber das tat ich nicht.

Dann sahen wir ihn plötzlich: »Der Gipfel«, bestätigte der Vater. Ein luftiger Grat trennte uns noch von ihm. Rechts fiel die Wand steil ins Wassertal ab, links ging es so senkrecht und tief hinunter, daß ich mich nicht hinunterzuschauen traute. »Sehr exponiert«, sagte einer der Männer, die gerade abstiegen und mir am Grat halfen. Ich hörte das Wort zum ersten Mal, verstand es aber gleich. Am Gipfel saßen einige Bergsteiger, die über den Ostgrat aufgestiegen waren. Sie schüttelten uns die Hände wie zu einem wohlvorbereiteten Fest. Gemeinsam genossen wir die gehobene Stimmung. Dabei war ich unendlich müde. Um uns nur Sonne, Wind, und unter uns, 1 000 Meter tiefer, die

Gschmagenhartalm, auf die wir noch am gleichen Tag zurückkehren mußten.

Der Saß Rigais war auch für Erwachsene eine schwierige Tagestour, für mich war er der Anfang einer lebenslangen Leidenschaft.

9. Im Pustertal

Norbert C. Kaser
bruneck
1975

wie bist Du mir traurig & fremd geworden in diesen letzten
jahren wo ich jedes haus in Dir kannte wußte wer mit wem
darin schlief was er aß. weinend wuerd ich beim lackner
fuhrwerk die bremse zu drehen den russenroessern klebrigen
zucker geben warten auf die hausermuchkuehe in der unter
stadt & einen mitschueler in die frischen fladen schupfen
oder noch oefter hineingeschupft werden. auf dem schloß
berg ließ ich mich in die nesseln werfen nach verlorener
schlacht aber nicht wie tillo vom hinterschloeßler den hin
tern mit schrot vollschießen. friedels erhobenem stock &
seiner spucke wuerde ich nicht ausweichen...

in die wieren faellt kein kind. unter tiefem stadtdreck sind
die sandgrubenerdbeeren erstickt in die felder haeuser ge
wachsen statt erdaepfel & am sonnigen hang sitzen die
reichen waehrend die aermeren ihr haeuschen wie fliegen
dreck in die joergener wiesen pflanzten. in der hoelzernen
schwimmschule wurde schwimmen & onanie gelehrt &
klappernd blaulippig gezittert...

durch die tore schiebt sich welsches- & germanenvolk in
ausfaelligen kleidern & freie hunde sollen erschossen wer
den. vor dem gericht flattern europaeisch tuend fremde
fahnen & die marinerlaube ist reinzuhalten. ruhiger schlaf
ist nicht mehr gewaehrleistet seit sie den nachtwaechter zum
straßenkehrer gemacht...

viele sind noch bei leben zB. die die mir das schreiben
beigebracht & es lieber nicht getan oder der baron der mir
anhand von kuh & stier das werden des lebens erklaert oder

Seite 321: Toblach

322

der grobe gemeindearzt ... aber lassen wir das: noch fueh
ren ein paar brunnen wasser noch entfaltet auf dem thing
platz der stegener markt geschrei huehneraugenwundermit
tel & rotarschige affen noch erkenne ich das gesicht der stadt
das profil der kirchtuerme zinnenbewehrten haeuser & des
wastels dritte ausfuehrung steht – welche kunst – schrei
tend ...

ach die gedenktafel ist mir zu lang geworden & reicht mir
von der paternkathl & dem eignen großvater ueber den
larisch zum radmueller hans & die lebendigen sind meist
zugewandert & niemand weiß wes vaters kind sie sind. das
professorengesindel quaelt vermehrt ein namenloses heer
loser oberschueler & auf dem graben waelzen sich horden
verhinderter schifahrer gerade auf dem graben wo wir unsre
eisschleifen hatten & die specker rollten oder roßkastanien
nunmehr verschnittener baeume. frieden ist gerade noch auf
den wegen waldheim zu oder lamprechtsburg wo es einstens
maibutter gab. viel bruneck ist im waldfriedhof dessen laer
chen entflammen wenn es an der zeit ist der helden zu
gedenken bis die naegel vor kaelte wehtun & der dekan seine
unpassend ungeschickte predigt fertig hat ...

kommerzialisiert ist jedes fest & die schwaden von feuer
wehrmusik – oder sonstigen gedenkbrathuehnern stinken in
die klosterkirche. die korrespondenten der beiden großen
tagblaetter sitzen angefadet in den bars. die milch ist ge
sundheitsstrotzend & salmonellenfrei. der vizebuergermei
ster ist weiß wie kulturbeflissen das stadtoberhaupt selber
endlich wieder ein echter brunecker interessenvertreter ...

was weiter? unendliches gaeb's von Dir allein ich warte
bis der staudamm bricht & Dich vertraegt samt mir.

Norbert C. Kaser
Zwei Briefe an Paul Flora
1975/76

verona 261175 hl. conrad

lieber paul flora

Sie stuerzen mich in große dankbarkeit mit Ihren großzuegi gen spenden. ueber meinen freund klaus kam jener gruene schein mit dem kopf leonardos & jetzt der rote michel angelo. ich sage klipp & klar danke & weiß daß Sie mir trotzdem meine (narren-)freiheit lassen & entsetzlich hohes von mir erwarten aber nichts fordern als mein koerperliches heil. ich habe mit meinem leib schindluder getrieben & die buße ist noch bei lebzeiten erfolgt. es geht aufwaerts & daß das hier eine nervenheilanstalt ist stoert mich nicht im ge ringsten. nun die kur wird etwa bis weihnachten waehren. ich werde auch wenn ich hier von braeuten christi behuetet bin nicht als engel in die welt treten aber große besaeufnisse darf ich meiner leber nicht mehr antun. basta.

nun zum thema »stadtstiche«

ich bin beim fuenften angelangt. bleiben noch drei. fertig sind: glurns meran brixen & sterzing. in arbeit: bozen. geplant: bolzano (in ital. sprache) klausen & unter schweren noeten bruneck. bei bolzano handelt es sich nicht um die uebersetzung von bozen sondern um einen neuen eben ita lienischen stich. saemtliche stiche haben das gleiche format & sollen es auch im druck behalten. wuenschenswert waere ein richtiger stadtstich zu jedem stueck (es muß nicht me rian sein aber pfaundler duerfte material genug haben.) das fenster kann alle haben kleinschreibung umlaute & tren nungs- sowie satzzeichenlosigkeit sind aber unter allen um staenden beizubehalten. am besten waere eine teilung in zwei gruppen zu je vier stueck... alles aufeinmal ist zu dick. als entgelt will ich jeweils zwei fensterexemplare & wenns gerade herausschaut ein paar öS (alles an meine brunecker adresse). glurns lege ich gleich bei. sterzing muß noch in die maschine gehackt werden & wird mit bozen in einer woche folgen.

dieses veroneser spital scheint es in sich zu haben. ich lese & schreibe wie ein geistig verhungerter. fuer rauris im salz burgischen schreibe ich eine tragoedie in der eines dicken pfarrers segen schiefhaengt & schiefgeht. fuer den jaenner muß ich mich auf ein erquickliches treffen mit einem bun desdeutschen fernsehsender vorbereiten. die wollen partout mich 50 minuten lang fuer suedtirols kultur ins treffen schik ken & mit meinen augen das land besichtigen (ich hoffe den herren die augen aufgehen zu lassen). nebenbei gibts hier zu korrespondieren zu taktieren ... also bitte .. von spitals langeweile keine spur. eigentlich bin ich ganz froh daß mich die himmelshenne schwester angela zum adventkranzwin den abkommandiert hat. dazu kommt das ekelhafte auf waermen uralter gymnasiumsgeschichten: ich muß nun ein mal die lehrermatura machen sonst geht das nicht weiter denn von der ehre der klassischen matura allein lebe ich auch nicht. nach weihnachten springe ich im hintersten sarntal (durnholz) fuer eine schwangere lehrerin ein & da bei ist mir denn auch das sommergehalt sicher. fast moechte man meinen: rundum lauter gaudium. mein optimismus wird wie ueblich seine fußtritte kriegen. wird schon werden

bruneck 010376

lieber pau_ flora

ad adjuvandum me festina

man koennte glatt wieder ins saufen kommen bei der trostlo sigkeit meiner finanziellen lage & meiner troepfelweisen arbeitslosigkeit die ab & zu erhellt wird von einer kostspieli

Bruneck

gen reise in ein weit entferntes dorf um dort fuer zwei drei
tage kinder zu hueten denn mehr kann man nicht. unterneh
men kann ich auch weiter nichts weil die taegliche abberu
fung zu erwarten ist das blockiert mir auch das schreiben &
mit meiner verwandtschaft bin ich auch schon verkracht
wegen meines parasitaeren daseins. da sitzt dieser parasit
dieser 28jahr-alte laggl herum. lust haette ich alles hinzu
schmeißen. & wenn ich sie so grinsen sehe die gesamte
brunecker mafia wenn das schulamt sich die haende reibt &
erwartet ich wuerde mit dem maul voller entschuldigungen
daherkriechen den verschmaehten speichel der bonzen auf
zulecken dann allerdings haben sie sich getaeuscht. die pa
rabel vom verlornen sohn mag schoen & gut sein aber lakai
bin ich keiner. & als etwas andres sehen einen diese hiesigen

christenmenschen gar nicht an. ich bitte Sie nun mir fuer
zwei-drei wochen unter die arme zu greifen mit einigen
schillingen auf daß ich nicht zum gaudium jener pharisaeer
umfalle damit ich mir tageszeitung kaffee leidige bozenfahr
ten & ferngespraeche ungefragt leisten kann ohne um jedes
zipfelchen zu meiner schwester oder zu den alten tanten
betteln gehen zu muessen.

mit herzlichen grueßen & damit ich mich wacker halten
kann

Karl Domanig
Der Richter von Toblach
1908

Der Richter Christoph Herbst von Toblach saß
An seinem Aktentisch im schweren Lehnstuhl.
Und vor ihm stand sein munt'res Ehgemahl.
»Du hast mich rufen lassen, mitten von der Arbeit;
Was gibt's? Ich bitte dich, mach's kurz! –
                    ... Was hast du?
Was siehst du so verstört?« ... ›Der Kerkermeister
War hier‹ ... »Um mich?« ... ›Du weißt, im Fasching
                    gab ich
Ihm Urlaub einen Tag. Der alte Klaus
Vertrat ihn‹ ... »Weiß wohl, damals, als wir just
Die vielen Gäste hatten, die von Rasen
Und Welsberg, wo's so lustig herging!« – ›Wohl.
Und mitten in der Lustbarkeit erschien
Der Klaus: Man habe einen eingebracht.
Die unteren Gelasse waren alle
Besetzt, im Turmverlies allein noch Platz‹ ...
»Nun, und?« – ›Ich ließ ihn dahin bringen.‹ –
                    »Und?

Was hat der Schelm getan?« – ›Das weiß man nicht.‹
»So laß ihn laufen dann« – ›Ich hab' ihn nicht
Verhört.‹ – »Was, nicht verhört? Ja, Mann, seit damals!«
›Besinne dich! Der Faschingssonntag war's.
Wir zechten lang, am andern Tag Besuche –
Der Kerkermeister wußte nichts von ihm.‹
»Wie, wußte nichts?« – – ›Der Klaus vergaß, der alte.‹ –
»Um Gott – und dann?« . . . ›Er ist vergessen worden.‹
»Vergessen und? – Ach Gott im Himmel sprich!«
›Vergessen und – Gott sei uns gnädig, Frau!‹
»Herr Jesu Christ, ich hab' ihn schreien hören!
Du sagtest mir, der Sturm, da schlief ich ein –
Zeit meines Lebens hör' ich jenen Laut!«

Unheimlich war's von jener Stunde an
Auf Herbstenburg. Als ob die Rufe des
Verhungernden, einst ungehört, nun nicht mehr
Verhallen könnten, schien aus jedem Winkel
Ein Laut, ein mattes Röcheln, ein Gestöhn,
Ein Fluch zu kommen; langgezog'ne Seufzer
Erschreckten die Bewohner jede Nacht.
Das Ingesinde kündete den Dienst;
Der Richter selbst und seine mutige Frau,
Zu Schemen abgehärmt, verließen endlich
Auch sie ihr Heim; und kurz darauf sah man
Sie pilgern gegen Rom, an Petri Grab
Verzeihung sich und Sühne zu erflehen.

Und hier bestimmt' der Richter seine Buße,
Er selbst: daß an das eine folgenschwere
Versäumnis seines Lebens Stund um Stunde
Er sich erinnere; und daß, wann immer
Er künftig seines Richteramtes walte,

Er selber sich als Schuldigen bekenne:
Ließ eine Kette schwer von Eisen sich
Herr Christoph Herbst um seinen Nacken schmieden.
Die trug er heim und trug sie bis zum Tod.
Auf seinem Grabstein an der Kirchenmauer
In Toblach sieht man ihn noch heute so,
Gemeißelt knien mit der Eisenkette.

Bruno Walter
Ein sonderbar schreckhafter Vorfall
1910

1907 erkrankte die ältere Tochter von Gustav Mahler (1860-1911)
während des alljährlichen Sommeraufenthaltes in Maiernigg (Kärn-
ten) und starb im Alter von vier Jahren an Scharlachdiphtherie;
ärztliche Untersuchungen ergaben zu gleicher Zeit ein bedrohliches
Herzproblem Mahlers; Todesahnung, Endgefühl. Um Abstand zu
gewinnen, wurde das langjährige Sommerhaus in Maiernigg aufgege-
ben, und vom Spätsommer 1907 an verbrachte Mahler die Sommermo-
nate in Toblach im Hochpustertal. Seit 1897 hatte er sich immer wieder
im heutigen Südtirol aufgehalten. Die Familie bewohnte nun ein
Wohnung im Trenker-Hof zwischen Toblach und Altschluderbach, das
obere Stockwerk eines Hauses aus dem 15. Jahrhundert. Mahler
schilderte 1909 in einem Brief an Alma humoristisch einige Ein-
drücke: der Lärm, »der mich ohne Unterlaß geniert. Entweder flüstern
die Bauern, daß die Fenster klirren, oder sie gehen auf den Fußspitzen
daß das Haus wackelt. [...] Der Hund läßt mich auch wieder fühlen
daß ich ›ein Mensch unter Menschen‹ bin. [...] Wie schön wäre die
Welt, wenn man zwei Joch umzäunt hätte und mittendrin allein
wäre.«

Unweit davon stand im Fichtenwald eine Holzhütte: Hier arbeite
Mahler im Sommer 1908 an »Das Lied von der Erde« (»eine Schöp-

*fung sub specie mortis«, Bruno Walter), vollendete 1909 die Neunte
Symphonie und begann 1910 die Fragmente der Zehnten Symphonie.
Marianna Trenker hat 1938 Erinnerungen niedergeschrieben: »Es ist
eine große, geräumige Wohnung mit zehn Zimmern und schöner geschlossener Veranda in alter, schloßartiger Bauart. [...] Fünf Minuten vom Hause entfernt, in einem stillen Fichtenwäldchen, ist ein
schlichtes Sommerhäuschen, das die eigentliche Arbeitsstätte Gustav
Mahlers war. Drei Klaviere kamen jedes Frühjahr und mußten ins
Häuschen geschafft werden. Dort verbrachte er den größten Teil des
Tages und durfte von niemandem, selbst von seiner Frau nicht, gestört
werden. [...] Das Häuschen mußte in einem Umkreis von 1 km von
einem 1 und ½ m hohen Zaun umgeben sein.«*

*Nach ihrer Erinnerung handelte es sich in der folgenden, von Bruno
Walter nacherzählten Geschichte um einen Geier und einen Raben; der
Maler Alfred Roller (1864-1935), dem Mahler den erschreckenden
Vorfall auch berichtet hatte, sprach von einem Habicht und einer
Dohle.*   *D. J.*

Irre ich nicht, so war es im letzten Sommer, der Mahler
vergönnt war, daß ein sonderbar schreckhafter Vorfall ver-
düsternd auf sein Gemüt einwirkte. Er erzählte mir, daß er
bei der Arbeit in seinem Toblacher Komponierhäuschen
plötzlich durch ein undefinierbares Geräusch aufgeschreckt
wurde; gleich darauf stürzte etwas »fürchterliches Dunkles«
zum Fenster herein, und entsetzt aufspringend, sah er sich
einem Adler gegenüber, der den kleinen Raum mit seinem
Ungestüm erfüllte. Die erschreckende Begegnung nahm ein
schnelles Ende, der Adler verschwand stürmisch, wie er
gekommen war. Als Mahler sich, erschöpft von dem Schrek-
ken, hinsetzte, flatterte eine Krähe unter dem Sofa hervor
und flog hinaus; die stille Stätte musikalischer Versenkung
war also Kriegsschauplatz gewesen, auf dem sich einer der
zahllosen Kämpfe »aller gegen alle« abgespielt hatte. In

Mahlers Erzählung zitterte noch das Entsetzen über die so unmittelbare Demonstration der Grausamkeit in der Natur nach, die von jeher einer der Gründe zu seinem tiefen Weltleid gewesen und sich nun neuerlich seiner erbebenden Seele drastisch in Erinnerung bringen zu wollen schien.

Im Herbst 1910 ging er wieder nach New York, und im Februar 1911 kam die Nachricht von seiner schweren Erkrankung. Als er im April in Paris eintraf, um sich einer Serumbehandlung zu unterziehen, beschloß ich, ihn dort aufzusuchen. Da lag er, gequältes Opfer einer tückischen Krankheit, vom Kampf des Leibes auch seelisch getroffen, in verdüsterter, ablehnender Stimmung.

Ernst Decsey
Was dieser Weg nicht alles erzählt
1909

»Vita fugax« ... noch höre ich die tiefe metallene Stimme, die es aussprach, als die Abendsonne über den rotleuchtenden Schneefeldern von Toblach hinunterstieg ... es war eines seiner Lieblingsworte und wird mir unvergeßlich bleiben, denn wenn er es aussprach ... vita fugax ... zitterte darin etwas von der Furcht, dieses flüchtige, rennende Leben nicht halten zu können, nicht jede seiner Stunden mit dem Gehalt eines Imperatorenwillens zu füllen, nicht jede Stunde zur Stunde der Tat zu machen. Er war ein Mensch, der sich selbst verzehrte. In seinem Innern loderte es immer, und es gab keine Stunde bei Gustav Mahler, wo sein Inneres nicht Gedanken herausschleuderte, wo man nicht von ihm empfing. Dieses Sich-Hinwerfen an die Sache, das sein Leben zu einem vollendeten macht, sei sein Werk auch unvollendet, war nicht eine Stimmung, es war sein Grundwesen, und darum war jede Stunde bei ihm ein Gewinn. Ich habe einiges wenige davon aufgezeichnet, ohne es zu formen oder in einen Zusammenhang zu zwingen: eine gewisse Pietät hält mich davon ab, mehr zu geben als Rohmaterial; mit einer schweren Rührung aber muß ich gestehen: es wird, auch verarbeitet, Rohmaterial bleiben, denn das Beste daran, der Ton, das Persönlich-Musikalische ist dahin, und keine Kunst kann es je wiederbeleben.

Die Junitage in Toblach waren regennaß. Die Wolken stiegen von den Bergen ins Pustertal hinab, trotzdem ging er jeden Nachmittag spazieren. Eines Abends sagte er: »Wie freu' ich mich über die Welt! Wie schön ist die Welt! Welcher Kerl darf sagen: mir ist alles gleichgültig. Der das sagt, ist nur ein Lehmhaufen. Der Mensch ist ja eine wunderbare Maschine, aber wer das sagt, ist doch nur ein Dreckhaufen.« Am Abend stand er dann noch am Fenster der Veranda und sah hinüber auf einen Feldweg, der sich, in der Dämmerung weiß, durch die Wiesen nach Alt-Toblach hinaufwand: »Was dieser Weg nicht alles erzählt!« sagte er und sah ihn an, wie man einem Volkslied zuhört. »Glücklichsein ist eine Begabung«, fuhr er später fort. Ein Berliner Musiker [Oskar Fried] war damals bei ihm, den er sehr schätzte. Dieser Musiker erzählte, daß in einem Konzert auf Mendelssohn geschimpft wurde und er ruhig zugehört habe: »Mein Gott, sie sollen auf Mendelssohn schimpfen, was geht mich das an.« Da fuhr Mahler auf: »Natürlich geht Sie das an! Das ist das europäische Laster, daß alle sagen: das geht mich nix an. Die Welt geht mich was an . . .« und er putzte den Musiker, der sich um ihn sehr verdient gemacht hatte, zornig herunter; je gleichgültiger der Angefahrene war, desto wütender Mahler, bis er mit den heftigen Worten schloß: »Und nur, wer mit uns mitleidet, gehört zu uns!« – An einem anderen Tage entwickelte er die Gründe für den Gottesglauben. Er empfahl dringend eine gute Schrift des russischen Physikers Choolson »Hegel, Haeckel und Kossuth«, worin dem Haeckelschen Materialismus zuleibe gerückt werde. »Nicht wahr, wenn Sie eine komplizierte Maschine sehen, ein Automobil, werden Sie annehmen, daß keine treibende Kraft vorhanden sei, weil Sie sie nicht sehen? Und beim Menschen glauben Sie nicht, daß eine unsichtbare zeugende Kraft vorhanden ist?« In seinem Wohnzimmer waren viele Bücher gestapelt, alle Bände von Brehms Tierleben lagen auf einem Tische, hauptsächlich sah ich philosophische Literatur. Am Abend legte er sich öfter hin und ließ sich vorlesen. Ich wählte einige Stellen aus dem damals neuen »Tagebuch« von Hermann Bahr, und er freute sich, daß Bahr seiner sympathisch gedachte, obwohl er ihn nur flüchtig kenne; als ich ihm mitteilte, Bahr beabsichtige, in einem seiner nächsten Romane, ihn, Mahler, als Figur einzuführen, wurde er ängstlich: »Um Gottes willen, da werden die Leute wieder an eine Verschwörung glauben.« Meistens verlangte er aber, daß ich Goethe vorlese. Faust zweiten Teil. Er kostete dann die Stellen, die er schon auswendig wußte, von neuem aus. Als ich eines Abends schon über eine Stunde gelesen hatte, hatte ich ein seltsames Erlebnis mit seinem Antlitz. Mahler lag im Halbschatten auf dem breiten Diwan, die Augen waren geschlossen, er schien zu träumen und während ich die Verse las und ihn in Goethe wiegte schien sich sein teuflisch ingrimmiger schwarzer Kopf zu verändern: ich glaubte mir selbst nicht, als ich sagen mußte, er sieht aus wie Goethe. Das Sinnen verschönte seine Züge, die Nase trat wuchtig hervor, ich sah ihn lange an und behielt den Eindruck: wie Goethe. Hans Rudolf Partsch, dem ich die Sache später erzählte, meinte: »O ja, das ist die auffallende Familienähnlichkeit aller Hochbegabten, von der Schopenhauer spricht.«

Peter Altenberg
Dolomiten

1912

Ich hatte mein ganzes Leben lang von den Dolomiten gehört, einem »Märchen der Natur«. Nun kam ich, per Auto,
halb 8 Uhr abends, 11. August, in Toblach an. Eine riesige
ungepflegte, ja verwahrloste Bergwiese, die ein feenhafter
Berggarten leicht hätte sein können. Ich ging ein paar
Schritte die Fahrstraße entlang, die ins Gebirge, Monte
Cristallo, führt. Ich sah in die weiße Waldstraße hinein, und
war ganz ergriffen. Jahrelang im »Café Central«, Ecke Her-
rengasse-Strauchgasse, und nun am Eingang in die »Dolomiten«! Ich sah Wälder im Abendschatten und in der Ferne
einen leuchtenden riesigen Felsen. Ich kehrte zurück und
dachte mir die riesige schrecklich ungepflegte Bergwiese vor
dem Riesenhotel, bewachsen mit Zirbelkiefer, Rhododen-
dron, Speik, so ein botanischer Berggarten, mit Murmeltie-
ren und Schneehasen. Aber Toblach begnügt sich, ein »Eingang« zu sein, und selbst die Geschäftsläden erinnern an
»Praterbuden«. Nur irgendwo sah ich in einer Ansichtskar-
tenbude eine 14jährige Verkäuferin. Ich blickte sie an: »Du,
du allein paßt in diesen Dolomiten-Märchen-Eingang!« Da
ich den schönen grauen Gems-Kaiser-Lodenhut auf hatte
und sehr gebräunt war, blickte sie mich freudig-erstaunt an.
Ich wollte etwas sagen, das heißt, ich wollte eben gar nichts
sagen, aber als die Ansichtskartengeschäfte abgewickelt waren, blickte ich sie noch immer gerührt an. Sie sagte auch
nichts, aber sie spürte ihre Wirkung auf mich. Es war nicht
sehr lange, und doch vielleicht oder wahrscheinlich eine
besondere Welt, die nie nie mehr wiedererstehen wird. Es
ging nicht an, sie länger anzublicken. Und infolgedessen
ging ich. Ich lüftete nicht den Hut, damit sie nicht sehe, daß

ich kahlköpfig sei; denn ich mußte auf ihre Träumereien Rücksicht nehmen, daß ein verhältnismäßig apart aussehender Herr sie beim Ansichtskartenverkaufe liebevollst angeblickt hatte – – –. So wie wenn er ihr Glück wünschte zu ihrem künftigen Schicksale und sie getreulich segnete mit seinen Augen. Sie hat gewiß niemand davon erzählt, was gäb' es auch darüber zu erzählen?! Und doch blieb es in ihr. Und doch wird sie, unmittelbar vor einem ersten Kuß der Jugendsinne fühlen: »Nein! Ich sehe nicht auf deinem Antlitz, Mann, den Zug von Rührung, den der fremde Herr mit dem grauen Gemsjagd-Kaiser-Lodenhute damals hatte – – –.« Am nächsten Morgen ging es nach Cortina. Rotgraue Bergwelt, sei bedankt, gesegnet! Es türmt sich auf lichtgrau und rosig, es wächst ins Himmelblau hinein und überall ist Friede – – –.

Ludwig Steub
Es ist nichts mit der Romantik!
1871

Da der nächste Morgen sehr schön war, so ging ich gern spazieren. Die Landschaft ist voll kleiner Reize und enthält allerlei niedliche Zierden. Über dem Pragser Tal stehen zwei himmelhohe Dolomitenwände. Die Seite, die sie gegen Welsberg kehren, war noch unbeleuchtet und dämmerte in tiefblauem Morgendufte. Diese beiden Ungetüme zeichnen einen großartigen Zug in die Landschaft. Auf einem Hügel beim Dorfe liegt der Friedhof und seine Kirche. Nicht weit dahinter in einer waldigen Schlucht steht die ehemals vielgenannte, jetzt herabgekommene Veste Welsberg, die dem Dorfe den Namen gegeben hat und einen Besuch sehr wohl verdient.

Es ist ein altes graues, doch ansehnliches Gebäude, aus welchem ein starker Turm aufragt. Die Zugbrücke führt in einen Torweg, der die Aussicht in den kleinen Burghof bietet. Links unter dem Torwege öffnet sich eine Pforte, die auf einen Hausplatz geht. Dieser ist mit zerbrochenen Fliesen gepflastert, übrigens krumm, winklig und finster, ungefähr so wie alle Vorhallen in diesen Burgen. Eine Stiege, die aufwärts zum Lichte leiten konnte, war in der Dunkelheit nicht zu finden, so daß ich mit lauter Stimme um Hülfe rief, worauf dann oben eine Türe aufging und der Baumann erschien, der mich treuherzig begrüßte und mir Mut zusprach. Ich sei schon auf dem rechten Flecke – ich solle nur aufwärts stapfen – die Stiege finde sich von selbst.

Er hatte auch nicht unrecht. Ich brauchte nur den Fuß zu heben und wieder zu senken, um eine Staffel zu fühlen, welche die erste mancher andrer war. Der bekannte fette Strick an der Seite, der sich nach einigem Tappen ebenfalls fand, war mir bei dieser Aszension nicht ohne Nutzen. So kamen wir glücklich zusammen und schüttelten uns wie alte Freunde die Hand.

Der Baumann, welcher, nebenbei bemerkt, mit elf Kindern gesegnet ist, führte mich ohne Rückhalt in alle Geheimnisse der Burg ein. Aber es ist nichts mit der Romantik, wahrhaftig nichts! Ein gebildeter Mensch möchte in diesen ritterlichen Hallen nicht umsonst wohnen, auch nicht um eine anständige Ergötzlichkeit oder »Burghut«, wie man's früher hieß, so wenig als die jetzigen Grafen von Welsberg, die ihr unheimliches Stammschloß schon längst den Bauleuten und den Ratten überlassen haben. An Stuben und Gemächern fehlt es keineswegs, aber die zu ebener Erde sind ganz finster und jene im ersten Stocke nicht hell. Das tiefgebräunte Getäfel hat sich allenthalben noch aus den »Ritterzeiten« erhalten. Auf diesem hängen etliche fromme Bilder

Welsberger Pestkreuzgang

der billigsten Gattung, darunter auch ein altes zersprunge-
nes Ölgemälde aus dem sechzehnten Jahrhundert, eine
längst vergessene Gräfin darstellend. Der Raum, wo die
Gräfin hängt, wird wohl der ehemalige Rittersaal sein. Außerdem ziert ihn noch ein Hirschgeweih, an welchem verschiedene Jacken und Hosen baumeln, und, was ganz ab-
sonderlich, eine moderne Stockuhr unter einem Glassturz,
welche einmal auf einer Versteigerung erstanden worden.
Sonst ist der Hausrat, Stühle, Tische und Kästen von maß-
loser Schlichtheit, vielmehr lauter schmutziges, halbzerbro-
chenes Gerümpel.

Doch ist der Rittersaal immer noch das eleganteste, best-
möblierte unter diesen Gemächern; andere fanden wir ganz
leer, oder doch nur mit Dunkelheit gefüllt, in andern stand
ein schmutziges Dienstbotenbett und ein alter Stuhl darne-
ben. Wieder andere waren nur mit jenen langen Rahmen
ausgeziert, auf welchen die dünnen steinharten Zwieback-

scheiben aufgereiht sind, des Landmanns tägliches Brot, das alle Jahre nur drei oder vier Mal gebacken wird. Wie in allen ehrbaren Burgen ist auch hier eine Schloßkapelle vorhanden, welche aber aller altertümlicher Reize längst entkleidet worden. Die Aussicht aus den Fenstern ist ganz hübsch, reicht aber nicht weit, da das Schloß in einer Senkung liegt. Unten stürzt ein Gießbach durch die Waldschlucht; jenseits derselben ragt aus dem Forste wieder eine alte Ruine – ein fester Turm und wildes zerfallenes Gemäuer um ihn her. Diese Burg, die doch erst 1765 in Feuer aufgegangen, nennt sich Thurn.

Somit hätten wir denn auch das ehrwürdige Schloß Welsberg gesehen. Auf den viereckigen, äußerlich gut erhaltenen Turm kann ich den Leser nicht führen, da die Treppen nicht mehr gangbar; ebensowenig will ich ihn die Laubengänge, die ums Schloß herumlaufen, betreten lassen, da sie seit Menschenaltern nicht mehr ausgebessert worden und jetzt lebensgefährlich sind.

Schloß Welsberg hat wenigstens den Vorzug, daß sechs oder sieben geräumige Zimmer vorhanden waren und daher immerhin auch etliche Gäste aufgenommen werden konnten. Es gibt aber sehr historische Burgen, welche nur zwei oder drei finstere Kajüten enthalten, in denen auch zur Tageszeit der Ritter und seine Gemahlin beim Spanlicht saßen, ersterer, um Minnelieder zu dichten, letztere, um seine Strümpfe zu flicken. Wie es da an hohen Zeiten gehalten wurde, wenn die ganze benachbarte Ritterschaft mit Edelfrauen und Edelfräulein, mit Edelknechten und Reisigen einritt und über Nacht blieb, das ist kaum zu erdenken. Wahrscheinlich wurden dann die Edelknechte und die Edelfräulein ganz angezogen ins Heu und zwischen sie ein Schwert gelegt. Wie mögen sie darnach geduftet haben! – Es ist nichts mit der Romantik!

Dietmar Grieser
Hofmannsthal auf Sommerfrische oder
Die verschwundene Pietà

1979

Wien 1907. Sechs Jahre sind sie miteinander verheiratet
Hugo von Hofmannsthal und die Bankierstochter Gerty
Schlesinger; drei Kinder sind da. Im Fuchsschlößl zu Ro-
daun geben sich die illustren Kollegen die Türklinke in die
Hand: Rudolf Borchardt, Rudolf Alexander Schröder, Rudolf Kassner, Harry Graf Keßler, Gerhart Hauptmann;
bald wird auch Rilke seine Aufwartung machen. Schnitzler,
zwölf Jahre älter als der Hausherr, zählt zum täglichen
Umgang. Um die Mitte des Jahres kommt man überein,
einander in der Sommerfrische zu treffen. Die Hofmannsthals fahren zunächst für zwei Wochen an den Lido, anschließend nach Cortina. Arthur Schnitzler und Frau Olga
weniger mondän, nähern sich ihrem Feriendomizil von
Kärnten her. Man hat sich noch nicht entschieden:

»Morgen fahren wir nach Villach; von dort aus wollen wir
uns umsehen, ob wir irgendwas (Veldes? Wochein? oder
sonstwo), wenn's gutgeht, zu längerem Aufenthalt finden.
Den Buben lassen wir erst nachkommen, wenn wir wissen,
wo unseres Bleibens. Der Roman, den ich nun tüchtig
durchfeile, zum großen Teil natürlich neu schreibe, zieht
mit.«

Man landet schließlich in Welsberg, im oberen Pustertal.
Seitdem der propere Garnisonsort an der Strecke Marburg–
Franzensfeste Schnellzugstation der k. k. privilegierten Süd-
bahn ist und das Badhotel Waldbrunn, gleich überm Bahn-
hof, die besten Familien aus Bozen und Brixen, ja sogar
Mitglieder des Kaiserhauses zu Gast hat, gilt Welsberg als
chic. Der vom Verschönerungsverein herausgegebene Orts-

führer kann alle Trümpfe ausspielen, die den bäuerlichen Marktflecken zur komfortablen Sommerfrische erheben: Fremdenwohnungen mit Magdkammer, Glasveranden mit Dolomitenblick, »Hochdruckwasserleitung von besonderer Güte« und, davon profitierend, »englisches Klosett«. Das 1906 in Betrieb genommene Elektrizitätswerk L. Platz & Co. »versorgt die Straßen und Plätze mit Licht, welches auch in allen Gasthöfen und in den meisten Sommerwohnungen eingeführt ist«.

Arthur und Olga Schnitzler nehmen für sieben Wochen in Welsberg Quartier. Hofmannsthal, der kurz vor der Abreise in die Ferien noch an den Freund geschrieben hat, er empfinde es »sehr schmerzlich, wie selten man sich sieht«, stößt für zehn Tage dazu. Eigentlich ist bloß daran gedacht, auf der Rückreise nach Wien in Welsberg zu nächtigen, aber die Schönheit des Ortes und eine plötzlich ausbrechende »wahre fieberhafte Heftigkeit des Arbeitenmüssens, eine fast quälende Lust, sowohl zu schreiben als Künftiges zu notieren – eine von den jähen, doch sehr schönen Zeiten, die alle paar Jahre einmal kommen«, halten den Dichter »von Tag zu Tag weiter« in Südtirol fest. In Briefen an den Vater drückt sich aus, wie gut dem Dreiunddreißigjährigen dieses Welsberg bekommt:

»Liebster Papa, heute wieder strahlender Tag. Bin überschwemmt von Einfällen ... sehr glücklich und zufrieden, Gerty ebenso, 5 bis 8 machen wir immer schöne Spaziergänge, auch kleine Ausflüge mit der Eisenbahn. Gestern Bruneck.« [...]

In jenem Welsberger Sommer des Jahre 1907 ist man an den Schreibtisch gefesselt. Als Hofmannsthal seinen Besuch ankündigt, kann er Schnitzler, den es zwecks schöpferischer Ruhe »ins Einsamere« gezogen hat, beruhigen: »Natürlich ohne Störung Ihrer Arbeitsstunden, ich arbeite auch ...«

So zieht sich denn jeder der Freunde früh morgens in eine andere Richtung des Waldes zurück, und erst am später Nachmittag tut man sich zu gemeinsamem Wandern zusammen. Auf einer dieser Touren, talwärts gegen das Dörfchen Olang zu, kommt es zu einem Landschaftserlebnis, das kurz darauf Versgestalt annimmt; Olga Schnitzler berichtet darüber in ihren Erinnerungen:

»Mit einemmal, vor einer kleinen Brücke über einen reißenden Bach, stehen wir vor einem Marterl, einem bäuerlich bunt gemalten Heiligenbild: Die Muttergottes mit den sieben Schwertern in einem blutroten Herzen neigt den Kopf, Christus mit der Dornenkrone trägt sein schweres Kreuz. Darunter stehen zwei Zeilen:

O meine Mutter

Ach mein lieber Sohn

Nichts weiter. Danach entsteht eines der Hofmannsthalschen Gedichte. Es heißt: ›Vor Tag‹.«

Vor Tag

Nun liegt und zuckt am fahlen Himmelsrand
In sich zusammgesunken das Gewitter.
Nun denkt der Kranke: »Tag! jetzt werd ich schlafen!«
Und drückt die heißen Lider zu. Nun streckt
Die junge Kuh im Stall die starken Nüstern
Nach kühlem Frühduft. Nun im stummen Wald
Hebt der Landstreicher ungewaschen sich
Aus weichem Bett vorjährigen Laubes auf
Und wirft mit frecher Hand den nächsten Stein
Nach einer Taube, die schlaftrunken fliegt,
Und graust sich selber, wie der Stein so dumpf
Und schwer zur Erde fällt. Nun rennt das Wasser,
Als wollte es der Nacht, der fortgeschlichnen, nach

Ins Dunkel stürzen, unteilnehmend, wild
Und kalten Hauches hin, indessen droben
Der Heiland und die Mutter leise, leise
Sich unterreden auf dem Brücklein: leise,
Und doch ist ihre kleine Rede ewig
Und unzerstörbar wie die Sterne droben.
Er trägt sein Kreuz und sagt nur: »Meine Mutter!«
Und sieht sie an, und: »Ach, mein lieber Sohn!«
Sagt sie. – Nun hat der Himmel mit der Erde
Ein stumm beklemmend Zwiegespräch. Dann geht
Ein Schauer durch den schweren, alten Leib:
Sie rüstet sich, den neuen Tag zu leben.
Nun steigt das geisterhafte Frühlicht. Nun
Schleicht einer ohne Schuh von einem Frauenbett,
Läuft wie ein Schatten, klettert wie ein Dieb
Durchs Fenster in sein eigenes Zimmer, sieht
Sich im Wandspiegel und hat plötzlich Angst
Vor diesem blassen, übernächtigen Fremden,
Als hätte dieser selbe heute nacht
Den guten Knaben, der er war, ermordet
Und käme jetzt, die Hände sich zu waschen
Im Krüglein seines Opfers wie zum Hohn,
Und darum sei der Himmel so beklommen
Und alles in der Luft so sonderbar.
Nun geht die Stalltür. Und nun ist auch Tag.

[...] Ich fahre nach Welsberg – auf eigenes Risiko, auf
Verdacht. Läßt es mich unbefriedigt, hänge ich Venedig
oder Mailand an. Auch die Romana-Landschaft mit dem
Kastell Finazzer und dem Fingerglied der heiligen
Radegundis in der Dorfkirche liegt am Weg. Ich kann also
noch immer, wenn es nottut, auf die Reitergeschichte ausweichen, auf den Andreas oder, wieder in Wien, auf den

Welsberg

Rosenkavalier, den Schwierigen, die Arabella. Umgekehrt:
Hält mich tatsächlich Südtirol fest, darf ich damit rechnen,
vom Aroma der Gründerjahre des Tourismus zu kosten –
jener Frühzeit des Reisens, die gerade im Land an Eisack
und Etsch von so vielen großen Dichternamen begleitet ist:
Ibsen, der sieben Sommer in Gossensaß zubrachte, Kafka,
der in Meran Heilung suchte, Herzmanovsky-Orlando, der
in gleicher Absicht herkam und gleich hierblieb, Musil und
Morgenstern, nicht zu vergessen Ezra Pound, der auf der
Brunnenburg unterhalb Schloß Tirol eine zweite Heimat
fand und den Bauern der Gegend zuredete, sie sollten doch
den Weinbau bleibenlassen und statt dessen Sojabohnen
und Zuckerahorn anpflanzen.

Mit den Sojabohnen und dem Zuckerahorn ist es noch
immer nichts, dafür fließt der hellrote Rote in Strömen, und
er schmeckt zu alledem so vorzüglich, daß ich keinen Anlaß

sehe, den dickschädeligen Südtiroler Weinbauern einen Vorwurf daraus zu machen, daß sie die agrarischen Ratschläge des Barden aus Idaho so gänzlich in den Wind geschlagen haben.

Auch mit meiner Frohbotschaft, die zu verkünden ich gekommen bin, mache ich übrigens wenig Eindruck: mit der den Welsbergern unbekannten Tatsache, daß vor Jahrzehnten zwei der bedeutendsten österreichischen Dichter bei ihnen zu Gast gewesen sind und einer der beiden sogar ihre kleine Welt in einem seiner Werke verewigt hat. Es besteht also wenig Aussicht, daß der Fremdenverkehrsausschuß bei seiner nächsten Sitzung den Beschluß fassen wird, der Text des Ortsprospekts sei schleunigst mit den beiden prominenten Namen anzureichern – die Faszination von Bocciabahn und Skilift hat ihnen den Blick fürs Poetische verstellt. Aber war das eigentlich je viel anders? In einem Sitzungsprotokoll des Verschönerungsvereins aus dem Jahr 1913, in dem man mich bereitwillig schmökern läßt, finde ich die Anmerkung: »Auch soll die Anwesenheit eines Friseurs im Prospekt erwähnt werden.« Na, also.

Als Paul Troger, der große Barockmaler (sein Geburtshaus steht hinter dem Pfarrplatz), sich erbötig macht, seinem Heimatdorf unentgeltlich die Kirche auszumalen, man solle ihm lediglich das dafür nötige Gerüst bereitstellen, lehnten die Gemeindeväter ab. So blieb es also bei einigen wenigen Tafelbildern. Später, als der Mesnersohn aus Welsberg in Wien zum Hof- und Kammermaler aufgestiegen war und die großen Klöster im Donauraum der Reihe nach mit seinen Fresken schmückte, hätte man den kurzsichtigen Entschluß nur zu gern rückgängig gemacht. Dafür gab's dann zum 200. Todestag die obligate Denkmalsenthüllung und das obligate Festspiel – so ist das halt auf der Welt. Hofmannsthal muß sich also noch ein wenig gedulden. [...]

Anderntags setzte ich die Suche nach der Bauernpietà aus Hofmannsthals Gedicht »Vor Tag« fort. Ich steige auf die Walde-Alm, wo die Hüttenwirtin einen Baum zu wissen glaubt, an dem der älteste Bildstock der Gegend hänge; ich frage den alten Holzer Konrad, den Krippenbauer, dem sie die beschädigten Feldkreuze zum Ausbessern bringen, und den Tischlermeister Schenk, dem sie vor der Nase den Florian von seinem Brunnen gestohlen haben; ich lasse mir vom Ortspfarrer die Dolorosa zeigen, die er in der Sakristei unter Verschluß hält (»Wegen der Kirchendiebe stellen wir sie nur einmal im Jahr aus, am Schmerzensfreitag«), und ich pilgere – nun schon nicht mehr hinter dem Original, sondern nur noch hinter dem bloßen Motiv her – zwei Dörfer weiter zum Gnadenbild von Aufkirchen, dessen Schmerzensmutter den Bäuerinnen, denen ich unterwegs auf den Feldern begegne, wie aus dem Gesicht geschnitten scheint.

Aber längst ist mir klar: Ich habe es von allem Anfang an falsch angestellt. So komme ich nicht weiter, so nicht. Mein Revier – zu finden, was *ich* suche – läge ganz woanders. Doch es ist ein unzugängliches, ein unermeßlich weites Revier, das zudem Tag für Tag noch weiter wird: die Hausbars und Kaminecken der Neureichen, die Läden und Magazine der Antiquitätenhändler. Kein noch so fromm geschmückter Feldweg kann mir bieten, was mich dort erwartet.

Mir bleibt, so sehe ich, nur eine Hoffnung: die Hoffnung, daß wenigstens »des Heilands und der Mutter kleine Rede« sich dem Zugriff der Trödler hat entziehen können und weiter *hier* vonstatten geht: am Wasser, beim Brücklein, hier, wo bäuerliche Frömmigkeit sie vorzeiten gestiftet und dichterische Ergriffenheit sie für alle Zukunft bewahrt hat:

Und doch ist ihre kleine Rede ewig
Und unzerstörbar wie die Sterne droben.

Anhang

Textnachweise

Alpenburg, Johann Nepomuk Ritter von
  Mäuse in Glurns (1861). S. 273
  Aus: Deutsche Alpensagen. 1861. Neu hg. von Lothar Borowsky.
  Heinrich Hugendubel Verlag, München 1977. S. 236-238
Altenberg, Peter
  Dolomiten (1912). S. 334
  Aus: Semmering 1912. S. Fischer Verlag, Berlin 1913. S. 39f.
Andersen, Hans Christian
  Ich blickte auf Tirol herab, sagte der Mond (1840). S. 121
  Aus: Bilderbuch ohne Bilder. Übersetzt von Bernhard Jolles. Ed.
  Wartig's Verlag, Leipzig 1916. S. 67f.
Andrian, Leopold von
  Gleichklänge seelischen Erlebens (1895). S. 171
  Aus: Der Garten der Erkenntnis. Mit Dokumenten und zeitgenössi-
  schen Stimmen hg. von Walter H. Perl. S. Fischer Verlag, Frankfurt
  1970. S. 6-17. Mit freundlicher Genehmigung von Dr. Werner Volke,
  Deutsches Literaturarchiv, Marbach a. N.
Baum, Wilhelm
  Nikolaus Cusanus in Brixen (1983). S. 132
  Aus: Nikolaus Cusanus in Tirol. Das Wirken des Philosophen und
  Reformators als Fürstbischof von Brixen. Verlagsanstalt Athesia,
  Bozen 1983, S. 279-283
Benn, Gottfried
  März. Brief nach Meran (1952). S. 234
  Aus: Sämtliche Werke. Stuttgarter Ausgabe. Band I: Gedichte 1.
  KLETT-COTTA, Stuttgart 1986. S. 274
Bierbaum, Otto Julius
  Hier vereinigt sich der Reiz der nördlichen Landschaft mit dem der
  südlichen (1903). S. 160
  Aus: Eine empfindsame Reise im Automobil, von Berlin nach Sor-
  rent und zurück an den Rhein. In Briefen an Freunde beschrieben
  (1903). Verlag Langen-Müller, München, Wien 1979³. S. 58-61
Brunner, Linus / Toth, Alfred
  Die Sprache der Räter ist semitisch (1987). S. 30
  Aus: Die rätische Sprache – enträtselt. Sprache und Sprachge-

schichte der Räter. Hg. vom Amt für Kulturpflege des Kantons St. Gallen 1987. Kommissionsverlag: Buchhandlung am Rösslitor, CH-9000 St. Gallen, S. 80f.

Casanova, Giacomo
Auf der Flucht aus Venedigs Bleikammern (1756), S. 168
Aus: Geschichte meines Lebens. Band 5. Übersetzt von Heinz von Sauter. Propyläen Verlag, Berlin 1985². S. 31f. Mit freundlicher Genehmigung der Verlag Ullstein GmbH, Berlin

Corti, Egon Cäsar Conte
Elisabeths gewaltige Gebirgsmärsche (1934). S. 58
Aus: Elisabeth. Die seltsame Frau. 40. Auflage 1987. Verlag Styria Graz Wien Köln. S. 387-389

Decsey, Ernst
Was dieser Weg nicht alles erzählt (1909). S. 331
Aus: Norman Lebrecht (Hg.): Gustav Mahler im Spiegel seiner Zeit – porträtiert von Zeitgenossen. M & T. Verlag AG, Zürich/St. Gallen 1990. S. 235-237

Dietl, Eduard
Vom Reschen nach Meran (1979). S. 268
Aus: Robert Löbl-Schreyer / Eduard Dietl: Traumstraßen Südtirols Süddeutscher Verlag, München 1979. S. 68, 73

Di Spazio, Pietro
Nenia antica (1983). S. 99
Aus: Il fauno tirolese. Edilnord Casa Editrice, Bolzano 1983. S. 9
Prodigi (1983). S. 186
Aus: Il fauno tirolese. S. 93. Mit freundlicher Genehmigung des Autors

Domanig, Karl
Der Richter von Toblach (1908). S. 327
Aus: Hausgärtlein. Franz-Josefs-Bücherbruderschaft, Klagenfurt 1908, S. 74f.

Feuchtwanger, Lion
Mein gutes Kind! Wie gescheit sie ist! (1923) S. 33
Aus: Die häßliche Herzogin Margarete Maultasch. Roman. Gustav Kiepenheuer Verlag, Berlin 1923. S. 40-43. © AUFBAU-VERLAG Berlin 1954

Fink, Hans
Der Steinkult (1973), S. 22

Aus: Verzaubertes Land. Volkskult und Ahnenbrauch in Südtirol.
Tyrolia Verlag, Innsbruck 1973. S. 11-13

Flöss, Helene
    Törggelen (1989), S. 87
    Aus: Inn. Zeitschrift für Literatur. Postfach 328. A-6010 Innsbruck.
    September 1989. S. 25-27. Mit freundlicher Genehmigung der Auto-
    rin

Forcher, Michael
    »Den gemainen nuz suchen . . .« (1982). S. 140
    Aus: Um Freiheit und Gerechtigkeit. Michael Gaismair. Leben und
    Programm des Tiroler Bauernführers und Sozialrevolutionärs. 1490-
    1532. Haymon Verlag, Innsbruck 1982. S. 97-103

Gatterer, Claus
    Der schwierige Weg zueinander (1987). S. 73
    Aus: Südtirol-MERIAN. © Hoffmann und Campe Verlag, Ham-
    burg. Nr. 9 des 40. Jahrgangs. September 1987. S. 9-13

George, Stefan
    Gleichklänge seelischen Erlebens (1907). S. 171
    Aus: Werke. 2 Bände. Hg. von Robert Boehringer. KLETT-
    COTTA, Stuttgart, 4. Auflage 1984 Band 1. S. 336

Goethe, Johann Wolfgang
    Man glaubt wieder einmal an einen Gott (1786). S. 152
    Aus: Italienische Reise. Band 1. insel taschenbuch 175. Insel Verlag,
    Frankfurt 1976. S. 33-37

Gorfer, Aldo
    Die Erben der Einsamkeit (1987). S. 288
    Aus: Die Erben der Einsamkeit. (Gli eredi della solitudine.) Reise zu den
    Bergbauernhöfen Südtirols. Bildreportage von Flavio Faganello. Über-
    setzt von Hartmann Gallmetzer. Arti grafiche Saturnia, Roncafort di
    Trento 1987[8]. S. 17-23. Mit freundlicher Genehmigung des Autors

Green, Julien
    Für Meran empfinde ich eine besondere Zärtlichkeit (1986). S. 230
    Aus: Meine Städte. Ein Reisetagebuch 1920-1984. List Verlag, Mün-
    chen 1986. S. 143-145

Grieser, Dietmar
    Hofmannsthal auf Sommerfrische oder Die verschwundene Pietà
    (1979). S. 339
    Aus: Schauplätze der Weltliteratur. Wilhelm Goldmann Verlag,

München 1979. S. 115-124. © by Langen Müller in der F. A. Herbig Verlagsbuchhandlung GmbH, München

Gruber, Alfred
Schnalstal. Impressionen in Haikuform (1990). S. 283
Erstdruck. Mit freundlicher Genehmigung des Autors

Guntram, Karl
Sandwirt Hofer (1867). S. 46
Aus: Sandwirt Hofer. Epos. A. Hartlebens Verlag, Pest–Wien–Leipzig 1867. S. 47-49

Hauptmann, Gerhart
Die blaue Blume (1923). S. 170
Aus: Sämtliche Werke. Hg. von Hans-Egon Hass. Band 4: Lyrik und Versepik. Propyläen Verlag, Berlin 1964. S. 573. Mit freundlicher Genehmigung der Verlag Ullstein GmbH, Berlin

Heine, Heinrich
Es lehnt sich mein Herz mit mir hinaus (1828). S. 157
Aus: Italien. Insel Verlag, Frankfurt 1988. S. 285-288

Herzmanovsky-Orlando, Fritz von
Drei Briefe (1989). S. 246
Aus: Sämtliche Werke. Band 8. Ausgewählte Briefwechsel 1885 bis 1954. Hg. und kommentiert von Max Reinisch. © 1989 Residenz Verlag, Salzburg und Wien. S. 249f., 267f., 314f.

Hesse, Eva
Ezra Pound (1987). S. 251
Aus: Ezra Pound. Lesebuch. Dichtung und Prosa. Hg. und mit einem biographischen Essay von Eva Hesse. Deutscher Taschenbuch Verlag, München 1987. S. 269-271. Mit freundlicher Genehmigung der Autorin

Höller, Anja
Weißt du noch gestern (1984). S. 266
Erstdruck. Mit freundlicher Genehmigung der Autorin

Hoeniger, Karl Theodor
Die acht Bozner Seligkeiten (1933). S. 184
Aus: Altbozner Bilderbuch. Verlag Alois Auer, Bozen 1933. S. 207

Horatius Flaccus, Quintus
Der rätische Krieg (nach 15 v. Chr.). S. 31
Aus: Oden und Epoden. In der Übersetzung von Hermann Menge. Langenscheidt-Verlag Berlin–München. Carmen 4,4. S. 195f.

Jost, Dominik

Die Südtiroler sind »moderne Menschen«; der kulturelle Unter- und Überbau (1990). S. 12. Erstdruck

Der Terlaner Kreuzweg (1986). S. 102. Erstdruck

Kafka, Franz

Briefe an Ottla und an Milena (1920). S. 239

Aus: Briefe an Ottla und die Familie. Hg. von Hartmut Binder und Klaus Wagenbach. S. Fischer Verlag, Frankfurt 1974. Brief Nr. 76 (S. 77f.), Brief Nr. 85 (S. 93). Copyright 1974 by Schocken Books Inc., New York City. Abdruck mit Genehmigung der S. Fischer Verlag GmbH

Briefe an Milena. Erweiterte Neuausgabe. Herausgegeben von Jürgen Born und Michael Müller. © 1983 Schocken Books, Inc., New York City, USA. Abdruck mit Genehmigung der S. Fischer Verlag GmbH, Frankfurt am Main, S. 3, S. 73-76

Kaser, Norbert C.

»tun« in der Südtiroler Mundart (1983). S. 97

brixen (1975). S. 131

bruneck (1975). S. 322

Aus: jetzt muesste der kirschbaum bluehen. Gedichte, Tatsachen und Legenden, Stadtstiche. Hg. und mit einem Nachwort von Hans Haider. © 1983 by Diogenes Verlag AG Zürich. S. 65, S. 159f., S. 167f.

Zwei Briefe an Paul Flora (1975/76). S. 324

Aus: Gesammelte Werke Band 3: Briefe. Haymon-Verlag, Innsbruck 1991

Kühn, Dieter

Ich Wolkenstein (1977). S. 208

Aus: Ich Wolkenstein. Eine Biographie. Insel Verlag, Frankfurt 1977. S. 10-13, 177-179, 148-149

Lampl, Hans Erich

Aus dem Tagebuch von Emilie Bardach (1889). S. 124

Aus: Nova über Henrik Ibsen und sein Alterswerk. Das »Tagebuch« der Emilie Bardach. Edizione Alpha, Oslo–Trieste–Zürich 1977. S. 39-41, 68. Mit freundlicher Genehmigung des Autors

Laner, Jul Bruno

Hier wurde schon Wein angebaut, als Rom noch nicht gegründet war (1973). S. 78

Aus: Südtirol-MERIAN. Hoffmann und Campe Verlag, Hamburg. Nr. 9 des 26. Jahrgangs. September 1973. S. 58-61. Mit freundlicher Genehmigung des Autors

Lawrence, David Herbert

Mittelpunkt einer fast anrüchigen Verehrung (1916). S. 127

Aus: Italienische Dämmerung. Reisetagebücher. Aus dem Englischen von Georg Goyert. Diogenes Verlag, Zürich 1985. S. 19-22. Mit freundlicher Genehmigung des Rowohlt Verlags

Lehmann, Wilhelm

Meran (1963). S. 238. Aus: Gesammelte Werke in 8 Bänden. Band 1: Sämtliche Gedichte, hg. von Hans Dieter Schäfer. KLETT-COTTA, Stuttgart 1982. S. 309

Leitgeb, Josef

In Meran (1952). S. 236

Aus: Sämtliche Gedichte. Otto Müller Verlag, Salzburg 1953. S. 279-281

Lloyd, Peter

Wo bleibst du Laurin (1970). S. 309

Aus: Gerhard Mumelter (Hg.): Neue Literatur aus Südtirol. Im Verlag der Autoren, Bozen 1970. S. 100. Mit freundlicher Genehmigung des Autors

Mahlknecht, Bruno

König Laurin und sein Rosengarten (1981). S. 302

Aus: Südtiroler Sagen. Verlagsanstalt Athesia, Bozen 1981. S. 121-124

Messner, Reinhold

Villnöß. Kinderjahre in den Dolomiten, mein erster Dreitausender (1989). S. 312

Aus: Die Freiheit, aufzubrechen, wohin ich will. Ein Bergsteigerleben. R. Piper GmbH & Co. KG, München 1989. S. 7-14

Montaigne, Michel de

Voll von Kirchtürmen und Dörfern (1580/81). S. 246

Aus: Tagebuch einer Reise durch Italien. Übersetzung von Otto Flake. Insel Verlag, Frankfurt 1988. S. 78-85

Morgenstern, Christian

Mondnacht über Meran (um 1910). S. 234

Aus: Sämtliche Dichtungen I, Band 10. Ich und du. Zbinden Verlag, Basel 1973. S. 28

Mosen, Julius
Andreas Hofer (1836). S. 44
Aus: Gedichte. Literarisches Museum, Leipzig 1836. S. 71 f.
Mumelter, Hubert
Etschland 1940 (1952). S. 66
Aus: Gedichte 1940-50. Ferrari-Auer Verlag, Bozen 1952. S. 12. Mit
freundlicher Genehmigung der Verlagsanstalt Athesia, Bozen
Oberkofler, Joseph Georg
Die Glocken (1964). S. 62
Aus: Ehe der Schatten fiel. Erinnerungen. Verlagsanstalt Tyrolia,
Innsbruck 1964. S. 100-104
Obermeier, Siegfried
Walther von der Vogelweide – Waltherus de Gredena (1980). S. 200
Aus: Walther von der Vogelweide. Der Spielmann des Reiches. Bio-
graphie. © by Langen Müller in der F. A. Herbig Verlagsbuchhand-
lung GmbH, München 1980. S. 32-34
Paulmichl, Georg
Meran – Merano (1987). S. 264
Aus: Verkürzte Landschaft. Haymon-Verlag, Innsbruck 1990.
S. 52
Perthaler, Hans von
Marie von Mörl, die arme Leidende. Alles Leid des Himmels und der
Erde lastet auf ihr! (1840). S. 187
Aus: Wanderbüchlein aus dem Vormärz. Eine Alpenreise um 1840.
Mirabell Verlag, Wien–Zell am See–St. Gallen 1947. S. 113-115
Pfeiffer-Belli, Erich
Entdeckungen im Eisacktal (1987). S. 114
Aus: Südtirol-MERIAN. © Hoffmann und Campe Verlag, Ham-
burg, Nr. 9, Jg. 40, September 1987. S. 19-21
Pichler, Anita
Hirtenknaben spielen Mühle auf vorzeitlichen Steinreliefs. Nur die
Tiere treten nie auf die Steine (1989). S. 219
Aus: Wie die Monate das Jahr. Erzählung. Suhrkamp Verlag, Frank-
furt 1989. S. 7-15
Pidoll, Gabriele von
Vinschgau (1987). S. 285
Aus: Gedichte. Hermann Unterberger Verlag, Meran o. J. S. 27. Mit
freundlicher Genehmigung der Autorin

Piovene, Guido
Erbhof, patriarchalische Tradition (1957). S. 68
Aus: Achtzehnmal Italien. (Viaggio in Italia.) R. Piper & Co. Verlag, München 1959. S. 30-33

Planta, Armon
Die Via Claudia Augusta Burgeis-St. Valentin (1982). S. 32
Aus: Verkehrswege im alten Rätien Band 3. Neues von der Via Claudia Augusta (Tirol) u. a. Terra Grischuna Buchverlag, Chur 1987. S. 18. Mit freundlicher Genehmigung der Gasser AG, Chur

Rabensteiner, Konrad
Menhir in Villanders (1976). S. 29
Aus: Zwischen den Rändern. Athesia Verlag, Bozen 1976. S. 63
Meran '86 (1938). S. 262
Aus: Ferruccio Delle Cave / Bertrand Huber: Meran im Blickfeld deutscher Literatur. Eine Dokumentation von der Mitte des 19. Jahrhunderts bis zur Gegenwart. Verlagsanstalt Athesia, Bozen 1988. S. 190 f.
Laurin 80 (1932). S. 310
Aus: Bruchlinien. Gedichte. Verlag Südtiroler Autoren, Bozen (Haus der Kultur Walther von der Vogelweide) 1982. S. 16. Mit freundlicher Genehmigung des Autors

Rachewiltz, Siegfried Walter de
Cantos aus dem Bauernland (1987). S. 254
Aus: Südtirol-MERIAN. © Hoffmann und Campe Verlag, Nr. 9 Jg. 40, September 1987. S. 110-113. Mit freundlicher Genehmigung des Autors

Recke, Elise von der
So wunderbar durchkreuzen sich in verfinsterten Köpfen die Vorstellungsarten (1804). S. 43
Aus: Tagebuch einer Reise durch einen Theil Deutschlands und durch Italien in den Jahren 1804 bis 1806. Erster Band. In der Nicolaischen Buchhandlung, Berlin 1815. S. 120-122
Auf dem Gipfel dieser Pyramide thront das prächtige Kloster (1804). S. 119
Aus: Tagebuch. S. 113 f.

Reinalter, Helmut
Die neufränkischen Volksempörer und die Langmut der Fürsten (1982). S. 38

Aus: Geheimbünde in Tirol. Von der Aufklärung bis zur Französischen Revolution. Verlagsanstalt Athesia, Bozen 1982. S. 256-263

Riedl, Franz Hieronymus

Die Trostburg (1978). S. 204

Aus: Walther Amonn (Hg.): Burgen, Schlösser und Ansitze in Südtirol. © by Thiemig Verlag/Nymphenburger Verlagshandlung in der F. A. Herbig Verlagsbuchhandlung GmbH, München

Rieger, Gerd Enno

Ibsen in Gossensaß (1889). S. 121

Aus: Henrik Ibsen in Selbstzeugnissen und Bilddokumenten, dargestellt von G. E. R. Copyright © 1981 by Rowohlt Taschenbuch Verlag GmbH, Reinbek. S. 113-115

Rilke, Rainer Maria

Schloß Lebenberg (1897). S. 233

Aus: Sämtliche Werke. 3. Band. Jugendgedichte. Insel Verlag, Wiesbaden 1959. S. 564. Ohne Titel

Rosendorfer, Herbert

Weinprobe bei den Benediktinern (1973). S. 83

Aus: Dorothea Merl und Anita Gräfin von Lippe (Hg.): Südtirol erzählt. Luftjuwelen, Steingeröll. Horst Erdmann Verlag, Tübingen, Basel 1979. S. 38-40. Mit freundlicher Genehmigung des Autors

Dörfliche Marterlsprüch (1984). S. 99

Aus: Hans Roth, Marterlsprüch. Süddeutscher Verlag, München 1984[7]. Passim

Scheffler, Karl

Wie sehr Gebirge trennen (1930). S. 163

Aus: Italien. Tagebuch einer Reise. Insel Verlag, Leipzig 1930[6]. S. 18-23

Senoner, Hermann

Die Geschichte der Grafen von St. Jakob (1969). S. 310

Aus: Volkserzählungen aus Südtirol. Unveröffentlichte Quellen, gesammelt und zusammengestellt von Hans Fink. Aschendorff Verlag, Münster 1969. S. 98-100. Mit freundlicher Genehmigung der Europäischen Märchengesellschaft e. V., Schloß Bentlage, Rheine

Seyr, Kuno

Nacht bei Meran (1970). S. 265

Aus: Gedichte für mein Land. Athesia Verlag, Bozen 1978. S. 66

Stecher, Luis Stefan

Ich habe sonst zu niemandem davon gesprochen (1970). S. 286

Aus: Neue Literatur in Südtirol. Hg. Gerhard Mumelter. Verlag der Autoren, Bozen 1970. S. 258. Mit freundlicher Genehmigung des Autors

Miar Korrnr sain ioo aa lai Lait (1978). S. 287

Aus: Korrnrliadr. Gedichte in Vintschger Mundart. Athesia Verlag, Bozen 1985². S. 28

Steub, Ludwig

Nikolaus Cusanus und die schönen Frauen von Sonnenburg (1871). S. 138; Ihre Krankheit ist kein Wunder, aber ihre Frömmigkeit ist keine Krankheit (1871). S. 189; Die Ortlerspitze – die Aussicht unermeßlich (1871). S. 276; Es ist nichts mit der Romantik! (1871). S. 335

Aus: Drei Sommer in Tirol. Stuttgart 1871². Reprint. 3 Bände. Süddeutscher Verlag, München 1977. Band 2, S. 258-261; Band 3, S. 35-41; Band 2, S. 161-163, S. 258-261

Theiss, Viktor

Erzherzog Johann und Anna Plochl auf Schloß Schenna (1950). S. 50

Aus: Erzherzog Johann, der steirische Prinz. Hermann Böhlaus Nachf. Verlag, Graz 1950. S. 58-61

Tosi, Max

Pruzescion a Lana (1975). S. 260

Aus: Walter Belardi: Antologia della lirica Ladina Dolomitica. Bonacci editore, Roma 1985. S. 38

Tumler, Franz

Ein Buch »Abrogans« (1971). S. 196

Aus: Das Land Südtirol. Menschen, Landschaft, Geschichte. R. Piper & Co. Verlag, München 1971. S. 329-332

Die Töll bei Meran (1982). S. 265

Aus: Franz Tumler zum 70. Geburtstag. Eine Anthologie. Arunda Verlag, Schlanders 1982. S. 139. Mit freundlicher Genehmigung des Autors

Vallazza, Markus

Südtirol (1979). S. 67

Erstdruck. Mit freundlicher Genehmigung des Autors

Walter, Bruno

Ein sonderbar schreckhafter Vorfall (1910). S. 329

Aus: Gustav Mahler. Ein Porträt. Taschenbücher zur Musikwissenschaft 72. Heinrichshofen's Verlag, Wilhelmshaven 1981. S. 53 f. Mit freundlicher Genehmigung der S. Fischer Verlag GmbH, Frankfurt am Main

Wasmann, Friedrich
Der freie Bauer duldet weder Unfug noch freches Eindringen (1865).
S. 55
Aus: Ein deutsches Künstlerleben von ihm selbst geschildert. Hg.
von Bernt Grönvold. Insel Verlag, Leipzig 1915. S. 58-60

Weber, Beda
Weithalerhöfe, Kartause Allerengelsberg (1838). S. 280
Aus: Das Land Tirol. Mit einem Anhange: Vorarlberg. Ein Handbuch für Reisende. 3. Band: Nebenthäler. Vorarlberg. Wagner'sche Buchhandlung, Innsbruck 1838. S. 364-367

Werfel, Franz
Bozener Tage (1916). S. 180
Aus: Gesammelte Werke. Erzählungen aus zwei Welten. 2. Band. Hg.
von Adolf D. Klarmann. S. Fischer Verlag, Frankfurt 1952. S. 295-298. Copyright 1952 by Alma Mahler-Werfel. Abdruck mit Genehmigung der S. Fischer Verlag GmbH, Frankfurt am Main

Zingerle, Ignaz u. a.
Welch buntes Leben mag bei Festen und Hochgezîten sich hier entfaltet haben! (1877). S. 278
Aus: Wanderungen durch Tirol und Vorarlberg. Verlag von Gebrüder Kröner, Stuttgart 1877. Bavaria Reprint im Süddeutschen Verlag, München 1977. S. 86 f.

Zoderer, Joseph
Onkel Vigil (1976). S. 107
Aus: Das Glück beim Händewaschen. Roman. Carl Hanser Verlag, München, Wien 1976. S. 87-92

Zwergkönig Laurin (Mitte 13. Jahrhundert). S. 296
Aus: Zwergkönig Laurin. Ein Spielmannsgedicht aus dem Anfange des 13. Jahrhunderts. Aus dem Mittelhochdeutschen übersetzt von L. Bückmann und H. Hesse. Philipp Reclam jun. Verlag, Leipzig 1907. S. 11-16

Bildnachweis

(Farbige Abbildungen sind mit römischen Zahlen beziffert)

Athesia Verlag, Bozen: 40, 235 (Oswald Kofler)

Bavaria Verlag Bildagentur: 82 (Rainer Binder), 321 (M. u. H.); IX (Klaus Thiele)

Bildagentur Mauritius: 37 (Mehlig), 80 (Plomer), 113 (S. Dietrich), 117 (Torino), 155 (Hubatka), 267 (H. Schmied), 305 (Mehlig), 316 (Nägele); I (Mehlig), V (Gierth), VII (Mehlig), X (Thonig)

Denkmalamt Bozen: 203

Michael Forcher, Um Freiheit und Gerechtigkeit. Michael Gaismair. Leben und Programm des Tiroler Bauernführers und Sozialrevolutionärs. 1490-1532. Haymon Verlag, Innsbruck 1982: S. 139, 153

B. Johannes, Meran: 24

Foto Löbl-Schreyer, Bad Tölz-Ellbach: 326

Museo Bolzano: 14 (Pedrotti)

Privataufnahmer: 11, 20, 27, 105, 226, 248, 314, 337

Siegfried de Rachewiltz, Tirol: 259

tappeiner werbefoto, I-39011 Lana: 13, 18, 25, 47, 49, 54, 61, 71, 77, 118, 120, 162, 167, 177, 195, 229, 231, 232, 240, 263, 270, 272, 277, 282, 295, 343; II, III, IV, VI, VIII

Martin Thomas, München: 188

Amadeo Vergany, Vergany: 224

Hubert Walder: 34

»Erzherzog Johann«, »Anna Plochl«: beide Portraits sind Zeichnungen von M. Loder. 1822. Originale im Besitz der Familie Meran: 52, 55

Portrait Oswald von Wolkenstein aus der Innsbrucker Liederhandschrift. Universitätsbibliothek Innsbruck: 211

Umschlag: St. Johann in Villnöß. Foto: Nägele/Mauritius

Inhalt

1. Im Gegenwärtigen Früheres,
im Früheren Gegenwärtiges

Dominik Jost
  Die Südtiroler sind »moderne Menschen«;
  der kulturelle Unter- und Überbau 1990   12
Hans Fink
  Der Steinkult 1973   22
Konrad Rabensteiner
  Menhir in Villanders 1976   29
Linus Brunner
  Die Sprache der Räter ist semitisch 1987   30
Quintus Horatius Flaccus
  Der rätische Krieg nach 15 v. Chr.   31
Armon Planta
  Die Via Claudia Augusta Burgeis-St. Valentin 1982 . .   32
Lion Feuchtwanger
  Mein gutes Kind! Wie gescheit sie ist! 1923   33
Helmut Reinalter
  Die neufränkischen Volksempörer und die Langmut
  der Fürsten 1982   38
Elise von der Recke
  So wunderbar durchkreuzen sich in verfinsterten
  Köpfen die Vorstellungsarten 1804   43
Julius Mosen
  Andreas Hofer 1836   44
Karl Guntram (Kamillo Wagner von Freinsheim)
  Sandwirt Hofer 1867   46
Viktor Theiss
  Erzherzog Johann und Anna Plochl auf Schloß
  Schenna 1950   50

Friedrich Wasmann
    Der freie Bauer duldet weder Unfug noch freches
    Eindringen 1865 55
Egon Cäsar Conte Corti
    Elisabeths gewaltige Gebirgsmärsche 1934 58
Joseph Georg Oberkofler
    Die Glocken 1964 62
Hubert Mumelter
    Etschland 1940 1952 66
Markus Vallazza
    Südtirol 1979 67
Guido Piovene
    Erbhof, patriarchalische Tradition 1957 68
Claus Gatterer
    Der schwierige Weg zueinander 1987 72

2. Weinbau. Deutsch und Walsch.
Der Tod im Leben

Jul Bruno Laner
    Hier wurde schon Wein angebaut, als Rom noch
    nicht gegründet war 1973 78
Herbert Rosendorfer
    Weinprobe bei den Benediktinern 1973 85
Helene Flöss
    Törggelen 1989 87
Norbert C. Kaser
    stunk in der Südtiroler Mundart 1983 97
Pietro Di Spazio
    Nenia Antica 1983 99
Dörfliche Marterlsprüch 1984 99
Dominik Jost
    Der Terlaner Kreuzweg 1986 102

Joseph Zoderer
  Onkel Vigil 1976 107

3. Vom Brenner nach Salurn

Erich Pfeiffer-Belli
  Entdeckungen im Eisacktal 1987 114
Elise von der Recke
  Auf dem Gipfel dieser Pyramide thront das
  prächtige Kloster 1804 119
Hans Christian Andersen
  Ich blickte auf Tirol herab, sagte der Mond 1840 121
Gerd Enno Rieger
  Ibsen in Gossensaß 1889 121
David Herbert Lawrence
  Mittelpunkt einer fast anrüchigen Verehrung 1916 . . . 127
Norbert C. Kaser
  brixen 1975 131
Wilhelm Baum
  Nikolaus Cusanus in Brixen 1983 132
Ludwig Steub
  Nikolaus Cusanus und die schönen Frauen
  von Sonnenburg 1871 138
Michael Forcher
  »Den gemainen nuz suchen . . .«
  Inhalt und Bedeutung von Gaismairs revolutionärer
  »Landesordnung« 1982 140
Michel de Montaigne
  Voll von Kirchtürmen und Dörfern 1580/81 146
Johann Wolfgang Goethe
  Man glaubt wieder einmal an einen Gott 1786 152
Heinrich Heine
  Es lehnt sich mein Herz mit mir hinaus 1828 157

Otto Julius Bierbaum
    Hier vereinigt sich der Reiz der nördlichen Land-
    schaft mit dem der südlichen 1903 160
Karl Scheffler
    Wie sehr Gebirge trennen 1930 165

4. Bozen

Giacomo Casanova
    Auf der Flucht aus Venedigs Bleikammern 1756 168
Gerhart Hauptmann
    Die blaue Blume 1923 170
Stefan George, Leopold von Andrian
    Gleichklänge seelischen Erlebens 1907, 1895 172
Franz Werfel
    Bozener Tage 1916 180
Karl Theodor Hoeniger
    Die acht Bozner Seligkeiten 1933 184
Pietro Di Spazio
    Prodigi 1982 185
Hans von Perthaler
    Marie von Mörl, die arme Leidende. 1840 187
Ludwig Steub
    Ihre Krankheit ist kein Wunder, aber ihre Frömmig-
    keit ist keine Krankheit 1871 189

5. Stimmen aus dem Mittelalter

Franz Tumler
    Ein Buch ›Abrogans‹ 1971 196
Siegfried Obermeier
    Walther von der Vogelweide – Waltherus de
    Gredena 1980 200

Franz Hieronymus Riedl
Die Trostburg 1978 204
Dieter Kühn
Ich Wolkenstein 1977 208
Anita Pichler
Hirtenknaben spielen Mühle auf vorzeitlichen
Steinreliefs. Nur die Tiere treten nie auf die
Steine 1989 219

6. Dichter blicken auf Meran

Julien Green
Für Meran empfinde ich eine besondere
Zärtlichkeit 1986 230
Rainer Maria Rilke
(Schloß Lebenberg) 1897 233
Christian Morgenstern
Mondnacht über Meran um 1910 234
Gottfried Benn
März. Brief nach Meran 1952 234
Josef Leitgeb
In Meran 1952 236
Wilhelm Lehmann
Meran 1963 238
Franz Kafka
Briefe an Ottla und an Milena 1920 239
Fritz von Herzmanovsky-Orlando
Drei Briefe 1989 246
Eva Hesse
Ezra Pound 1987 251
Siegfried W. de Rachewiltz
Cantos aus dem Bauernland 1987 254

Max Tosi
  Pruzescion a Lana 1975 260
Konrad Rabensteiner
  Meran '86 1988 262
Georg Paulmichl
  Meran – Merano 1987 264
Kuno Seyr
  Nacht bei Meran 1970 265
Franz Tumler
  Die Töll bei Meran 1982 265
Anja Höller
  Weißt du noch gestern 1984 266

7. Um den Vinschgau

Eduard Dietl
  Vom Reschen nach Meran 1979 268
Johann Nepomuk von Alpenburg
  Mäuse in Glurns 1861 273
Ludwig Steub
  Die Ortlerspitze – die Aussicht unermeßlich 1871 275
Ignaz Zingerle
  Welch buntes Leben 1877 275
Beda Weber
  Weithalerhöfe, Kartause Allerengelsberg 1838 280
Alfred Gruber
  Schnalstal. Impressionen in Haikuform 1960 285
Gabriele von Pidoll
  Vinschgau 1987 285
Luis Stefan Stecher
  Ich habe sonst zu niemandem davon
  gesprochen 1970 286
  Miar Korrnr sain ioo aa lai Lait 1978 287

Aldo Gorfer
　　Die Erben der Einsamkeit 1987 288

8. Um die Dolomiten

Unbekannter mittelhochdeutscher Erzähler
　　Zwergkönig Laurin Mitte 13. Jahrhundert 296
Bruno Mahlknecht
　　König Laurin und sein Rosengarten 1981 302
Peter Lloyd
　　Wo bleibst du Laurin 1970 309
Konrad Rabensteiner
　　Laurin 80 1982 310
Hermann Senoner
　　Die Geschichte der Grafen von St. Jakob 1969 310
Reinhold Messner
　　Villnöß. Kinderjahre in den Dolomiten,
　　mein erster Dreitausender 1989 312

9. Im Pustertal

Norbert C. Kaser
　　bruneck 1975 322
　　Zwei Briefe an Paul Flora 1975/76 324
Karl Domanig
　　Der Richter von Toblach 1908 327
Bruno Walter
　　Ein sonderbar schreckhafter Vorfall 1910 329
Ernst Decsey
　　Was dieser Weg nicht alles erzählt 1909 331
Peter Altenberg
　　Dolomiten 1912 334

Ludwig Steub
  Es ist nichts mit der Romantik! 1871 . . . . · 335
Dietmar Grieser
  Hofmannsthal auf Sommerfrische oder
  Die verschwundene Pietà 1979 339

Textnachweis 348
Bildnachweis 359